Hilke Lorenz

Weiterleben, als sei nichts gewesen?

Hilke Lorenz

Weiterleben, als sei nichts gewesen?

Deutsche Schicksale
zwischen
Hakenkreuz und Bundesadler

Droemer

Wir danken Henrietta Neuss-De Boyse für die freundliche
Abdruckgenehmigung des Liedes von Wolfgang Neuss.

Besuchen Sie uns im Internet:
www.droemer.de

Die Folie des Schutzumschlags sowie die Einschweißfolie sind
PE-Folien und biologisch abbaubar.
Dieses Buch wurde auf chlor- und säurefreiem Papier gedruckt.

Umschlaggestaltung: ZERO Werbeagentur, München
Umschlagabbildung: Landesarchiv Berlin
Satz: Ventura Publisher im Verlag
Druck und Bindung: GGP Media GmbH, Pößneck
Printed in Germany
ISBN 3-426-27359-4

2 4 5 3 1

Jetzt kommt das Wirtschaftswunder.
Der deutsche Bauch erholt sich auch und ist schon wieder sehr viel runder.
Jetzt schmeckt das Eis bald wieder in Aspik.
Ist ja auch kein Wunder nach dem verlorenen Krieg.
Man muss beim Autofahren nicht mehr an Brennstoff sparen.
Wer Sorgen hat, hat auch Likör und gleich in hellen Scharen.
Die Läden offenbaren uns wieder Luxuswaren.
Die ersten Nazis schreiben fleißig ihre Memoiren,
denn den Verlegern fehlt es an Kritik.
Ist ja auch kein Wunder nach dem verlorenen Krieg.
Ist ja auch kein Wunder nach dem verlorenen Krieg.
Wenn wir auch ein armes Land sind und so ziemlich abgebrannt sind,
zeigen wir, dass wir imposant sind.
Weil wir etwas überspannt sind.
Wieder haun wir auf die Pauke.
Wir leben hoch, hoch, hoch, hoch, hochhoch, hoch,
Das ist das Wirtschaftswunder.
Das ist das Wirtschaftswunder.
Zwar gibt es Leut, die heut noch zwischen Dreck und Plunder,
doch für die Naziknaben, die das verschuldet haben,
hat der Staat viel Geld parat und spendet Monatsgaben.
Wir sind 'ne ungelernte Republik.
Ist ja auch kein Wunder.
Ist ja auch kein Wunder nach dem verlorenen Krieg.

Wolfgang Neuss,
Das Lied vom Wirtschaftswunder
(1960)

Inhalt

Einleitung

Der Streit der Erinnerungen

Frühling 1945. Das »Tausendjährige Reich« geht nach zwölf Jahren seines Bestehens zu Ende. Der Krieg, mit dem es ganz Europa überzogen hat, endet mit der bedingungslosen Kapitulation Deutschlands am 8. Mai 1945. 55 Millionen Menschen – darunter 20 Millionen Sowjetbürger, sieben Millionen Deutsche, sechs Millionen Polen und sechs Millionen KZ-Häftlinge – hat er das Leben gekostet. Eine unvorstellbare Menge von 400 Millionen Kubikmeter Schutt bedeckt das Land. Auch die ehemalige Reichshauptstadt Berlin liegt in Trümmern. Doch als sei nichts gewesen, lockt, wie auf dem Umschlag dieses Buches zu sehen, die Havel wenige Wochen nach Kriegsende schon wieder zum Bade. Die aus Birkenzweigen schnell zusammengezurrten Holzkreuze, an denen noch die Helme der Soldaten hängen, sind für den heutigen Betrachter eine schaurige Kulisse für ein sommerliches Schwimmvergnügen. Die Badenden stören sie ganz offensichtlich nicht. Die Toten sind fast noch lebendig, ihr Tod noch gegenwärtig, ihre improvisierten Gräber kaum zugeschüttet, da pulst schon wieder das Leben. Der Sommer 1945 sollte ganz offensichtlich und demonstrativ anders sein als der von 1944. Fröhlich und der Zukunft zugewandt. Von diesem Bekenntnis zum Leben zeugt dieses Dokument. Weiterleben und Vergessen hieß die Devise. In der Stadt, aus der das nationalsozialistische Deutschland einmal Germania, die Welthauptstadt machen wollte, bemüht man sich, die Vergangenheit zu verdrängen – und schaut nach vorne.

Beseelt vom Hunger nach Normalität heißt es auch in einem Nachkriegshit von 1948: »Mein lieber Freund, mein lieber Freund, die alten Zeiten sind vorbei, ob man da lacht, ob man da weint, die Welt geht weiter, eins, zwei, drei.« Der Gassenhauer *Wir sind die Eingeborenen von Trizonesien* fängt die Aufbruchsstimmung ein. Das Deutsche Reich, das war einmal. Nationalsozialisten, die lebten einmal in diesem Land, in dem hastig die Berge von Schutt abgetragen, die Führerbilder und die vielen Millionen Ausgaben von *Mein Kampf*, das Standardgeschenk zu jeder Hochzeit, eiligst verbrannt wurden. Die so genannte Stunde null hat die Uhren offiziell wieder auf Anfang gestellt. Neues Leben, neues Glück. Aber ließen sich Erlittenes oder fanatisch Vertretenes so einfach abschütteln? Was ist geblieben von einer Weltschauung, die einmal jeden Winkel des Lebens erfüllt hat? Wie wirkt eine Vergangenheit nach, ohne die deutsche Geschichte und Identität von dort an nicht mehr erklärt werden können?

Sechzig Jahre liegt diese historische Zäsur nun zurück. Und Jahrestage entwickeln mitunter eine eigenwillige Dynamik. Dieser tut es ohne Zweifel. Es werden wie immer Reden gehalten, Kränze niedergelegt und Denkmäler enthüllt werden. Denn jedes Jahrestagsbegängnis schreibt neu fest, was Vergangenheit war und was davon Eingang in unser Selbstverständnis findet – in das, was wir die deutsche Identität nennen.

Wenn im Mai 2005 Faschismus und Krieg sechzig Jahre vergangen sind, wird das wohl der letzte runde Jahrestag sein, der im Beisein noch lebender Zeitzeugen begangen werden kann. Mit ihrem Tod wird die Zeit des Nationalsozialismus zu einer Epoche, die allein in der Geschichtsschreibung fortlebt. Eine Zeit, an die nur noch Gedenksteine, Archivmaterialien und Geschichtsbücher erinnern. Aus den vielen (Lebens-)Geschichten wird so endgültig Geschichte werden. Kein Wunder, dass ein Wettstreit des Erinnerns und Erzählens entbrannt ist. Es geht um die Hoheit darüber, was in die kollektive Erinnerung Eingang finden, was identitätsformend sein soll und was die nächste heranwachsende Generation erfahren soll, wenn es ihr niemand mehr persönlich erzählen kann. Und wenn, was manche wohl zu Recht fürchten, die Zeit der Legendenbildung beginnt.

Denn es gibt viele Erinnerungen an Deutschland. Die Frage, ob es eine gemeinsame Erinnerung geben kann, auf die sich alle verständigen können, ist mit einem klaren Nein zu beantworten. Es kann keine gemeinsame Perspektive der Deutschen auf die Vergangenheit geben. Das zu glauben ist pure Illusion. Denn auch unter den Deutschen gab es Opfer und Täter, lebenslang Leid Tragende und Davongekommene. Doch wer darf erzählen, wer muss schweigen – und vor allem: Wem wird zugehört? Auf das Schweigen, das über Jahrzehnte herrschte, folgt nun eine Zeitspanne, die geprägt ist vom Wunsch, endlich zu erzählen und dabei auch der Geschichte den eigenen Stempel aufzudrücken.

Die einen erinnern sich an ihre Leidensjahre in den Lagern der Nationalsozialisten, die andern erzählen launig von spartanischen Kriegssilvestern mit »Fusel und Dosenwurst«. Ihre Erinnerungen und unbewussten oder sehr gewollten Deutungen des Geschehens erzählen von der unerträglichen Gleichzeitigkeit des Lebens.

Gemeinsam ist allen, die erzählen, nur eines: Deutschland ist oder war ihre Heimat. Die Vergangenheit hat sie weit voneinander entfernt. Ihre Erinnerungen an damals können die Kluft zwischen Opfern, Tätern und unbedarften Mitläufern nicht verkleinern. Und doch leben sie alle in der Kontinuität der deutschen Geschichte. Das Nebeneinander ihrer Lebensgeschichte ist manchmal schwer zu ertragen, weil es unser Vorstellungsvermögen sprengt. Kinder betrauern den Vater, der auch getötet hat. Eine pensionierte Lehrerin fürchtet, dass ihre junge polnische Krankenpflegerin erfahren könnte, dass sie in der Gemeinde Auschwitz die Kinder der IG-Farben-Mitarbeiter und der SS-Männer unterrichtet hat. Ihre Furcht ist die vor dem Gespräch über ihren Anteil an der deutschen Schuld und ihrem verantwortlichen Umgang damit. Ein Napola-Schüler und Angehöriger einer Fallschirmjägereinheit hält die Gaskammern in Auschwitz-Birkenau für eine Lüge und erzählt stolz von der Kameradschaft der Soldaten. Ein Sinto aus

Nürnberg stand schon in der Gaskammer, die ihm den Tod bringen sollte, und überlebte durch Zufall. Der Nachfahre der Erfurter Firma, die die Öfen für Auschwitz konstruierte und montierte, setzt sich dafür ein, dass auch das erinnerungswürdig für unser kulturelles Selbstverständnis ist.

Die Geschichte lebt in ihnen allen weiter. Sie wird auch in ihrem Fortgang nicht gerechter. Die viel beschworene Stunde null war es ja auch nicht. Sie war kein Neubeginn. Dafür war die Last des Vergangenen viel zu groß: Keiner der Holocaust-Überlebenden konnte an das Davor anknüpfen, als sei nichts geschehen. Deserteure wurden nicht mit Unterzeichnung der Kapitulationsurkunde zu achtbaren Menschen. Der Schmerz der Kriegerwitwen wurde nicht gestillt, nur weil kein Krieg mehr herrschte. NSDAP-Reichsschulabsolventen mussten begreifen und abschütteln, was ihnen in den Jahren zuvor eingedrillt worden war. Überzeugte Nationalsozialisten mogelten sich mehr oder weniger offen weiter durch. »Die große Majorität der Deutschen erlebte die Periode der nationalsozialistischen Herrschaft rückblickend wie die Dazwischenkunft einer Infektionskrankheit in Kinderjahren«, schrieben Alexander und Margarete Mitscherlich 1967 in ihrer bundesrepublikanischen Bestandsaufnahme *Die Unfähigkeit zu trauern.* Kinderkrankheiten bekommt man nur einmal, sie gehen ohne eigenes Zutun vorbei, dann ist man geheilt und kann sie vergessen.

Was mögen beispielsweise KZ-Überlebende empfinden, wenn bei den Montagsdemonstrationen gegen die Hartz-IV-Gesetze Demonstrationsteilnehmer in der Sträflingskleidung der KZ-Häftlinge auftreten und sich als »Ihr ganz persönlicher Zwangsarbeiter« bezeichnen? Wenn Tierschutzorganisationen Käfighaltung mit Konzentrationslagern gleichsetzen? Und wenn in der Überwachungssoap »Big Brother« bereits wieder Auschwitzwitze erzählt werden und live über den Sender gehen? In der Art und Weise, wie wir uns erinnern, beziehen wir Stellung, übernehmen wir Verantwortung für eine Geschichte, aus der es keinen Austritt gibt wie aus einem

Verein, dessen Vereinszweck sich erledigt hat. Von Jan-Philipp Reemtsma, dem Leiter und Gründer des Hamburger Instituts für Sozialforschung, stammt die folgende Verortung seiner Person in der Geschichte: »Man trägt Verantwortung für die Konsequenzen vergangenen Handelns, wenn die eigenen Handlungsmöglichkeiten Konsequenzen aus diesem vergangenen Handeln sind.« Diese Standortbestimmung gilt für uns alle.

Was aber ist die deutsche Identität, wenn sich die Geschichten, aus denen Geschichte wird, immer mehr abschleifen und eine erschreckende Harmlosigkeit annehmen? Wenn etwa Harald Welzer in seiner Gemeinschaftsstudie *Opa war kein Nazi* über Nationalsozialismus und Holocaust im Familiengedächtnis zu dem Schluss kommt, dass in persönlichen »Gesprächen in den Familien andere Bilder von der nationalsozialistischen Vergangenheit vermittelt werden als in der Schule oder in den Medien«. Hannes Heer, der ehemalige Leiter der Hamburger Wehrmachtsausstellung, geht gar so weit, von einem Verschwinden der Täter zu sprechen. Die Opfer aber bleiben ein Leben lang Opfer. In unserer Identität, in unserem Selbstverständnis konkurrieren beide, Täter wie Opfer, um einen Platz. Heute, im Frühjahr 2005, so vehement wie nie.

Ich danke meinen Gesprächspartnern für ihre Offenheit. Auf ihren Wunsch hin wurden ihre Namen in diesem Buch zum Teil geändert. Diese Änderungen sind mit einem * gekennzeichnet.

Hilke Lorenz, Januar 2005

Frühe Prägung in Hitlers Eliteschulen

Diese Jugend, die lernt ja nichts anderes, als deutsch denken, deutsch handeln, und wenn diese Knaben mit zehn Jahren in unsere Organisationen hineinkommen und dort oft zum ersten Mal überhaupt erst frische Luft bekommen und fühlen, dann kommen sie vier Jahre später vom Jungvolk in die Hitlerjugend, und dort behalten wir sie wieder vier Jahre, und dann geben wir sie erst recht nicht zurück in die Hände unserer alten Klassen- und Standeserzeuger, sondern nehmen sie sofort in die Partei, in die Arbeiterfront, in die SA oder die SS, in das Nationalsozialistische Kraftfahrerkorps und so weiter. Und wenn sie dort zwei Jahre oder anderthalb Jahre sind und noch nicht ganz Nationalsozialisten geworden sein sollten, dann kommen sie in den Arbeitsdienst und werden dort wieder sechs und sieben Monate geschliffen, alles mit einem Symbol, dem deutschen Spaten. Und was dann nach sechs oder sieben Monaten noch an Klassenbewusstsein oder Standesdünkel da oder da noch vorhanden sein sollte, das übernimmt dann die Wehrmacht zur weiteren Behandlung auf zwei Jahre, und wenn sie nach zwei, drei oder vier Jahren zurückkehren, dann nehmen wir sie, damit sie auf keinen Fall rückfällig werden, sofort wieder in die SA, SS und so weiter, und sie werden nie wieder frei sein ihr ganzes Leben!

Adolf Hitler

Adolf Hitler hat sein Erziehungsideal mit brutaler Offenheit formuliert. Es klingt wie das, was es ist: wie das Programm eines Tyrannen, nicht wie das Versprechen eines Pädagogen. Es ist die Drohung, die Bürger nicht nur einfach mit den Instrumenten der Gewalt zu beherrschen, sondern die Menschen selbst zum Instrument ihrer eigenen Beherrschung zu formen. Hitler dachte als Architekt, aber er sah keinen Gefängnisstaat vor sich, der die Menschen einschloss. Er sah die Menschen selbst als Mauersteine seines neuen Staates, seiner gigantischen Mord- und Kriegsfabrik. Die Jugend wollte er so formen, dass von den Idealen – den Schwächen und Krankheiten, wie er und seine Mitkämpfer das sahen – der Demokratie und des Rechtsstaates – nichts in ihr zurückblieb. Eine Gemeinschaft, gebildet aus derart Erzogenen, würde nichts kennen und nichts dulden als die nationalsozialistischen Ideen.

Den neuen Menschen wollte der Nationalsozialismus so früh wie möglich prägen – schon im Kindesalter, wenn die Zöglinge den Hassbefehlen und Wahnvorstellungen brauner Ideologie vor allem unkritische Begeisterungsfreude entgegenbrachten. Es würde eine Weile dauern, das gesamte Erziehungssystem von den ersten Tagen zu Hause über Kindergarten und Grundschule bis hin zu Gymnasium und Universität so zu ideologisieren, so gründlich von den auf den ersten Blick unpolitischen Resten humanistischer Erziehungsideale zu säubern, dass eine hundertprozentig grausame Jugend in alle Positionen und Funktionen des Tausendjährigen Reichs einrücken würde, bis der skrupellose Herrenmensch vom Band liefe. Aber eine neue Führungselite für den nach allen Seiten blutig seine Grenzen ausdehnenden Raubstaat musste her, eine Kette von Musterschulen, die so schnell wie möglich Prototypen des künftigen Herrenmenschen liefern konnte. So entstanden Eliteschulen, die besonders Begabte ganz nach dem Willen des Führers formen sollten. Bis zum endgültigen Zusammenbruch des zerbombten Reichs entstanden im Großdeutschen Reich und in den besetzten Gebieten fast 40 Nationalpolitische Erziehungsanstalten, in Abkürzung Napolas genannt, darunter drei für Mädchen. An der Spitze dieser dem Erziehungsministerium unterstellten Schulen stand seit 1936 der SS-Mann August Heißmeyer. 1943 wurden auf sein Geheiß hin »Studien- und Beratungsreisen« eingeführt, die dazu dienten, Napola-Schüler für den Eintritt in die Waffen-SS zu gewinnen. Neben den Nationalpolitischen Erziehungsanstalten gab es die nach dem Führer benannten Adolf-Hitler-Schulen. In Letzteren sollte der Parteinachwuchs der NSDAP herangezogen werden, während in den Napolas die politischen Kämpfer jenseits der Parteikarriere erzogen werden sollten. Die NSDAP-Reichsschule Feldafing nahm unter den NS-Ausleseschulen eine Sonderstellung ein. Hier sollte die Elite ausgebildet werden, die später in allen gesellschaftlichen Bereichen Schlüsselfunktionen einnehmen würde.

Es gibt genügend Dokumentarfilmmaterial über das Ende der mörderischen Visionen der Nazis. Die Kameras der vorrückenden Alliierten zeigen den Untergang dessen, was die Nazis erbaut haben. Die Flugzeuge sind vom Himmel geschossen, die Panzer qualmen als Wracks in den Straßen, herrische Prachtbauten des Regimes, weitläufige Rüstungsfabriken und trutzige Bunkeranlagen liegen wie die Städte selbst in Trümmern, die Insignien und Devotionalien der Macht, die steinernen Reichsadler, die Hakenkreuzfahnen, die Hitlerporträts werden von öffentlichen Gebäuden geschlagen und gezerrt, auf Scheiterhaufen geworfen, als Zielscheiben benutzt. Die mächtigen Armeen Hitlers und seiner karrierewilligen Generäle haben sich in Haufen zerlumpter und versehrter Männer in Gefangenenlagern verwandelt. Stück für Stück verschwinden die physischen Manifestationen des Regimes und seiner bösartigen Ideologie – noch ahnt niemand, dass Nazirelikte einmal auf so genannten Sammlerbörsen zu Ehren kommen werden.

Was aber geschieht mit den Gedanken, Werten, Zielen in den Köpfen der Eliteschüler Hitlers? Wie und wann fallen sie in Trümmer, wie sieht der innere Wiederaufbau aus, welche alten Elemente kommen hier zum Einsatz und werden wie an welchen Platz gefügt? Die Wochenschaubilder können uns keine inneren Trümmerlandschaften und Bunkerreste zeigen. Aber wir wissen, dass die Nazis ihren Ehrgeiz darangesetzt hatten, möglichst viele der Talentierten, Ehrgeizigen, Durchsetzungswilligen für immer in ihrem Geist zu formen.

Mehr als 17 000 Jungen haben Napola, Adolf-Hitler-Schule oder Feldafinger Reichsschule in den Jahren des Nationalsozialismus absolviert. Roland Stocker, Emil Hösch und Johannes Trost gehören dazu. Sie waren Schüler der Reichsschule der NSDAP in Feldafing. Noch heute – oder heute wieder, seit der Wende nämlich – halten sie lockeren Kontakt zueinander.

Ursprünglich war die Feldafinger Lehranstalt als »Nationalsozialistische Deutsche Oberschule Starnberger See« dem Stabschef der SA unterstanden. Als Hitler und die Führung der SS 1934 die alten und mächtigen Kampfgefährten der SA kaltstellten und die Führung der Organisation liquidierten, wozu sie die Desinformationskampagne vom angeblich geplanten »Röhm-Putsch« entwarfen, ging die Schule an die Sieger des internen Nazimachtkampfs. Sie unterstand nun Adolf Hitler persönlich und ab 1936, als der Führer sich auf seine Rolle als »größter Feldherr aller Zeiten« vorbereitete, dem Stellvertreter des Führers. So eng war keine andere Lehranstalt an das Zentrum der Macht gebunden – entsprechend groß war die Attraktivität der Kaderschmiede, entsprechend scharf die Auslese. Alfred Herrhausen, der spätere Sprecher der Deutschen Bank, Werner Holzer, später Chefredakteur der *Frankfurter Rundschau,* und Jochen Steinmayr, später Chef des *Zeitmagazins,* drückten hier die Schulbank.

Angenommen wurde nur, wer ein Reichsausleseverfahren bestanden hatte, zu dem die einzelnen Reichsgaue jährlich jeweils drei Kandidaten schicken konnten. Der Andrang auf Feldafing aber war enorm. Ehrgeizige Lehrer meldeten ihre besten Schüler, und selbst nicht hundertfünfzigprozentig vom neuen Geist durchglühte Eltern hofften, ihren Söhnen durch einen Aufenthalt im Eliteinternat eine glänzende Zukunft zu sichern. Wer hier ausgebildet wurde, dem war nicht nur vorbestimmt, selbst eine Führungsposition in irgendeinem Segment der künftig in allen Bereichen von der Nazipartei durchdrungenen Gesellschaft einzunehmen. Er würde auch alle anderen Spitzenkader des braunen Reichs von Schulbanktagen an kennen. Man kann das Ideal der Reichsschule der NSDAP wohl mit einem Begriff von heute beschreiben: früh eingeleitete Netzwerkbildung.

»So manche geistige Geburt«

Ein ehemaliger Zögling der NSDAP-Reichsschule Feldafing entdeckt die Humanität als menschliche Größe

Morgens um elf hat Roland Stocker* schon begonnen, die Welt auszuwerten. Dann ist die Zeitung nicht mehr ganz komplett, sondern hat akkurat geschnittene Löcher. Die Zeitungsartikel, die der Fünfundsiebzigjährige herausgeschnippelt hat, liegen auf dem Küchentisch. Und auf den Millimeterpapierbögen an der Wand über seinem Schreibtisch hat er einen weiteren Punkt gesetzt. Hier zeichnet er Börsenkurse nach. So gut wie vor dreieinhalb Jahren, als er das Blatt entweder von der Wand nehmen oder auf einen Stuhl steigen musste, um den nächsten Wertzuwachs zu notieren, stehen die Kurse nicht mehr. Im Moment befinden sich die Koordinaten der Börse in Augenhöhe. Roland Stocker gerät ins Gründeln in seinen eigenen Gedanken. Wie war er jetzt noch mal darauf gekommen? »Richtig«, sagt er, während er sein Hörgerät justiert, »wichtig ist ja auch das, was nicht in der Zeitung steht. Eigentlich müsste man mindestens zwei Zeitungen lesen.« Schnell, mahnt er, sei man falsch informiert, weil etwas fehle oder nur aus einer ganz bestimmten Sichtweise dargestellt werde. Stocker redet vom großen Ganzen, das sich aus noch viel mehr zusammensetze als diesen paar Artikeln, die er täglich archiviere. Aber auch wenn es nur Bruchstücke des vermuteten Gesamtbilds sind, deren er habhaft werden kann, er trägt sie in seinem Arbeitszimmer zusammen. Dort baut er Stapel auf und trägt sie wieder ab. Die einstigen Schulbücher seiner Töchter, *Lyrik I, Lyrik II, Lyrik III,* liegen ebenfalls parat.

»Bei mir hörte es damals ja mit Rilke auf. In diesen Büchern geht's endlich weiter. Benn, Trakl, Brecht, Huchel.« Roland Stocker gerät ins Schwärmen. Gern hätte er Deutsch und Geschichte studiert. Wenn er sich nur einen anderen zugehörigen

Beruf als den des Lehrers hätte vorstellen können. Aber das Lehramt, beteuert er, sei nichts für ihn. Er mag es nicht, Dinge wiederholen zu müssen. Er hat in seiner Kindheit zu oft die gleichen Phrasen herunterbeten müssen, bis sie in Fleisch und Blut übergegangen waren. Nun ist er ein eifriger Leser ohne jährliche Wiederholungspflicht. Anna Seghers' KZ-Roman *Das siebte Kreuz* muss auf einem der Stapel liegen. Auch dieses Buch erklärt einen Teil des großen Ganzen. In Feldafing nämlich war Roland Stocker Häftlingen aus dem Konzentrationslager Dachau begegnet. Unter schwerer Bewachung wurden sie zu Bauarbeiten auf dem weitläufigen Schulgelände eingesetzt. Die fernen, stummen Gestalten wusste der Schüler einzuordnen. Das Wort Dachau, erinnert er sich, war für den bayrischen Buben stets gleichbedeutend mit »Haft für Arbeitslose und Asoziale und Vaterlandsverräter« gewesen. Auf die Zwangsarbeiter blickte er damals ohne Mitleid, aber mit einem Gefühl von Exotik. Dies waren Wesen aus einer anderen Welt, wie die Liliputaner, die bei Jahrmärkten als Objekte der Schaulust ausgestellt wurden. Seghers' Roman hat den Blick auf eine andere Realität freigegeben.

Wie eine Asservatenkammer wirkt der Wohnraum, der seinen Charme nur für jene entfaltet, die wie Roland Stocker mit Leidenschaft Puzzlestücke der Wirklichkeit zusammentragen. Die anderen überkommt hier wohl eher der Gedanke ans Aufräumen. Doch für Stocker hat sein Sammeleifer Sinn und Methode. Er spürt eine Seelenverwandtschaft zu Walter Kempowski, dem Archivar und Gobelinknüpfer der scheinbar belanglosen Alltagsfusseln. Auch Kempowski, ein Jahr älter als Stocker, versucht, der Welt und Geschichte durch Sammeln und Ordnen Herr zu werden.

»In Kempowskis Zettelkästen«, gesteht Stocker, der sich trotz schütter werdender grauer Haare eine kräftige Portion Jungenhaftigkeit bewahrt hat, »würde ich gerne mal herumkramen.« Wie jeder Sammler will er wissen, ob der andere die wichtigeren Stücke besitzt. Er zieht, während er das sagt, die

Postkarten hervor, die seine Eltern einander noch vor ihrer Heirat geschrieben haben. Der Vater war damals als Soldat im Krieg. Zeitgeschichte ist immer auch Familiengeschichte.

Dass er so leicht ein Nationalsozialist geworden sei, sagt Stocker, hänge mit seinem Vater zusammen. Wie, das erklärt er nicht in einem Satz. Stocker fügt gern – »Dazu muss ich etwas ausholen« – eine Erzählschlaufe und dann gleich noch eine weitere in das ein, was er sagen möchte. Dabei wirkt er schnell etwas zerstreut. Oder so, als wolle er von etwas ablenken. Aber es ist wohl genau andersherum: er will besonders präzise sein. Er folgt seiner Grundüberzeugung, dass alles mit allem zusammenhängt und dass man sehr viel wissen muss, um etwas zu begreifen. Mehrere Jahrzehnte hat er als Prüfer im Deutschen Patentamt in München gearbeitet, sich durch Berge fremder Ideen gekämpft, nach Vorläufern und Vergleichbarem recherchiert, hat Expertisen erstellt, Konzepte hinterfragt und schließlich geurteilt. Nein, ganz so schnell, wie das manche gerne hätten, ist Roland Stocker nicht, wenn er sagen soll, was richtig und falsch ist. Er genießt das Bohren in den Dingen.

Für einen Jungen wie ihn sei das Meinungsklima in der Familie entscheidend gewesen. Stockers Vater habe eine Wandlung vom Katholiken zum Nationalsozialisten durchlaufen. Als sein Allgäuer Heimatdorf 1920 elektrifiziert wurde, ging Vater Stocker dem Vertreter der Lechwerke zur Hand. Wegen einer Kriegsverletzung hatte er seinen früheren Beruf des Schmieds aufgeben müssen, war Mechaniker geworden und wollte nun den Umgang mit Stromkabeln und Sicherungskästen lernen. Doch er lernte mehr als das, was ein ehrlicher Handwerker können muss. Er bekam mit, wie der Vertreter des Elektrizitätswerks die Kunden betrog und Aluminium- statt teurer Kupferkabel verlegte. Stocker senior machte den Betrug bei einer Informationsversammlung im Dorf öffentlich – und wurde niedergeschrien. Der Elektromeister, wie die Honoratioren im Dorf aktiver Katholik und eifriger Kirchgänger, war seinen Freunden, mit denen er regelmäßig im

Wirtshaus über die gottlose Welt grantelte, über jeden Zweifel erhaben. Stockers Vater, angeekelt vom Filz der Frommen, geschockt von so viel Doppelmoral, trat aus der Kirche aus. In der NSDAP mit ihren markigen Worten von der deutschen Erneuerung und der unerbittlichen arischen Tugend fand er seine neue Religion. Empfohlen worden war ihm der Bund der Braunhemden von seinem Bruder. Der hatte Adolf Hitler in Kempten reden hören und war ebenfalls mit einem eher religiösen als politischen Versprechen heimgekehrt: »Dieser Mann wird Deutschland retten.«

Im Jahr 1932 schon sagte er das, also noch in der so genannten »Kampfzeit der Bewegung«, vor der Machtübernahme also, die einen Parteieintritt für viele Karrieristen obligatorisch machte. Der überzeugte Parteigänger Hitlers wurde Ortsgruppenleiter und Bürgermeister in dem 700-Seelen-Ort, seine Frau leitete die NS-Frauenschaft. Hier in der Provinz waren die Stockers braune Eminenzen. Dass der Sohn Roland 1942 nach zwei Jahren am Gymnasium an die NSDAP-Reichsschule nach Feldafing wechseln durfte, das war für den Ortsgruppenleiter und die Frauenschaftsführerin vielleicht nicht bloß eine Befriedigung von Elternehrgeiz. Diese neue Chance zum Hochhinauskommen mag ihnen als Beweis der sozialreformerischen Kraft des Nationalsozialismus erschienen sein, der alte Klassen- und Kastenschranken missachtete und an ihrer Stelle die Belohnung für ideologische Zuverlässigkeit setzte. Nichts am Unterricht der Reichsschule konnte den neuen Zögling schockieren oder befremden. »Die Schule musste mich nicht erst überzeugen«, analysiert er das heute. »Hier wehte die gleiche Luft, die ich schon zu Hause eingeatmet habe.« Einziger Unterschied: die antisemitischen Parolen, der Wahn vom knappen Lebensraum, die Lobpreisungen des Arischen, die er daheim am Küchentisch zu hören bekommen hatte, wurden ihm hier auf vermeintlich wissenschaftlicher Grundlage serviert: als braune Naturgesetze.

Heute liest Roland Stocker Bücher, studiert Magazine,

häuft Zeitungsausschnitte an. Er weiß vermutlich mehr über die Welt als seine Lehrer in Feldafing je wissen, geschweige denn vermitteln wollten. Aber auf die eine Frage, die für ihn »die entscheidende« ist, lässt sich trotz aller Akribie des Suchens, Sammelns, Querverbindens keine Antwort finden. »Wie hätte sich mein Vater verhalten, wenn es Juden im Ort gegeben hätte?« Hätten dann Indoktrination und Überzeugung oder menschliches Mitgefühl die Oberhand gewonnen? Roland Stocker kann keine Gewissheiten finden, dass der Vater angesichts des realen menschlichen Gegenübers an eine Grenze von Hass und Aggression gestoßen wäre.

Der Sohn tröstet sich damit, dass die beunruhigende Frage doch nur eine hypothetische sei. Zu Hause im Dorf, versichert er, habe es gar keine Juden gegeben. Es ist eine dünne Isolation gegen die große Schuld, die er hier einzieht, die mathematische Wahrscheinlichkeitsrechnung des Völkermords. Vater Stocker war ein weniger schlimmer Nazi, weil in seinem kleinen Kästchen der Landkarte zufällig kein potenzielles Opfer von Schikane, Verschleppung, Folter und Mord lebte. Auch eine Spruchkammeruntersuchung brachte gegen den kleinen Funktionär Stocker nichts Entsprechendes zutage. Aber der Sohn kommt nicht los von dem bedrückenden Gedankenspiel »Was wäre gewesen, wenn …«

Seine eigenen Verblendungen, Feindbilder und Arierträume blieben im Theoretischen stecken. Er bekam keine Gelegenheit mehr zur praktischen Umsetzung. Alle Zukunftsträume, sich durch noch mehr Härte, noch kältere Schneidigkeit und noch skrupelloseren Gehorsam hervorzutun unter all denen, die dem Führer Adolf Hitler Treue geschworen hatten, blieben Hirngespinste. Nicht justiziabel, nicht belangbar seitens Militärregierung oder Spruchkammer. Roland Stocker erinnert sich im Plauderton seiner Allgäuer Heimat an die Mutation der Jungenträume ins Militärische. »Als Kind habe ich immer den Bussarden zugeschaut und mich gewundert, warum die fliegen können, ohne mit den Flügeln zu schlagen.« Nach und nach begriff er, womit das zu tun hat. Er lernte Begriffe wie Aufwind und Thermik, begriff die daraus resultierenden Möglichkeiten für den Menschen und begeisterte sich für das Segelfliegen. Im Werkunterricht in Feldafing baute er Modellflugzeuge. Dass Fliegen mit dem Hakenkreuz am Leitwerk kein stilles Segeln in friedlichen Lüften sein würde, sondern eine weitere Erscheinungsform des erbarmungslosen Kampfs um die Weltherrschaft, bereitete ihm damals kein Unbehagen. Im nationalpolitischen Unterricht verwandelte sich der Wunsch nach Loslösung vom Erdboden in den Traum, Fliegerheld zu werden – oder vielleicht auch Flugzeugbauer, ein Waffenschmied des Führers. Dass Roland Stocker den Traum vom Fliegen aufgab, hatte nichts mit einem erwachenden Skrupel zu tun, auch noch den Himmel zu einem Schlachtfeld zu machen. Es war eine pragmatische – oder hochmütige – Reaktion auf den Kriegsverlauf. »Weil die Alliierten die totale Lufthoheit über Deutschland gewannen, war ich so ent-

Der militärische Appell gehörte zum Alltag in der NSDAP-Reichsschule Feldafing

täuscht, dass ich fest entschlossen war, zur Waffen-SS zu gehen.«

Das war die konsequente Ausprägung des Feldafinger Geistes. »Wir fühlten uns als Elite, das kann man schon sagen.« Die Zöglinge dieser Schule wollten niemals Zweite sein. Bei den Verlierern, die abgeschossen wurden, während sie einen Verzögerungskampf gegen das Anrollen gigantischer Bomberflotten fochten, mochte der vierzehnjährige Roland nicht sein. »Wenn ich etwas für mein Land tun wollte, dann konnte ich das nicht mehr als Flieger tun.« Der Heranwachsende hatte eine halbe Lektion begriffen. Selektive Wahrnehmung nennt man das wohl, unterstützt durch die verlogenen Frontberichte der Propagandamaschine. Dass die Lage am Boden nicht anders war als in der Luft, kam dem Jungen, der nun vom Stürmen feindlicher Stellungen träumte, nicht in den Sinn.

Roland Stocker hatte Glück. Er kam nicht mehr zu einem jener Einsätze, die sich verbohrte Nazis angesichts des eigenen Untergangs für die deutschen Kinder und alten Männer und Veteranen ausgedacht hatten – Handgranatenangriffe aus dem Hinterhalt auf Versorgungskolonnen, Panzerfaustschüsse aus dem Kellerfenster, Ermordung einzelner Besatzungssoldaten, die sich einen Schritt zu weit von ihrer Truppe entfernten. Es gab schon einen Operationsnamen für dieses letzte Aufgebot, das sich die braunen Bankrotteure erträumten: Werwolf. Aber in den letzten Tagen des Krieges erfasste die Realität der Niederlage, das Bewusstsein eines großen Umbruchs, auch jene jungen Menschen, die eine Welt ohne Hakenkreuz gar nicht kannten. Die Stunde null, den Moment, als Deutschland weder ein politisches System noch Wasser- und Stromversorgung noch eine Idee von sich selbst hatte, verbrachte Roland Stocker damit, nach Hause zu laufen.

Martin Bormann, der nach dem Vater benannte Sohn des Chefs der Reichskanzlei und Stockers Schulkamerad war, besaß eine Landkarte. Roland hatte ihn zu überreden vermocht, ein Stück herauszutrennen, dann waren beide in unterschiedliche Richtungen aufgebrochen. Der Traum von Großdeutschland war sinnbildlich in Fetzen gegangen, aber die Jungs nahmen am höhnischen Symbol das Positive war. Mit einem zerrupften Deutschland in der Tasche wurde eine Heimreise ins Zivilleben planbar. Der eine oder andere Erzieher hatte den Feldafingern Schülern zwar noch einmal den Willen zum Werwolfkrieg einzuimpfen versucht. Aber die Weiterkämpfen-Parolen erreichten Roland nicht mehr.

Auf seinem Stundenplan hatte Boxen gestanden, und er war stolz gewesen, nie k.o. gegangen zu sein. Nun fühlte er sich benommen wie ein Kämpfer, den ein überlegener Gegner so zu Boden geschickt hatte, dass jedes Gefühl für die eigene Kraft und die eigenen Möglichkeiten geschwunden war. »Ja. Genauso muss sich dieser Zustand anfühlen«, verknüpft Roland Stocker noch heute die Beinahebewusstlosigkeit des geschlagenen Boxers mit der Ratlosigkeit des Nazieliteschülers in einer Welt ohne NSDAP. Ein passenderer Vergleich ist ihm noch nicht untergekommen.

Verlierer haben keine Freunde. Sie haben, glaubt man denen, die früher angeblich zu ihnen gehalten und nun die Seiten gewechselt haben, nie welche gehabt. Als Roland Stocker in sein Heimatdorf zurückkam, warteten seine Mutter und seine Schwester auf ihn. Der Vater war vom Posten als Ortsgruppenleiter weg zum Volkssturm eingezogen worden, hatte tatsächlich noch versucht, den Krieg ein wenig zu verlängern, die Niederlage durch ein paar Opfer mehr auf beiden Seiten wieder eine winzige Zeitspanne hinauszuzögern, und lag im Lazarett in Füssen. Der Bruder Franz, neun Jahre älter als Roland, war in der Normandie in englische Kriegsgefangenschaft geraten. Die Niederlage Deutschlands bedrückte Roland. Auch die private Verwicklung seiner Familie darin schmerzte ihn, aber es schien ihm nachvollziehbar, dass jeder persönlich teilhatte an der Niederlage. Was ihn erstaunte und anfangs verbitterte, war das Verschwinden der Volksgemeinschaft, die Tatsache, dass die Niederlage plötzlich Täter, Mitläufer, Opfer und

Widerständler kannte, wo er nur immer von fest geschlossenen Reihen gehört hatte. Die restliche Dorfbevölkerung war von seiner Familie schon abgerückt, als Roland nach Hause kam. »Im Ort waren wir 1945 fast verfemt«, erinnert er sich heute. Seine Familie galt als »beteiligt an der Riesenkatastrophe«, die anderen sahen sich als deren Opfer. Es gab einen guten Weg, die Stockers das spüren zu lassen. Die ehemaligen Betreiber einer Maschinenwerkstatt hatten anders als ihre Nachbarn keine Lebensmittel aus eigenem Anbau. Sie gehörten zu den Nichtbauern, die allein auf die Rationen der Lebensmittelmarken angewiesen waren. Indem man den Stockers die zusätzliche Portion Milch hie, den Schinken unter der Hand da verweigerte, schuf man Distanz und nahm Rache. Hatte es im eigenen Dorf während der Naziherrschaft tatsächlich so viele Vorbehalte, so viel inneren Widerstand, so viel erzwungene Zustimmung gegeben? Oder vergaßen da die Volksgenossen von gestern ihre eigene Übereinstimmung mit dem braunen System? Dem vorigen Feldafinger Eliteschüler war plötzlich alles ungewiss geworden.

Doch die wahren Erschütterungen und Verwirrungen warteten erst noch auf ihn. Die Stockers bezogen per Abonnement die *Neue Zeitung*, die Vorgängerin der *Süddeutschen Zeitung*. »Man wollte doch wissen, was in der Welt vorging«, erklärt Roland Stocker. Aber vielleicht war da auch ein besonderer Reiz an der Lektüre: die Zeitung erzählte von der Gegenwart, spekulierte über die Zukunft – und demonstrierte so mit jeder Ausgabe, dass es ein Heute zu leben gab und die Vergangenheit Vergangenheit war.

Doch eines Tages veröffentlichte die *Neue Zeitung* Bilder von damals. Ungeheuerliche Bilder. Sie zeigten Berge toter Menschen. Keine Leichen von Soldaten, keine zivilen Opfer von Kriegshandlungen. Die Bilder zeigten die aufgehäuften Ermordeten in den Konzentrationslagern. Das erschütterte den Jugendlichen zutiefst. Roland Stocker stutzt beim Erzählen, denn er erinnert sich an die Abwehr, die Verweigerung, den letzten Halt im Zweifel damals. Er hatte nach Einwänden gegen die Bilder gesucht. War das vielleicht Feindpropaganda, also gefälscht, gestellt, erlogen? Oder zeigten die Aufnahmen wirklich die Konsequenz dessen, was auch Roland geredet, gedacht, gesungen, geglaubt hatte? Waren sie ein Resultat deutscher Unmenschlichkeit? Daran wollte Roland nicht glauben. Er suchte Trost in der Geschichte des KZ-Häftlings, der nach dem Krieg in einem Nachbarort beinahe Bürgermeister geworden wäre. Kurz vor der Wahl war er des Betrugs überführt worden. Er hatte sich die Leidensgeschichte ausgedacht, die Opferrolle angedichtet. Misstrauen, wollte Roland Stocker sich versichern, war kein Starrsinn, sondern gebotene Klugheit.

Der Widerspruch gegen dieses Misstrauen musste allerdings nicht von außen kommen. Passte ein derart obszönes Täuschungsmanöver zu dem, was Roland mit den Siegern erlebt hatte? Der aus der Feldafinger Ideologie Gefallene nahm sehr wohl zur Kenntnis, dass die neuen Herren ihn, den Ortsgruppenleitersohn, ganz anders behandelten, als er das erwartet hatte. »Mich beeindruckte, dass es keine Sippenhaft gab. Irgendwie hatte ich das Gefühl, wir wären mit unseren Gegnern nicht so umgegangen, wenn wir den Krieg gewonnen hätten.«

In seinem Tagebuch versuchte er, Rechenschaft vor sich selbst über all die Widersprüche und Zweifel abzulegen. Am 21. März 1946 schrieb er:

22 Uhr Donnerstag. Heute bekamen wir von Franz wieder einen Brief. Er schreibt unter anderem: Um mich braucht ihr euch nicht zu sorgen. Mir geht es gut, und das nicht nur körperlich, auch sonst fühle ich wieder Boden unter den Füßen. Vor einem Jahr ungefähr war ich mit allem zerfallen, was mit unserem Willen zum Besten, mit unseren Idealen, mit unseren Opfern, die im besten Glauben gebracht waren, für Missbrauch getrieben wurde.

Heute hasse ich diese Männer, die uns von Idealen predigten. Seht nur die Feiglinge in Nürnberg, heute geben sie der Welt ein trauriges Schauspiel, und ich glaube, jeder von ihnen hätte eine Pistole gehabt, doch nicht dieses Mindestmaß haben sie aufgebracht, sie gegen sich abzudrücken. Meine Konsequenzen sind gezogen, ich werde noch einige Zeit hier sein »als Anerkennung« für einen ehemaligen HJ-Führer. Der Bogen ist voll. 20 Seiten hätte ich zu sagen. Ich wünsche Euch alles Gute und grüße euch auf das Herzlichste. Euer Franz.
Dieser Brief ist eine der richtunggebenden Tatsachen in meinem Leben. Wenn ich vor mir selber ehrlich bin, dann muss ich mir nämlich sagen, dass ich noch zutiefst im Geist des NS stecke. Mit mir meine Schwester Tilli, kurz unsere ganze Familie. Schon einmal machte Franz Andeutungen, dass er im nächsten Brief zu dieser Sache Stellung nehmen werde. Damals war es mir klar, dass diese Stellungnahme etwas von dem wenigen ist, auf das man sich verlassen kann und sich ausrichten kann. Diese Stellungnahme ist nun da, und ich werde mich danach ausrichten. Auch wenn ich völlig umlernen muss. Noch sind die letzten Hemmnisse nicht gefallen. Sie werden erst fallen, wenn Franz selber kommt und ich mich mit ihm selber unterhalten kann. Jedenfalls unterscheide ich vorläufig noch zwischen Partei (geschichtliche Wirklichkeit) und Idee (das Ideal). Ersteres verwerfe ich selbstverständlich. Mit der Frage: Ist die NS-Idee gut, ist Demokratie gut, ist Nietzsche gut, was ist gut, wird nun das grundlegende Thema angeschnitten. Darin wird mir wahrscheinlich auch Franz nicht weiterhelfen können. Hat Franz die Demokratie durchschaut, werde ich jemals die Zeitgeschichte durchschauen? Vorläufig durchschaue ich noch gar nichts, und so muss ich mir gegenwärtig behelfsmäßig sagen, nichts ist gut, weil ich nichts als wahr vertrauen darf, außer dem, was ich mit meinen Sinnen greifen kann.

Und das ist, das ich bin, 16 Jahre alt, Kraftfahrzeuglehrling mit erweitertem Horizont, dass ich nach etwas suche, nach Erkenntnis oder wie man es sonst nennt. Als wahr kann ich vorläufig nur mich selber und die Naturgesetze anerkennen. Dass zwei mal zwei vier ist, H und O zu H_2O verbinden, kann keine noch so parteigefärbte Zeitung umfärben oder verschleiern oder beschönigen.
Nun will ich Schluss machen, denn es ist Werktag und ich bin müde. Am Sonntag will ich mich noch einmal damit beschäftigen. Da will ich mir auch mein politisches Bekenntnis am Anfang meines Tagebuchs ansehen und prüfen, was schon alles reparaturbedürftig ist. Denn das ist mir klar, dass ich so manche geistige Geburt mitmachen muss.«

In der elterlichen Werkstatt hatte Roland Stocker eine Lehre begonnen. Bis zur Rückkehr des Bruders und des Vaters aus britischer Kriegsgefangenschaft und Internierungshaft wurde die Werkstatt von zwei ehemaligen deutschen Soldaten – einem Herrn Koch aus Chemnitz und einem Herrn Schuster aus dem Oberallgäu – als Pächter geführt. Die Lehre ist harte Plackerei. Mitten im harten Winter muss Roland mit einem scharfen Wasserstrahl die Motoren reinigen. Schmutz und die Kälte plagen den Jugendlichen. Schon der erste Winter ist so bitter, dass Roland sich die Zehen erfriert. Er will raus. Aber auch in dieser Werkstatt hat er wegweisende Erlebnisse. Am 25. Mai 1946 notiert er in sein Tagebuch:

Nach zehn räumten Toni und ich auf und werkelten bis 16 Uhr an Tonis NSU Quick, bis er endlich ging. So lernte ich diese Woche besonders in den Motorrädern eine Menge dazu. Außerdem machte ich meine ersten Fahrversuche, denn es wird ja langsam höchste Zeit, dass ich wenigstens Motorradfahren lerne. Übrigens machte ich Freitag-Samstag-Nacht eine interessante Bekanntschaft.

Beim Zubettgehen klopfte es an, und draußen stand ein Herr und bat, ich möge ihn flicken, sein Ersatzrad sei ihm in München gestohlen worden. Nach einiger Überwindung ging ich auch in die Werkstatt, bockte das Auto auf und flickte den ziemlich dezimierten Schlauch. Er war mit mir in der Werkstatt, und unversehens kamen wir ins Politisieren. Er erzählte, er müsse die Kandidaten für die Verfassungsgebende Versammlung aussuchen, instruieren, kurz, das Ganze organisieren. Er hoffe, dass vieles besser würde, wenn erst ein Landtag da wäre. Ich gab ihm meine Ansichten zu wissen, die in Hinsicht auf das Scheitern der Pariser Außenministerkonferenz in Bezug auf Deutschlands wirtschaftliche und politische Existenz und den Frieden zwischen Ost und West nicht eben hoffnungsvoll waren. Er gab mir in vielem recht. Wir politisierten weiter, kamen auf Landtag und Verfassung und manches andere zu sprechen. Abschließend meinte der Mann: »Politisch sehr gebildet, wohl vom Vater.« Ich: »Soll ich Ihnen etwas erzählen? Ich war auf der Adolf-Hitler-Schule.« – »Ah.« Noch einige Fragen über das Wo, Sonthofen, Feldafing, Reichsfinanzschule in Herrsching kamen zur Sprache. Er weiter: »Und Ihr Vater? War daher bestimmt auch PG.« Nicken meinerseits. »Alter?« Wieder Nicken. »Gar Aktiver?« – »Ja.« Es war etwas peinlich für ihn. »Und Ihre Existenz?« Ich tat mit einer Handbewegung ab. »Das persönliche Schicksal ist hier gar nicht so wichtig, belanglos, das kümmert mich nicht. Aber, aber wie es der Gesamtheit ergeht, dem ganzen Volk, das interessiert mich immer noch.« Die Unterhaltung war wieder auf der politischen Ebene. »Und Sie?«, meinte er. Ich erzählte ihm etwas, was viele Zeitungen schreiben, was wahr ist, erzählte ihm, dass man der Jugend das Alte genommen habe und ihr etwas Neues noch nicht gegeben habe, dass ich misstrauisch gegen alle sei, in ideellem Vakuum, geistigem Nihilismus lebe; dass es klar sei, dass, wo anspannende Ideen fehlten, das Ich stärker hervortrete, dass die Jugend in hemmungslose Genusssucht verfalle. Dass die meisten sich nicht noch mal mit der Politik die Finger verbrennen wollten. Erzählte ihm von mir: Dass auch ich mich zurückhalte, dass ich als außenstehender Zuschauer, aber mit heißem Herzen alles verfolge. Dann flaute das Gespräch ab. Wir sprachen bloß noch einzelne Bemerkungen über Reifen, Schläuche, Reparaturen. 23.40 Uhr war der Reifen fertig. 23.58 war alles montiert. Er gab mir 20 Mark. Vorher in der Werkstätte hatte er mir schon 5 l Benzin- und 2 l Öl-Marken gegeben.

Roland Stocker fand sich nicht ab mit der neuen kleinen Friedenswelt. Die kalte Werkstatt verwarf er als Fundament für seine Zukunftsträume. Er setzte sich ein neues Ziel, er wagte einen neuen Bruch. 1948, sofort nach Ende seiner Lehre, verzichtete er auf das monatliche Einkommen und ging zurück auf sein altes Gymnasium, um das Abitur abzulegen. Noch während der Lehre hatte er sich mit Nachhilfestunden auf die Aufnahmeprüfung vorbereitet. Die Nachhilfe gaben altgediente Lehrer – ehemalige Parteigenossen, deren Entnazifizierungsverfahren noch nicht abgeschlossen waren.

Rolands Mitschüler nahmen seine Rückkehr ganz pragmatisch auf. Es gab keine Abgrenzung gegenüber dem, der einst ausgeschert war aus der Klassengemeinschaft, um die große Parteikarriere zu machen. Vielleicht, weil für den cleveren Roland schon wieder eine nützliche Funktion in der Gruppe entdeckt worden war. Er kann sich noch genau an die Begrüßung erinnern, mit der er in die alte Gemeinschaft wieder eingegliedert wurde. »Wir haben schon einen Platz für dich. Das da ist deine Bank. Hinter dir sitzen der Hebbe und ich. Wir schreiben von dir Mathe ab.« Anders als unter den Erwachsenen im Dorf gab es unter den Schülern nur den Blick auf die zukünftigen

Möglichkeiten, keinen auf die Wunden, Verletzungen, Machtspiele von gestern. »Das Gefühl, dass überzeugte Nationalsozialisten schlechte Menschen gewesen seien, das gab es damals bei uns nicht«, beschreibt Stocker diese besondere Geschichtslosigkeit der Jungen, denen im Prozess ihrer raschen eigenen Reifung das Gestern sowieso sehr viel ferner und überholter schien als den Erwachsenen. Bei Roland Stocker hat diese Urteilslosigkeit gegenüber seiner Vergangenheit nicht dazu geführt, dass er in den alten Denkmustern verharrte. Der unkomplizierte Übergang in die neue Welt hat ihm geholfen, Demokrat zu werden, glaubt er. Sein Selbstbild wird von der Wende damals bestimmt, vom Bewusstsein, »eine ganze Strecke eines gigantischen Irrwegs mitgegangen, aber mit fünfzehn gerade noch rechtzeitig vom Weg abgekommen zu sein«.

»Ich bin überzeugt, dass die Demokratie die am wenigsten schlechte Regierungsform ist. Aber auch die anspruchsvollste«, sagt Roland Stocker heute. Er bezeichnet sich als SPD-Anhänger – »auch wenn ich Aktien habe. Man darf seine Wurzeln nicht vergessen.« Dieser Satz geht ihm leicht über die Lippen. So selbstverständlich ist ihm der Bezug zur sozialen Herkunft, so fern die Feldafinger Lehrstunden, dass ihm gar nicht die Idee kommt, jemand könnte die Jahre der braunen Indoktrinierung zu seinem Wurzelgrund rechnen. Roland Stocker ist sich gewiss, dass er die Prägung durch die Braunhemden losgeworden ist. Doch er weiß auch, dass der Befreiungsprozess lange gedauert hat. Und dass nicht allein intellektuelles Umwenden des Vergangenen und die kritische Auseinandersetzung mit dem mürben theoretischen Gedankengebäude der Rassenhasser dabei mitgewirkt haben. Stocker ist später auch in sehr privaten Momenten noch dem Feldafinger Vorzeigepimpf in sich begegnet.

So war er zum Beispiel lange noch der schneidige Kerl, dem unbewusst Vergnügungen zu Kraftproben wurden. Der auch in seiner Freizeit Bewährungsproben suchte. So glänzte er

Vor dem Ingenieurstudium machte Roland Stocker ein Praktikum

während seiner Studienzeit in München bei Ausfahrten ins Gebirge »als ein ziemlich wilder Skifahrer« – auch wenn er nicht gerade für die Hochschulmeisterschaften trainierte. Und Bergtouren waren immer Touren an die eigene Belastungsgrenze und darüber hinaus. Bei einer davon begleitete ihn seine spätere Frau Inge. Dass die kleine, eher zart gewachsene Frau sich verausgabte, dass sie früher als er an ihre Grenze kam – das fiel ihm erst gar nicht auf. Obwohl er sich erinnert, dass ihn gerade die Zartheit dieser Frau fasziniert und angezogen habe. Wie immer versuchte Inge mitzuhalten, aber diesmal steuerte sie auf den Kollaps zu. Der voranstapfende Roland merkte nichts – bis die Verzweiflung der völlig Erschöpften sich in Tränen Bahn brach. »Mitten auf einem wunderschönen Bergkamm« ging Stocker auf, dass da etwas Verachtungsvolles und Aggressives an seiner forschen Bewährungsfreude war. Etwas, das Schwäche in anderen bloßlegen wollte. Damals, sagt er, beim Anblick der weinenden Geliebten, sei ihm klar geworden, dass es darauf ankomme, menschlich zu bleiben, statt das Recht des Stärkeren durchzusetzen. Roland Stocker kehrte um – nicht nur auf der Bergwanderung. Er wählt ohne Scheu das Pathos, wenn er davon erzählt: er nennt es die Schlüsselszene seines Lebens. »Von Humanität«, sagt er, in Gedanken versunken, »war in Feldafing nie die Rede.«

»Nach dem Krieg hatte ich keine Zeit nachzudenken.«

Ein Eliteschüler Hitlers stürzt sich in die Zukunft

Links und rechts hat der Lehrer ihn kräftig geohrfeigt. Mit der Aufforderung, sofort zu verschwinden. Wenn Emil Hösch* davon erzählt, dann brennt es noch heute auf seiner Wange. In jenem Kriegsjahr 1944 war er bei einem Besuch in seiner württembergischen Geburtsstadt stolz in sein altes Gymnasium marschiert. Um »die Kameraden von meinem alten Fähnlein wiederzusehen«. Nicht nur in Emil Höschs Erzählungen taucht das Wort »Kameraden«, der Begriff aus dem Soldatenleben, noch immer ganz selbstverständlich auf. Er hat sich dauerhaft festgesetzt. Auch nach dem Krieg hieß eine deutsche Jugendzeitschrift noch *Der gute Kamerad*. Die doppelte Ohrfeige, die gegenwärtig blieb, als die Rötung längst verschwunden war, hat die Idee von bedingungsloser Kameradschaft attackiert. Emil Hösch war damals in seiner Feldafinger Schuluniform aufgekreuzt. Die anderen sollten sehen, dass er es zu etwas gebracht hatte. Aber die sinistre schwarze Uniform war nicht nur ein unübersehbares Zeichen dafür, dass er aufgestiegen war. Sondern auch dafür, dass er sich von den anderen entfernt hatte. Diese Idee war Emil Hösch damals noch nicht gekommen. Kameradschaft und Volksgemeinschaft, diese Begriffe schienen zu garantieren, dass man Karriere machen und doch noch dazugehören konnte. Sie schienen auch über den Einwänden der Lehrer zu stehen.

Denn Emil Höschs Schulmeister, allen voran der Zeichenlehrer, hatten keinen Hehl daraus gemacht, dass sie ihn nur ungern in die Eliteschmiede der Partei ziehen ließen. Aber wofür er dann bei dem Besuch die Ohrfeigen erntete, kann Emil Hösch sich bis heute nicht erklären. Ging es um die lockere

Form des Besuchs, die als Herausforderung der alten Autorität verstanden wurde – als ob da einer zeigen wolle, dass er sich nun nicht mehr scheren müsse um die Pausenglocken der Provinz? Oder war es eine mutige politische Ohrfeige, die der Uniform und dem System dahinter galt? Die als Ventil für die Wut des Lehrers diente, dass er einen Begabten nicht hatte abhalten können, sich begeistert einem bösartigen Hetzapparat auszuliefern?

Letztere Erklärung scheint Emil Hösch noch immer die unwahrscheinlichste. Aber nicht, weil er am Vorhandensein solch herausplatzender antinazistischer Gesinnung im Lehrkörper zweifeln würde. Er kann sich nur nicht vorstellen, dass er ihr Ziel gewesen sein sollte. »Nein, als Nazi habe ich mich nie gefühlt«, sagt er über den Jungen von damals, der in der Kluft der handverlesenen Hoffnungsträger der Nazis steckte. Aber reicht die eigene Selbsteinschätzung, um andere zu überzeugen, dass man der Alte geblieben ist?

Wenn Emil Hösch an die Ohrfeigen und den Hinauswurf denkt, dann verwirren und ärgern sie ihn noch immer. Also denkt er nicht oft daran. Emil Hösch ist einer, der weiterläuft, wenn er ein Ziel vor Augen hat. Das ist er sich als Sportler schuldig. »Es bringt nichts, zur Startlinie zurückzuschauen«, lautet seine Philosophie. Und die hat er sich nicht erst im Alter angeeignet. »Nach dem Krieg hatte ich zu keiner Sekunde Zeit, irgendwie über Dinge grundsätzlich nachzudenken. Weil ich ein klares Ziel hatte und ständig beschäftigt war.«

Deutschland in Trümmern, das hätte auch ein lähmender Anblick sein können. Aber wie viele andere überlegte Emil Hösch nicht lange, wie es dazu gekommen war. Gerade weil die Zerstörung so immens war, wurde sie für die Deutschen zum Symbol dafür, dass nun wirklich etwas zu Ende war. Dass eine Zeche bezahlt, eine Schuld beglichen, eine Buße erbracht war. Die Frage wofür, wie viel Verantwortung man selbst eigentlich noch trug oder was man alles getan hätte oder geworden wäre, wäre das System nicht vorher unter Bomben,

Granaten und Panzerketten zerborsten, musste man sich so nicht beantworten. Emil plante für morgen. Er wog ab, ob er seinem Vater, dem Baumeister für Hoch- und Tiefbau, folgen und Bauingenieur werden solle. Doch mit der ganz neuen Zeit kam die Lust auf einen deutlicheren Neuanfang. Im Juni 1945 begann Emil Hösch eine Lehre als Elektroinstallateur. Es folgten die Gewerbeschule, das noch im Aufbau befindliche technische Gymnasium, die Ingenieurschule. Der ehemalige Feldafing-Schüler sauste im Eilschritt durch die Nachkriegszeit. Er genoss die Chancen im Wirtschaftswunderland, das auch ein Verdrängungswunderland war.

Als die deutsche Fußballnationalmannschaft 1954 im Endspiel von Bern den Weltmeistertitel holte, fühlte auch Emil Hösch – wie viele andere in der Republik – sich so, als sei jetzt wieder ein aufrechterer Gang möglich, ein stolzerer Blick. »Mensch, jetzt sind wir wieder wer«, war der Satz, der auch ihm damals durch den Kopf ging und hie und da über die Lippen kam. Dieser Gedanke setzte das Eingeständnis eines moralischen Zusammenbruchs, eines Grundes für das Niemand-mehr-Sein eigentlich voraus. Aber Hösch erlaubte sich nicht, dieses Erleichterungsgefühl zu analysieren, die zuvor nicht eingestandenen und nun von einem Sporttriumph verscheuchten Bedrückungsgefühle zu analysieren. »Nicht zurückschauen!« – Emil Hösch musste mit seinem eigenen neuen Leben Schritt halten.

Im Voranrasen verschwimmen die Konturen dessen, was man zurücklässt. Sein Tagesablauf macht schon beim Zuhören atemlos. »Bis nachmittags war ich normalerweise bei der Arbeit. Dann bin ich ins Bad gegangen und habe dort Schwimmunterricht gegeben. Anschließend habe ich in der Turnhalle die Jugendlichen im Turnen unterrichtet.« Danach machte er noch einen Umweg über die Arbeitsstelle und wickelte Motoren. Um Mitternacht war er dann endlich zu Hause, am nächsten Morgen um sieben bereits wieder in der Firma. Das neue Leben forderte Tempo.

Die Menge jubelte de Gaulle bei seinem Deutschlandbesuch 1955 zu

Einmal kam er für einen kurzen Moment außer Tritt. Der französische Ministerpräsident Charles de Gaulle kam 1962 auf Deutschlandbesuch und hielt in Ludwigsburg eine Rede vor Jugendlichen. Staatsmänner waren damals noch nicht dank des Fernsehens abendliche Gäste in allen Wohnzimmern. Emil Hösch war kein Jugendlicher mehr, aber neugierig. »Ich wollte ihn sehen«, sagt er heute. Also stellte er sich an den Straßenrand, vielleicht noch gewiss, dass er eine wohlwollende bis skeptische Distanz gegenüber dem ehemaligen Führer der kämpfenden Exilfranzosen halten würde. Aber als der General im schweren offenen Wagen vorbeifuhr, ergriff ein altes Gefühl Besitz von dem jungen Erwachsenen. »Plötzlich ertappte ich mich dabei, wie ich lauthals und ohne vorher nachzudenken ›Vive de Gaulle!‹ brüllte.« Der Dreiunddreißigjährige war schockiert, dass er sich »so hingeben konnte und urplötzlich einem eigentlich Fremden zujubelte«. Die Masse hatte ihn wieder mitgezogen.

Begeisterungsfähig war er schon 1940 gewesen. Und das hat seiner Jugend ein Etikett aufgeklebt, das sie abhebt von der bloßen Massenerfahrung der HJ-Generation. Wenn Emil Hösch von früher erzählt, muss er zwangsläufig das Wort NSDAP in den Mund nehmen. Er würde diese Fünf-Buchstaben-Abkürzung gerne streichen aus den Erzählungen. Sie bringt ihn mitunter in Erklärungsnot. Es ist ein hässliches Wort in einem Leben, das er am liebsten als apolitisch sehen würde. 1929 geboren, ist er vor keine der ganz folgenschweren Entscheidungen eines Lebenswegs in der Diktatur gestellt, in keine der wirklich korrumpierenden Versuchungen der Macht geführt worden. Hösch nennt das mit den Worten Helmut Kohls »die Gnade der späten Geburt«. Aber er musste sich immerhin im April 1944 noch mustern lassen, überprüfen lassen auf seine Tauglichkeit für den Endkampf ums Reich. Auf diese Erfahrung, die er mit vielen teilt, ist er im Laufe der Jahre immer wieder mal zu sprechen gekommen. Noch heute erwähnt er nicht ohne Stolz, dass er in die Verwendungsklasse I eingestuft wurde, nicht etwa in die Klasse II. Emil Hösch ist gerne bei den Besten. Aber dass er auf der Eliteschule am Starnberger See war, hat er »nie einem Menschen gesagt«. Nur seine alten Mitschüler vom Gymnasium wussten davon. Wenn er mit seinem blauen Anton zur Arbeit ging und einem von ihnen begegnete, dann schauten sie demonstrativ zur Seite. Die zweieinhalbjährige Feldafinger Episode blieb in ihren Augen Emil Höschs Makel.

Die Mutter gab stets an, sie sei unter Druck gesetzt worden, Emil auf die NSDAP-Schule am Starnberger See zu schicken. So erzählt es die Frau von Emil Hösch, die sich öfters mit ihrer Schwiegermutter darüber unterhalten hatte, wie das war, als der Mann als Straßenbauer in Wehrmachtsuniform bei Krakau in Polen im Einsatz stand und die Frau im Haus alle Entscheidungen treffen musste. Darüber gibt es keine schriftlichen Dokumente, und die Erzählerin war nicht als Augenzeugin dabei. Wir bewegen uns hier im Reich eines speziellen Hörensagens, dem der Familiengeschichte. Die hat ihre eigene Natur und Dynamik und ihre individuellen Tabus. Sie schleift sich ab im Laufe der Jahre und des wiederholten Erzählens. Aber der Kieselstein des historischen Sachverhalts wird nicht nur vom Fluss der Zeit rundgeschliffen, von einem kontinuierlichen Prozess des Vergessens der Einzelheiten, sondern vom Strom der Wünsche und Bedürfnisse. Nach einer Weile werden dann Familiengeschichten von jenen, die beim jeweiligen Geschehen gar nicht dabei waren, stimmiger vorgetragen als von jenen, die beim Erzählen noch mit dem Widerspruch von Erinnertem und Gewünschtem zu kämpfen haben. Die Weitererzähler haben allein die Funktion vor Augen, die eine Geschichte im Leben der Zuhörer erfüllen soll. Doch der Umkehrschluss – eine Geschichte, die den Heutigen hilft, das Gestern zu akzeptieren, muss weitgehend verändert, ergänzt oder gar erlogen sein – ist ebenso unzulässig wie naives Vertrauen auf Familienerinnerungen. Geschichte und Schicksale bestehen nicht nur aus einer Folge schlimmstmöglicher Wendungen.

Seine Mutter, erzählt Emil Hösch, sei aufgrund seiner hervorragenden schulischen Leistungen zur Kreisleitung der NSDAP bestellt worden. Dort habe man auf sie eingeredet, die Talente des Sohns der Partei – und damit »dem deutschen Volk« – zur Verfügung zu stellen. Hösch ist an einem Punkt großer innerer Spannung seiner Biographie angelangt. Er will betonen, dass er nicht aus braunem Karrierismus oder fanatischer Überzeugung nach Feldafing geschickt wurde. Er will Distanz zwischen seiner Familie und dem System. Zugleich wünscht er sich Anerkennung für seine Leistungen, für das Auserwähltwerden unter Tausenden. Er ist stolz darauf, das scharfe Auswahlverfahren bestanden zu haben. Er kann es nicht als Grund zur Scham empfinden, schon mit dreizehn in einer schicken Uniform, mit einem Schiffchen auf dem Kopf, so wie die anderen 36 Schüler der dritten Klasse in Feldafing für die Kamera posiert zu haben.

Der heute Fünfundsiebzigjährige sucht nach einem Vergleich, um sich verständlich zu machen. Dass er als Einziger aus dem Landkreis bestanden habe, das sei so, als ob heute ein

Auszubildender eines Betriebes für seine guten Leistungen in der Zeitung gelobt werde. »Warum hätte ich nicht stolz sein sollen?«

Er sagt es oft, dieses »Warum auch nicht?«. Emil Hösch fügt nur ungern spätere Erkenntnisse in die Erinnerungen seiner Kindheit, die dann Wertigkeiten und Empfindungen verändern. Dem Mann mit dem Lebensmotto »Blick aufs Ziel« bereitet das Zurückschauen, der Blick gegen den Ereignisverlauf Unbehagen. »Es ist sehr schwierig, im Nachhinein über Situationen zu reden, von denen man erst heute weiß, wie sie ausgegangen sind. Damals, als man sich entscheiden musste, wusste man ja nicht, wie es läuft.« Emil Hösch will jeden Moment seiner Biographie nur aus den Erkenntnissen heraus werten, die ihm damals zur Verfügung standen. Er spürt aber auch, dass das nicht geht. Er wird kein Dreizehnjähriger, nur weil er sich an einen Dreizehnjährigen erinnert. Auf den ersten Blick stellt sich der Erwachsene vor den Jungen von damals und nimmt ihn in Schutz. Auf den zweiten Blick könnte man den Verdacht gewinnen, jemand, der seinem dreizehnjährigen Ich nicht als Erwachsener gegenübertreten mag, fürchte dieses Kind, sein Denken und das, zu dem es möglicherweise in der weiteren Entwicklung fähig gewesen wäre.

Ingeborg Hösch war noch nicht geboren, als ihr heutiger Ehemann aus der Klassengemeinschaft ausscherte. Aber es wäre ihr, die den Druck betont, der auf der Mutter lastete und den sie weitergab, sichtlich wohler, ihr Mann hätte sich nicht ganz so freiwillig und begeistert für die NSDAP-Reichsschule entschieden. Zumindest wäre es ihr lieber, er würde es heute anders darstellen. Um die persönliche Verantwortung zu relativieren, wagt sie schon mal Sätze, die Vergangenheit und Gegenwart, totalitären Staat und Demokratie vermischen. »Wir«, sagt Frau Hösch »wir sind heute auch machtlos. Die persönliche Macht ist gleich null.« Emil Hösch aber schildert den entflammten Ehrgeiz eines Dreizehnjährigen, der mit einem weiteren Jungen aus seinem Fähnlein zu einer ersten

Vorauswahl marschierte, bei der beider Wissen über »die Partei und die Umstände der Machtergreifung« abgefragt wurde. Er wollte unbedingt als der Bessere aus diesem Test hervorgehen; als einer, der im ideologisch gefärbten Schulunterricht und bei den Heimabenden der Hitlerjugend besser aufgepasst und die Lehren tiefer verinnerlicht hatte. Es ist ihm gelungen.

Emil Hösch absolvierte damals einen ganzen Prüfungsparcours, um sich als einer der besten Hitlerjungen im Reich hervorzutun. Aus der Kreisstadt fuhr er zusammen mit einem Dutzend anderer Prüflinge nach Stuttgart. Den Test bei der Gebietsführung bestand er wieder mit Bravour und wurde zum Auswahllehrgang nach Tübingen geschickt. Dort mussten die Prüflinge, »ich möchte mal sagen, eine ziemlich umfassende Prüfung ablegen«. Etwa 100 Knaben aus Württemberg-Hohenzollern lieferten sich Schwimmwettkämpfe, versuchten bei Nachtmärschen mit besonderer Unermüdlichkeit hervorzustechen oder in ihren täglichen Aufsätzen den Wehrmachtsbericht möglichst markig und endsiegsicher zu kommentieren. Emil Hösch nahm auch diese Hürde und wurde zu einer letzten Aussiebung nach Feldafing eingeladen.

Das Schreiben kam von der Kreisleitung der NSDAP. Aber Emil Hösch hatte noch nie von der Reichsschule der NSDAP gehört, von der nun plötzlich als Preis die Rede war. Er hatte sich die Ordensburg in Sonthofen als Ziel gesetzt. Dieses Bauwerk hatte den Jungen auf einem Ausflug der Hitlerjugend schwer beeindruckt. Dessen wuchtige Imposanz hatte er vor Augen. Hier wollte er hin. Also lehnte der Dreizehnjährige die Einladung ab. Der Entscheidungsprozess war denkbar kurz: »Das kenn ich nicht, da geh ich nicht hin«.

Die Kreisleitung der Partei beginnt umgehend damit, Mutter und Großvater von der Pflicht und Ehre zu überzeugen, Emil in die Obhut der Partei zu übergeben. Aber sie wendet sich auch an den Jungen selbst. Wie überzeugt man einen Knaben von den Vorzügen der führernahesten Herrenmenschenschule? Es ist Anfang des Jahres 1942. Im Osten drückt die Wehrmacht auf die russischen Verteidigungsstellungen, noch immer in der Hoffnung, die Sowjetunion auslöschen zu können. Aber die kommenden Monate werden die Niederlage in Stalingrad bringen. Im August des Jahres wird Adolf Hitler mit Roland Freissler einen der furchtbarsten NS-Juristen an den Berliner Volksgerichtshof berufen. Er wird erbarmungslose Todesurteile fällen. Mit Beil, Strick und Fleischerhaken soll den ersten Zerfallserscheinungen des Tausendjährigen Reichs gewehrt werden. Emil Hösch wird ein anderes 1942 versprochen: Reiten, Skifahren, Segeln auf dem Starnberger See. Der sportbegeisterte Knabe, der schon mit vier Jahren von seinem Vater auf Skier gestellt worden war, schwenkt um. Die Villen am Starnberger See sahen zwar nicht so wehrhaft aus, wie er sich den Sitz einer künftigen Ritterkaste vorstellt. Aber das Sportprogramm, mit dem die Eliteschule in Feldafing lockte, so rekonstruiert er seine Entscheidung heute, habe ihn überzeugt. Sport ist kein Rückzugsfeld vor der Politik, sondern deren Rekrutierungsraum.

Emil Hösch fuhr zur letzten Aufnahmeprüfung im Bewerbungsmarathon und bestand auch sie. Ostern 1942 kam die »Einberufung« nach Feldafing – auch das ein Wort, das sich im Hösch'schen Sprachschatz hartnäckig gehalten hat. Er begann in der dritten Gymnasialklasse, und Sorgen vor dem Lernpensum kannte er keine. Leistungsdruck scheint immer schon ein belebendes Elixier für ihn gewesen zu sein. Das Leben in der internatsartig geführten Schule war exakt durchorganisiert. Hösch erinnert sich an den Tagesablauf folgendermaßen:

5.30 Uhr Wecken, anschließend Matratzen ausklopfen
6.00 Uhr Fertigmachen zum Morgenappell
6.15 Uhr Morgenappell
6.30 Uhr Frühstück
6.45 Uhr Raustreten und Abmarsch zum Unterricht
7.00 Uhr Unterrichtsbeginn

12.30 Uhr Ende des Unterrichts, Rückmarsch zur Parkvilla
13.15 Uhr Mittagessen
14 bis 15.30 Uhr Mittagsruhe
15.45 Uhr Kaffee
16 bis 17.30 Uhr Schulappell und Begrüßung durch den Schulleiter auf dem Sportplatz
17.30 bis 18.30 Uhr Exerzierdienst
19 Uhr Abendessen
ab 19.30 Uhr Freizeit, Waschen, Baden
20.30 Uhr Abendruhe
21.00 Uhr Licht aus

Er habe inmitten dieses Drills »einen ganz normalen Gymnasialunterricht« erlebt, betont Emil Hösch mehrfach. Der Unterschied dieser kasernenartigen Schulzeit zum Leben zu Hause? »Wir mussten lernen, Krawatten zu binden. Im Jungvolk hatten wir nur praktische Knoten gelernt.« Ihre Ausgehuniform, die beim Verlassen der Schule Pflicht war, ähnelte mit dunkler Hose mit einer Biese an der Seite, Jacke, Hemd und Krawatte einer Kadettenuniform. Im Unterricht trugen die Jungs im Sommer Lederhosen, ansonsten Drillichanzüge mit langen und mit kurzen Hosen. In Emil Höschs Erinnerungen taucht die Feldafinger Schule eher als Ferienlager denn als Pauk- und Schleifhölle auf.

Doch in dieser scheinbar heilen Welt tauchte jene Störung auf, die auch Roland Stocker damals auszublenden versuchte. Die zur Zwangsarbeit bei der Errichtung neuer Schulgebäude hierher verlegten Häftlinge des Konzentrationslagers Dachau waren in Baracken einquartiert. Als Hösch sie zum ersten Mal sah, wurden sie zum Bau eines Luftschutzbunkers getrieben. Beim Erzählen heute nimmt er noch immer die gleiche Position ein wie damals als Beobachter: das Vorhandensein der Häftlinge ist eine gegebene Größe, die Frage nach dem Warum ihres Hierseins stellt sich nicht. Was ihn empörte, was schon damals seine Abscheu weckte, wie er versichert, war das brutale Verhalten der Kapos gegenüber den anderen Gefangenen. Kapos wurden meist aus der Gruppe der gewaltkriminellen Häftlinge rekrutiert, ihnen wurde Gewalt über die aus ideologischen Gründen Inhaftierten gegeben, die ihrer Rasse, ihrer politischen Überzeugung, ihres Glaubens oder ihrer sexuellen Orientierung wegen zu rechtlosem Abschaum erklärt worden waren. »Wir haben uns über deren Verhalten aufgeregt, das war richtig unmenschlich«, sagt der Fünfundsiebzigjährige. Die Schläge der Kapos, das Niederprügeln der Wankenden, das ständige drohende, erniedrigende Gebrüll weckten den Gerechtigkeitssinn oder das Mitempfinden der Jungen. Der verhärmte Zustand der Gefangenen, ihre Schwäche und Unterernährung aber nicht. Man habe sie wahrgenommen, ohne weiter darüber nachzudenken, bekennt Hösch. Ob es eine weitere Stufe der Beschäftigung mit den gequälten Gestalten aus Dachau gab, unterschlägt Emil Hösch im Fortgang des Gesprächs. Die selektive Wahrnehmung der Feldafinger Schüler zeigt die Unzuverlässigkeit scheinbar verlässlicher menschlicher Maßstäbe. Die machen einen Unterschied zwischen tätlicher und struktureller Gewalt. Die eine springt uns ins Auge, die andere blenden wir aus. Prügel für die Gefangenen konnten die Schüler sehen. Vom Entzug der Nahrung sahen sie die Folge, nicht die Tat. Also nahmen sie die Unterernährung der Gefangenen als bloßen Hinweis auf deren Andersartigkeit. Das Umherstoßen eines Gefangenen war eine sichtliche Misshandlung. Die Tatsache, dass dieser Mensch überhaupt gefangen war, wurde als gegebene Größe akzeptiert.

Die jugendlichen Zuschauer, auch jene mit rührbarem Herzen, begriffen also nur die Hälfte. Aber es war ja auch gar kein Begreifen erwünscht. Den Schülern war jeder Kontakt mit den KZ-Häftlingen streng untersagt. Überhaupt sollten sie sich mit nichts beschäftigen, das nicht den Lehrzielen dienlich war. Der Schuldrill ließ keinen Raum zum Nachdenken, ein immerwährendes Programm ohne Verschnaufpausen beförderte ein Handeln ohne Fragen, ein Weitereilen, bevor der Zweifel sich formen konnte. Das ist ein Rhythmus, der zum Lebensrhythmus werden kann. Man muss sich seiner erst bewusst werden, um ihn abzuschütteln und den Wert der Ruhepausen zu erkennen. Das aufbaueifrige Nachkriegsdeutschland sah nachdenkliches Innehalten als suspekten Müßiggang. Man darf vermuten, die »Schaffe, schaffe, Häusle baue«-Gesinnung, wie sie im Schwäbischen heißt, fürchtete den Müßiggang nicht nur, weil er der Gemeinschaft Produktivkraft entzog. Sondern auch wegen der Gedanken und Erinnerungen, die währenddessen aufsteigen können.

Es gab vieles, wovon die Feldafinger Schule ihre Zöglinge ablenken musste, störende Informationen aus der Welt draußen, die in die braune Kunstwelt drangen – spätestens auf dem Heimaturlaub der Zöglinge. Als Emil Hösch Weihnachten 1944 nach Hause kam, erfuhr er vom Schicksal des nur 30 Kilometer von seiner Heimatstadt Ludwigsburg entfernten Heilbronn. Die alte Reichsstadt, eine von sattem Wohlstand ihrer Kaufleute geprägte Gemeinschaft, deren Stadtensemble als großes Zeugnis alten städtischen Selbstbewusstseins im Deutschland der Kleinstaaterei gegolten hatte, war am 4. Dezember in Schutt und Asche versunken, fast ganz ausgelöscht worden vom Angriff einer britischen Bomberflotte. Das erschreckte Emil Hösch fast mehr als die Trümmer des zerbombten München, die er zu Augen bekommen hatte, als die Schule ihn in die Stadt beordert hatte, um Kostüme für die schuleigene Theatergruppe zu organisieren. Das große München schien ein unausweichliches Ziel feindlicher Angriffe zu sein – aber der tiefe und mörderische Griff hinein in die Provinz, der massive Angriff auf Heilbronn ließ Hösch ahnen, mit welcher Freiheit sich die Alliierten bewegten und über welche Ressourcen sie verfügten.

Neben solchen Erinnerungen wirken die Feldafinger Tage »im Rückblick idyllisch«. Die Erziehung zum strikten Gehorsam, zur kritiklosen Pflichterfüllung war so allumfassend, dass sie im Gedächtnis nicht greifbar wird, nicht an ein spezielles

Ereignis gebunden ist. Die Erinnerungen an Indoktrination, Schinderei, Hetzreden und Durchhalteparolen sind hinter andere Momente zurückgetreten – weggepackt und auf den Dachboden verräumt. Ein untypisches Ereignis überstrahlt im Gedächtnis von Emil Hösch heute alle Unterrichtsstunden aus zweieinhalb Jahren Feldafing. Seine Klassenkameraden und er waren schon beim Schanzen und hatten entlang der alten Olympiastraße nach Garmisch-Partenkirchen Gräben ausgehoben, um den nun bald zu erwartenden Feind aufzuhalten. Da trat plötzlich eine ältere Dame zu den uniformierten Jungen und befahl: »Ihr kommt nachher zu mir.« Die Schanztruppe war der Pianistin Elly Ney begegnet – und hatte deren Mitleid oder Widerwillen gegen die Mobilmachung der Kindheit erweckt. Ney lud die Jungs nicht zu einem weiteren privaten Arbeitseinsatz. Die weltberühmte Beethoveninterpretin bat die verschwitzten Knaben in ihr Haus in Tutzing, um ihnen vorzuspielen. Um den Jugendlichen, die da nicht einfach Gräben, sondern eigentlich auch die Gräber aushoben, in die sie nach dem Willen des Führers in einem Endkampf ohne Gnade sinken sollten, Kultur vorzuführen – wer weiß, ob als kleine Erleichterung, als Belohnung oder als subversiv anderes zu Feldspaten und Heldentodpredigten. Die Jungen hatten ihre dreckigen Schuhe ausgezogen und hörten, eng aneinander gedrängt auf dem Boden sitzend, andächtig zu. »Das war wichtiger als Gräben ausheben«, sagt Hösch. Es ist auch in seinem Gedächtnis wichtiger geworden. Die Episode im Hause Ney ist klar einzuordnen und zudem vom Hauch des Widerstands umweht. Hösch kann diese Anekdote erzählen, ohne in Erklärungsnot und Distanzierungspflicht zu geraten.

Von der Normalität des Schulbetriebs blieben wenige Bilder zurück – aber viele vom Zerfall dieser Normalität. Die Feldafinger Zeit endete in völliger Desorganisation. In der zweiten Aprilhälfte 1944 wurde die Schule zum Lazarett umfunktioniert. Lastwagen voller Verwundeter rollten heran. In Gegenrichtung fuhren schwere Limousinen, die Horch, Maybach und Daimler der Villenbesitzer, die »oft Leute aus der Parteiführung« waren und sich nun »in den Süden absetzten«. Die uniformierten Eliteschüler waren entlang der Fluchtstraßen mit Schanzarbeiten beschäftigt und konnten zusehen, wie die bisherige Elite sich davonmachte. Kurz darauf mussten auch sie ihre Sachen packen – es gab zwar so gut wie kein Reich mehr, aber einen letzten Versuch, die Eliteschule des Reichs zu retten. Weglaufen war auch hier die Maxime des Handelns.

Emil Hösch bekam dabei eine wichtige Rolle zugeteilt. Er wurde zum Vorauskommando, das in Steinach am Brennerpass Bescheid geben sollte, dass eine Feldafinger Klasse auf dem Weg in dieses ehemalige Kinderlandverschickungslager sei und hier den Unterricht fortsetzen wolle. »Organisieren und zu wissen, wo es langgeht, war meine Stärke«, erklärt Hösch die Auswahl. Er wurde den Erwartungen seines Lehrers gerecht, schlug sich durch, strampelte sich ab, hängte sich mit dem Fahrrad an LKWs an und ließ sich ziehen, um schneller voranzukommen. Für einen kurzen Moment erlebte er, dass etwas machbar war mitten in der Niederlage, dass sich handeln ließ. Vielleicht war dies keine letzte Zuckung des siegessicheren Hitlerjungen, sondern eine erste Regung des Zivilisten.

Emil Hösch machte Quartier, und die Klasse folgte nach. Kaum aber waren die Jugendlichen in Tirol angekommen, brach der gespenstische letzte Bunkerrest des Mordregimes in sich zusammen. Die bedauernden Abschiedsworte des Lehrers aber speisten sich noch nicht aus Reue. »Jungs, es tut mir Leid«, verkündete er, »der Krieg ist jetzt nicht mehr zu gewinnen, der Krieg ist verloren.« Ihm standen dabei die Tränen in den Augen – ein obszön sentimentales Ende für die massenmörderischen Träume von der Weltherrschaft. In einem letzten Akt der Fürsorge stellte der Lehrer den Knaben Bescheinigungen aus, sie seien auf dem Heimweg aus der Kinderlandverschickung – das schützte die Heranwachsenden vor der Gefangennahme durch alliierte Soldaten, die sie vielleicht für

Volkssturmangehörige gehalten hätten. Emil Hösch brauchte drei volle Wochen, um nach Hause zu kommen. Er stürzte sich sofort in ein Leben, in dem die Zeit in Feldafing ohne jede Bedeutung war.

»Heute würde man vielleicht sagen, er habe sich in die Arbeit geflüchtet, um nicht nachdenken zu müssen«, sagt der alte Mann. Er spricht von seinem jugendlichen Ich tatsächlich in der dritten Person, wie von einem Fremden, dessen Beweggründe er nicht kennt, sondern allenfalls erahnen kann. Gefragt nach dem prägenden Ereignis seines Lebens, nennt er kein Geschehen der Kindheit unter dem Hakenkreuz.

Nach dem Krieg verwirklichte Emil Hösch seinen Lebenstraum von der eigenen Firma. Er erwies sich, wie das seine Ausbilder erhofft hatten, als Mann mit Durchsetzungsfähigkeit und Führungsqualitäten. Zu ihren besten Zeiten beschäftigte Höschs Firma 120 Menschen. Doch Anfang 1978 kam die radikale Wende. Ein Geschäftspartner blieb zwei Millionen Mark schuldig, Höschs Firma schlitterte in den Konkurs. Mit 48 Jahren musste der Unternehmer wieder fast bei null beginnen. Er machte sich Vorwürfe, sich auf die falschen Leute verlassen zu haben, zu leichtgläubig gewesen zu sein. »Das ist prägend«, sagt er. »Prägend wie nichts zuvor. Nie mehr werde ich auf jemanden so unvoreingenommen zugehen wie davor.« Dieser Konkurs war in seinem Leben die Katastrophe schlechthin. Dass er sich schon einmal auf die falschen Leute verlassen hatte, bringt er nicht in Zusammenhang mit seinem geschäftlichen Scheitern. Von der einen Täuschung, vom einen Erlebnis der eigenen Verführbarkeit, mag er sprechen, vom anderen nicht. Die Zeit in Feldafing, das war die Verführung, die geschäftliche Niederlage wurde für ihn zur Bewährung schlechtin.

»Doch Deutscher, nur als Ganzes erbst du das Vermächtnis deiner Väter.«

Ein ehemaliger NS-Eliteschüler findet seine Nische in der DDR

Johannes Trost* hat die menschliche Seele studiert. In einem ordentlichen deutschen Studium, das er in Halle an der Saale mit dem »Dr. med.« abgeschlossen und an das er noch eine Facharztausbildung zum Nervenarzt angehängt hat. Nach der Wende musste er die Poliklinik, die er geleitet hatte, auflösen. Das tat weh, denn sie war, wie Trost fand, ein gut funktionierender Betrieb. Er wickelte die Klinik gegen seine Überzeugung ab. Das hat ihm die Wende, die als große Überraschung in sein Leben kam, bitter gemacht. Aber der von hochfahrenden Chefallüren ganz freie Mann, der aufmerksam zuhört, bevor er selbst etwas sagt, weiß aus langer Lebenserfahrung: Man kann allerhand aushalten und sich viel so zurechtlegen in einem Menschenleben, dass es zusammenpasst. Die menschliche Leidensfähigkeit, hat er gelernt, ist größer als selbst die Betroffenen für möglich gehalten hätten. Auch mit Zerrissenheit tief im Inneren kann man leben. Vielleicht ist das Zerrissenwerden im Laufe der Jahre für die meisten unvermeidlich. Immer wieder geht ein Teil des Menschen einen Lebensweg, auf dem ein anderer Teil nicht folgen will.

Die Luft dort im Bayerischen sei viel besser, hatte Johannes Trosts Vater gelockt, als sowieso schon alles entschieden war. Viel besser, das war keine große Kunst. Die Luft in Königshütte, Trosts Wohnort, war alles andere als heilsam. Allmorgendlich klebte auf den Fenstern eine Rußschicht. Man konnte das Glas dann sauber wischen, makellos polieren, am nächsten Tag schon war das Fenster wieder dick verdreckt. Denn hier im bis 1939 polnischen Teil Oberschlesiens standen Hochöfen. Wenn sie abgestochen wurden, legten sich die schweren

Dämpfe wie eine herrisch befehlende Hand über die Stadt. Langsamer zu gehen, zu atmen, zu denken, befahl dieser Gestank, als fordere die stählerne Moderne einen besonderen Respekt von jenen, die nahe an ihren Brutstätten wohnten. Dass dies nicht nur ein für die Lungen schädliches Klima war, ahnte auch der junge Johannes Trost. Aber musste er darum gleich ans andere Ende der Welt, wie ihm das vorkam, nach Feldafing am Starnberger See, verschickt werden?

Er war realistisch genug, sich die Antwort selbst geben zu können: er musste. Vor allem aber nagte der zweite Teil der Antwort an Johannes Trost: er war selbst schuld daran. Er hatte sich zu weit vorgewagt und war Opfer seines eigenen Ehrgeizes geworden. Er hatte den Leistungsreflex des Klassenprimus, der er war, nicht unter Kontrolle bekommen. Er war ja ein fixer Bursche, einer, der nicht einmal viel pauken und büffeln musste, um am Schuljahresende die Einser einzufahren. Ihm fielen sie ohne besondere Anstrengung zu, in Mathematik wie in Deutsch. Er erwähne das jetzt nur, sagt er ohne Koketterie, weil man es wohl wissen müsse, um zu verstehen, wie alles kam.

Die Eichendorff-Oberschule – wo man besonders stolz darauf war, auch in der Vorkriegszeit, als das Gebiet zu Polen gehörte, eine deutsche Schule geblieben zu sein – erhielt Ende 1941, Anfang 1942 Besuch von einem Funktionär, der Propaganda für die übers Land verstreuten Napolas machte, die Nationalpolitischen Erziehungsanstalten. Johannes Trost dachte nicht einen Moment daran, sich dort zu bewerben. Zu militärisch erschien ihm die ganze Veranstaltung, zu viel Drill herrschte dort, wie er sich aus den markigen Reden des Anwerbers und seinen bisherigen Erfahrungen mit einer von den Nazis durchorganisierten Kindheit zusammenreimen konnte. Er war kein Typ fürs Strammstehen, für Laufschritt und exakt auf Kante gefaltete Bettdecken. Vor kurzem erst hatte er sich eine Ermahnung wegen undeutscher Laxheit eingehandelt. Die hatte es gegeben, weil er beim ersten Mal, als er zu einem Jungvolktreffen der Hitlerjugend anrücken musste, das Versammlungslokal nicht gefunden hatte. Sein eher eingeschränktes und schon gar nicht aufs Zackige gerichtetes Bedürfnis nach Gemeinschaft stillte Johannes Trost lieber in der Jungschar.

Immerhin, weil der Knabe musikalisch war, hatte der Musiklehrer den Pimpf Johannes ins Bannorchester aufgenommen. So konnte er den ungeliebten Dienst beim Jungvolk mit der Geige ableisten statt bei den halbmilitärischen Geländespielen. Dass er auch beim Musizieren uniformiert sein musste, dass auch dabei Befehl- und Gehorsamsrituale abgehalten wurden, hat er als unvermeidlich hingenommen.

Viel lieber als bei denen, die ihre Kasernierung nicht erwarten konnten, saß Johannes Trost, wenn er weder Schule noch Heimabend beim Jungvolk hatte, mit dem Vater im Kaffeehaus. Dort sah er seinem Vater, der promovierter Philologe war, beim Studium der gleichgeschalteten Zeitung zu. Die Mitgliedschaft in der SPD und eine krumme Nase, wegen der ihn viele Antisemiten für einen Juden hielten, hatten Hermann Trost schon 1934 die Absetzung als Rektor eingebracht. Aber die Schutzhaft, das Konzentrationslager also, war ihm erspart geblieben. Er war ehemaliger Frontsoldat, Versehrter des Ersten Weltkrieges, er hatte, wie die Floskel lautete, »ein Opfer fürs Vaterland« gebracht: also beließen es die Nazis bei der Herabstufung zum einfachen Volksschullehrer und bei der Zwangsversetzung, erst nach Beuthen und später nach Königshütte, dorthin, wo der Ruß der Hochöfen sich auf Fenster, Wäsche, Lunge und Gedanken legte.

Wenn sie nicht zusammen im Kaffeehaus, sondern in der Küche saßen, stahl sich Hermann Trost abends oft ins Herrenzimmer davon. Auch der elfjährige Johannes merkte dann, dass er »etwas Verbotenes tat«. Wenn er ihm leise nachfolgte, dann sah er ihn vor dem Radio sitzen – beziehungsweise, er sah die an ein einsames Indianerspiel oder Höhlenabenteuer erinnernde Vorsichtsmaßnahme eines Feindsenderhörers. Hermann Trost hatte eine dicke Decke über sich und den

Volksempfänger gelegt, »dass nur kein Ton nach außen drang«. Da saß er wie ein Atemwegserkrankter, der in der vergifteten Luft der Nazipropaganda andere Informationen und Meinungen zu inhalieren wagte. Diese verbotene, lebensgefährliche Neugier, die sich mit Filz und Wolle gegen die Ohren der Denunzianten isolierte, waren für Johannes Trost beunruhigend genug, aber noch schlimmer waren die Momente verzweifelter Unbeherrschtheit, wenn der Vater in cholerischen Ausfällen gegen Hitler schimpfte und die Wände keinen hinreichenden Schutz mehr vor wachsamen Parteigenossen boten. Johannes Trost wuchs mit dem niemals nachlassenden Gefühl auf, »dass etwas Schlimmes passieren könnte«.

Das war nicht eben ein Elternhaus, möchte man meinen, aus dem die Partei ihren Nachwuchs zu rekrutieren gedachte. Aber Johannes Trost war trotz aller Distanz zu den Braunhemden eben doch enorm ehrgeizig. So innig er den Vater verehrte, so loyal er dessen Widerwillen gegen die Nazis wenigstens im Ansatz übernahm, sosehr das militaristische, lärmende, gruppenfixierte Reih-und-Glied-Gehabe der Möchtegernsoldaten seinem eigenen Temperament widersprach. Ganz egal war auch dem oft in sich gekehrten Johannes nicht, was um ihn herum geschah, was er unter seinesgleichen galt, wie gut er bei den Lehrern angeschrieben war, die seine tägliche Kontroll- und Beurteilungsinstanz bildeten.

Aber als ein paar Wochen nach dem Besuch des Napola-Anwerbers die Neuigkeit umlief, dass die Schule stolz sein könne, dass ein Junge aus Johannes' Klasse aufgefordert worden sei, an einem Auswahllehrgang für die Reichsschule der NSDAP teilzunehmen, empfand er dies als akute Kränkung, als einen permanenten Seitenstich in seinem Selbstbewusstsein. »Es hat mich ungemein geärgert, dass ich als der Klassenbeste überhaupt nicht gefragt worden war«, erinnert er sich noch immer deutlich an sein damaliges Aufbrausen. »Das wollte ich nicht auf mir sitzen lassen.«

Ohne mit seinen Eltern zu sprechen, begann der Elfjährige, die vermeintliche Zurücksetzung zu korrigieren. Johannes Trost fragte sich zu den zuständigen Parteigenossen durch, trug sein Anliegen vor und wurde prompt zur Gauleitung nach Kattowitz eingeladen. In der dortigen Prüfung brillierte er denn auch mit seinem Wissen über Staats- und Parteiaufbau. Nicht aus Begeisterung für den Staat, sondern aus schierer Lesewut hatte er einmal während eines Besuchs bei einem Onkel diverse Broschüren durchgeackert. Der stand dem System weit näher als Hermann Trost – und hatte die Lektüre aus Platzmangel im Gästezimmer abgelegt. Johannes hatte sie wissbegierig studiert. Nun konnte der gedächtnisstarke Junge in der Prüfung alle Titel und Ämter des maßlos eitlen und raffgierigen Hermann Göring herunterbeten – vom Ministerpräsidenten Preußens über den Reichsjägermeister bis hin zum Reichsmarschall. Die Herren mit dem Hakenkreuz in den Augen waren begeistert.

Johannes Trost jedoch hatte sich selbst in den Schlamassel manövriert. Sein Können hatte er bewiesen, seinen Rang als Bester verteidigt. Doch das war nun keine Frage von Ansehen mehr, sondern von praktischen Konsequenzen. Er bekam eine Einladung zu einem einwöchigen Auswahllehrgang für die Schule in Feldafing und absolvierte auch sie, nun in einem Kreis scharfer Konkurrenten. »Ich wollte ja gar nicht«, sagt er heute in seiner stillen, nachdenklichen Art, »aber ich wollte auch nicht übergangen werden.« Er steckte in einem unauflöslichen Dilemma. Schon beim bloßen Gedanken an Feldafing spürte er das Heimweh, das ihn dort fraglos packen würde. Heimlich hoffte er auf die Absage, die er zugleich als Schmach empfunden hätte. Doch im Sommer kam die Zusage: Er hatte bestanden.

Für den Nazi-hassenden Vater muss das ein schwerer Schlag gewesen sein. Aber zähneknirschend musste er nun Argumente für Feldafing finden, um seine ohnehin schon politisch verdächtige Familie nicht noch weiter zu exponieren. Und so betonte er immer wieder, Johannes werde es dort gesundheitlich

Johannes Trost in seiner Feldafinger Zeit

sehr viel besser gehen: dort sei wenigstens die Luft zum Atmen, wenn auch das geistige Klima noch weit giftschwadiger sein mochte.

Am 19. September 1942 kam Johannes Trost in Feldafing an, mit dem väterlichen Auftrag, mitten in der Bedrückung freier durchzuatmen.

Sein Heimweh legte sich aber erst im dritten Jahr seines Aufenthalts ein wenig. Vom ersten Tag an litt der sensible, wenn auch ehrgeizige Junge. Er schrieb Unmengen von Briefen, und die Eltern schrieben eifrig zurück. Obendrein führte er Tagebuch. Stichwortartig vertraute er dem Bändchen Erlebnisse und Kummer an. Die skizzenartigen Darstellung der Schultage hat er später, als längst Erwachsener, ausformuliert. Lernen, das hieß auch hier: Gleichschritt und Marschtritt.

Selbstverständlich bewegten wir uns im Klassenverband stets in Marschkolonnen, vom Wohngebäude zum Essen und zurück, vom Unterricht zu Unterricht. Und stets hatten wir's eilig, also gaben vorne die Größten den Schritt vor … Um mitzuhalten, mussten wir Kleinen am Ende der Kolonne ganz gewaltig unsere Beine strecken und im Takt der Großen geradezu vorwärtsschleudern.

Der heutige Arzt im Ruhestand schließt mit der Diagnose: »Dieser forcierte Marschschritt ging mir für das ganze Leben in Fleisch und Blut über. Ich muss mich bewusst bremsen, wenn ich neben jemandem mit Normalschritt hergehe.« Wie ein Mensch läuft, kann jeder sehen. Aber wie rasch und präzise erkennt man eine innere Haltung? Welche Spuren hat das, was man Johannes Trost und seinen Mitschülern in Feldafing eingedrillt hat, im Denken und Handeln der ehemaligen Musterschüler hinterlassen? Was ist geblieben vom Versuch, eine deutsche Elite heranzuziehen? Johannes Trost hat sich das in den 60 Jahren seit Ende dieses Drills immer wieder gefragt. Wie ein Röntgenbild an der Lichtwand, wie eine Gewebeprobe unter dem Mikroskop hat er mit der nach Veränderungen, Schatten, Auffälligkeiten forschenden Sorgfalt des beunruhigten Arztes sein eigenes Denken und Fühlen untersucht, auf Spuren der Nazierziehung. Doch die Erinnerung narrt solche Grübler: über die vagen Verdachtsmomente der Gegenwart schiebt sie die scheinbar klaren Bilder der Vergangenheit. Was war, ist seltsamerweise leichter zu benennen als das, was blieb.

Es wundert wenig, dass die 36 Schüler aus Johannes Trosts Klasse, die von der Reichsschule auf Grund ihrer exzellenten Leistungen akzeptiert worden waren, auch untereinander eine Hackordnung von Eliten und Mitläufern herzustellen versuchten. Wer zuvor gewohnt war, stets der Beste zu sein, wollte diesen Exotenstatus beibehalten. Das Bewundert- und Gelobtwerden war für diese Könner, Streber und Auffassungsflinke Teil der ganz normalen Schulerfahrung geworden. Das Bedürfnis danach ließ sich nicht so ablegen wie die Uniform der Hitlerjugend.

Anders als ihre Parallelklasse, deren Schüler direkt von der Grundschule nach Feldafing gewechselt waren, wurde die 3a erst mit dem Schuljahr 1942/43 neu gebildet. Sie bestand aus Schülern unterschiedlicher Schularten, aus Oberschülern und Mittelschülern. In dieser erst im Aufbau befindlichen Klasse hatte Johannes Trost zwar keine Schwierigkeiten, den Stoff zu fassen. Aber ihn verunsicherte, dass er »nicht mehr der eindeutig Beste war wie zuvor in Königshütte, wo stets deshalb mehrere Klassenkameraden meine Freundschaft gesucht hatten«. In einem Akt der Selbstvergewisserung, den die anderen leicht als Anbiederei an die Lehrer verstehen konnten, beschäftigte sich der mittlerweile Zwölfjährige mit äußerster Akribie mit seinen Hausaufgaben. »So geriet ich in den Geruch eines Strebers. Und wenn ich mich im Unterricht mündlich zu Wort meldete, löste das unter meinen Kameraden eher Missfallen aus.« Das Gefühl, abgelehnt zu werden, nicht den Regeln dieser normierten Gemeinschaft genügen zu können, machte sein Heimweh nicht kleiner. »So setzte ein Kreislauf ein, der meine Niedergeschlagenheit eher noch vertiefte.«

Der Junge wählte den Rückzug in sich selbst. Das Aufgehen in der Gemeinschaft blieb ihm, der schon mit einer sehr viel größeren Distanz zu den Naziidealen als die anderen angetreten war, nun ausgerechnet wegen seines Bemühens, den Parteierwartungen zu entsprechen, versagt. »Ich fand den Ausweg, mich einfach nicht mehr zu melden, auch wenn ich eine Antwort wusste, und lernte einfach konsequent weiter – nicht um zu glänzen, sondern um stillschweigend meine Pflicht erfüllt zu haben, also einfach für mich. Im Laufe der Zeit verlernte ich dann regelrecht, mich mündlich in der Klasse zu äußern.« In den schriftlichen Klassenarbeiten, wo nur die Lehrer merkten, was er konnte, hielt er sich allerdings nicht zurück. Er richtete sich in einer eigenartige Schizophrenie aus Verblassenswunsch und Hervortunwollen ein. Aber gute Leistungen im Schriftlichen allein fielen kaum auf, denn damals, so erinnert sich Johannes Trost, lief in Feldafing gerade das Experiment »Notenfreie Schule«. Die Schüler bekamen nur allgemeine schriftliche Beurteilungen, was vielen nicht behagte. Sie wollten Leistung zeigen und dafür konkrete und detaillierte Leistungsquittungen.

Der introvertierte Johannes Trost, der eins ums andere die Bücher der Schulbibliothek verschlang und alles andere als eine Sportskanone war, blieb also »auf Tauchstation«. Er war ein eher eigenbrötlerischer Typ, aber die Einsamkeit des mit Abstand Besten war eine sozial akzeptierte Form des Abseitsstehens. In Feldafing war er nun entthront worden, er zahlte einen unerwarteten Preis für seinen Unwillen, sich auch nur von einem Klassenkameraden an der alten Schule überflügeln zu lassen. Er wurde nun von vielen überflügelt.

Johannes Trost hat das in späteren Jahren sehr genau durchdacht. Die Formulierung des Ehrgeizmechanismus in seinem Notizbuch zu den Feldafinger Jahren steht nicht allein als punktuelle Beobachtung eines Schulverhaltens. Sie beschreibt ein Lebensmuster. »Ich bin zu ehrgeizig, um mir Ehrgeiz erlauben zu dürfen. Der Verlust einer Spitzenstellung hatte mich so tief verletzt, dass mir klar wurde, mir solche Enttäuschungen nur ersparen zu können, indem ich von vornherein auf eine Spitzenposition verzichte. Mir war bewusst geworden, dass – wie bei Alpenwanderungen – hinter jedem erreichten Gipfel ein noch höherer auftaucht, dass man nirgendwo im Leben einen Punkt erreichen kann, wo man nicht einen Überlegenen oder Bevorzugten vor sich auftauchen sehen wird.«

In der Logik der Nazi-Ideologen hätte der unablässige Wettkampf und Wettstreit der Besten aber genau die Elite heranziehen müssen, die später gar nicht anders konnte, als in allen Gesellschaftsbereichen an die Spitze zu marschieren. In Johannes Trost aber war der Samen des Zweifels gesät. Der Mangel an Erfolgserlebnissen in der Gruppe hat ihn, gepaart mit seiner nur mäßigen sportlichen Begabung, gegen die Ideologie der sportbegeisterten Nationalsozialisten immunisiert.

Sportliche Schwäche war ein schlimmes Manko in einer Schule für Herrenmenschen. Auch wenn sich ausgerechnet »Sturmvater Klott«, wie alle Schüler den Turnlehrer heimlich nannten, äußerste Mühe gab, keinen seiner Schützlinge der Lächerlichkeit preiszugeben. Er legte zwar Wert darauf, als »Sturmführer« angesprochen zu werden, war Militärsportlehrer bei der Reichswehr gewesen und rauen Umgangston gewohnt. Auch prahlte er gerne damit, »schon Generäle rumkommandiert zu haben«. Aber vielleicht hatte er es gerade darum nicht nötig, sich im Erniedrigen von Kindern zu beweisen. Aber bei Johannes' Ungeschick im Sport brauchte es gar keines Spotts aus Lehrermund, um für peinliche Momente zu sorgen. Einmal versetzte Johannes seinen Lehrer sogar in Angst. »Wir hatten den Salto in die Sandgrube mit einer ganz dünnen Schicht Sägespäne in der Turnhalle lange genug geübt. Die meisten beherrschten ihn bereits ohne Hilfestellung, ich schließlich mittels der Hilfestellung einer Matte, die mir Sicherheit geben sollte. Als das klappte, sollte ich es auch ohne probieren, war aber infolge der bewussten Überwindung meiner Scheu so verkrampft, dass ich nach dem Absprung das Einrollen verpasste und ungebremst mit dem Kopf voran in den Sägespänen landete.«

Johannes Trost brach sich damals nicht den Schädel. Ihm wurde nur schwarz vor Augen, ihm hämmerte danach lange der Kopf, und er musste die Zähne zusammenbeißen. Gegen den körperlichen Schmerz half das. Gegen das Gefühl, wieder einmal versagt zu haben, schon weniger. Und jedes kleine Zeichen von Schwäche galt als Demütigung in einer kleinen Welt, in der das Recht des Stärkeren den Umgang miteinander und die individuellen Freiräume bestimmte. Die Duschräume etwa waren ein Ort der täglichen Siegerkür. Wer in der Hierarchie oben stand, hatte einen festen Platz unter einer der wenigen Brausen. Die anderen mussten schauen, wo, wann und wie lange sie zu einem Wasserstrahl kamen. Johannes Trost gehörte nicht zu denen, die einen Stammplatz in den Waschräumen reklamieren konnten. Er gehörte, wie er heute sagt, »zu der stillen, unauffälligen Schlussgruppe«. Wie elend mag er sich gefühlt haben, der eher zierliche Schüler, der nicht zäh wie Leder war? Sportstunden schufen Hierarchien, die Pausen der Jungs unter der Dusche zelebrierten sie.

Hätte es die Musik nicht gegeben und den Musiklehrer Sänger, Johannes Trost hätte vermutlich nicht durchgehalten in Feldafing. Aber durch sein Geigenspiel konnte er andere Schwächen ein wenig wettmachen. Und der Musiklehrer hatte »Gott sei Dank einen Narren an mir gefressen«, sagt er. Der Lehrer, vom Rang her Unterführer, legte sichtlich wenig Wert auf Äußerlichkeiten. Manchmal kam er in einem Mantel mit Untersturmführer-Rangabzeichen zum Unterricht.

In Trosts Erinnerung »ist er kein germanischer Mustertyp, eher ein bärbeißiger Bayer mit schwarzblauen Haaren«. Sänger förderte den Geigenschüler, hob sein Talent hervor und half ihm so, sein angeschlagenes Image in der Klasse ein wenig wieder aufzuwerten. Unter seiner Leitung wurde Johannes Trost zweiter Geiger im Streichquartett der Schule, und als einziger Schüler der Klasse 3a wurde Johannes mit zu einem Konzert in die Münchner Philharmonie nach München mitgenommen. Manchmal wurde der Gymnasiast bei der Familie des Musiklehrers sonntags sogar zum Mittagessen eingeladen. Als Sängers kleiner Sohn bei einem dieser Anlässe fragte, ob Johannes später denn auch komponieren werde, antwortete der Lehrer für ihn mit einem zuversichtlichen »Ja«. Johannes Trost hatte einen Förderer gefunden.

Doch die Prognose für die musikalische Zukunft des Schülers hat sich als falsch erwiesen. Heute holt Johannes Trost die Geige nicht einmal zum häuslichen Musizieren hervor. Sein alter Ehrgeiz verbietet ihm das: die Finger sind zu unbeweglich geworden, er wird seinen eigenen Ansprüchen nicht mehr gerecht. Den Traum von einer Geigerkarriere statt eines Medizinstudiums hatte er aber schon lange vorher aufgegeben. In Feldafing durfte Johannes Trost einst als Solist auftreten, weil die älteren, erfahreneren Streicher des Schulorchesters schon Dienst bei der Flak leisten mussten. Sein Lehrer Sänger begleitete ihn damals am Klavier, bei einem Stück, das er speziell für diesen Anlass komponiert hatte. Johannes Trost, dem die Nerven flatterten, die Finger zitterten und die Knie schlotterten, schaffte es zwar zu spielen, er erhielt sogar Applaus. Aber der auf Höchstleistung geeichte Rangkämpfer in ihm hatte wachsam wie immer zur Kenntnis genommen, dass er schon in wohlgesinnter Umgebung zu schuften hatte, um alle Anforderungen zu erfüllen. Dass er sich durchkämpfen könnte, die Chance sah Johannes Trost schon nach seiner ersten Bühnenbewährung nicht.

Doch die Zeit der Selbstzweifel war für ihn auch eine Zeit der Selbstbehauptung. Während er mit so vielen neuen Zweifeln klarkommen musste, hielt er an alten fest. An den Zweifeln an der Richtigkeit des totalen braunen Machtanspruchs und der Unfehlbarkeit der Naziführer, an den Zweifeln also, die ihm sein Vater, der schlecht getarnte Regimegegner, eingepflanzt hatte. Johannes Trost bemerkte es manchmal vielleicht gar nicht mal, dass er auffiel. Mit einem anderen Jungen, dessen Vater als politischer Leiter seines weit entfernten Heimatkreises agierte, diskutierte er, wer mehr zu sagen habe: der NSDAP-Kreisleiter oder der Landrat. Johannes Trost vertrat fest die Überzeugung, die Partei dürfe sich nicht über den Staat stellen.

Die Erziehung durch einen Demokraten hatte also ein paar Wurzeln geschlagen, die der ständigen Indoktrination durch die Nazilehrer standhielten. Aber Johannes Trost sah sich nicht als Regimegegner, schon gar nicht als jemanden, der einer persönlichen Befreiung entgegenfieberte. Als er 1944 in den letzen Ferien zu Hause in den Beskiden den Kanonendonner der heranrückenden Front hörte, versetzte ihn das in große Unruhe. Der Glaube an den Endsieg war weg, der Gedanke, ein Ende der Nazis bedeute das Ende für Deutschland, noch immer da. Als am Heldengedenktag ein Generalarzt einen Vortrag im Internat hielt, nahm Johannes »sehr ernst«, was er da von der anderen Seite des Krieges erfuhr. Der Mediziner sprach von seinen Stunden an den Betten Schwerstverletzter. Er erzählte vom langen Sterben und vom Kampf mit den Schmerzen. Den Führer Adolf Hitler erwähnte er mit keinem Wort, von einer Wende, vom Endsieg, vom Triumph der oft beschworenen Wunderwaffen gab es keine Silbe zu hören. Die letzten Überzeugten in Feldafing hielten den Vortrag für schmählichen Defätismus. Der vierzehnjährige Johannes Trost nahm ihn als einen jener Fingerzeige, »die mir die Orientierung nach dem Krieg leicht gemacht haben«. Er war empfänglich geblieben für Zwischentöne, für die Kunst der Auslassung, für den grabkalten Hauch der Wirklichkeit mitten im Treibhaus der Nazifantasien.

Auch sein Tagebuch dokumentiert das Nebeneinander von sturem Verharren im Alten – der Feind ist der Feind, die Heimat bleibt die Heimat, der Kampf um Deutschland ist auch ein Kampf um die Sicherheit der Eltern vor unnennbaren Gefahren – und wachem Warten auf das Neue, das er in Naturbeschreibungen zu greifen versucht. In einer lausbubenartigen Wurstigkeit versucht er, das Unfassbare nicht zu nahe an sich herankommen zu lassen, wenn er am 6. Mai fast beiläufig als eines unter vielen Ereignissen niederschreibt: *Ach übrigens Waffenruhe mit den Amerikanern.*

Stichwortartig hat er Folgendes über die Zeit bis Mai 1945 in seinem Tagebuch festgehalten:

14. Januar 1945: Erster Spaziergang wieder. Die nächste Zeit wieder der gewohnte Trott. Es schneit viel, wir machen oft Langlauf. Übrigens, wir haben neue Erzieher. (Die bisherigen waren eingezogen worden, Anm. d. A.)

13. Januar: Wild füttern. Sehr zeitig den ersten Geigenunterricht: Adagio ed Allegro von Händel. Die nächste Zeit lese ich von Keller Die drei gerechten Kammacher, Frau Regel Amrain und ihr Jüngster, Das Fähnlein der sieben Aufrechten *(im Anschluss daran Aufsatz* Zur Entstehung des Bürgertums). *Heinrich von Kleist* Hermannschlacht, *Emil Strauß* Vaterland.

19. Januar: Im Volkssturm Ausbildungsfilme, ein deutscher Die Gruppe als Spähtrupp, *zwei russische Beutefilme* Scharfschützen *und* Scharfschützen im Gebirge.
Inzwischen oft Schneestürme.

Theaterprobe für die Aufführungen am 27. und 28.
Es ist alles das Alte ..., doch während diesem allen tobt schon seit zwei Wochen (heute 26. Januar) der Kampf um Osten (Ostpreußen, mein Oberschlesien, dann Wartheland und Niederschlesien). Nachricht vom Fall Oppelns und Briegs, von Kämpfen am Nord- und Ostrand des Industriegebiets, Kämpfe um Gleiwitz. Somit die ganze mir so vertraute Gegend von Konstadt, Kiefernhain, Bürgsdorf, Pitschen, was ich alles so genau kenne, in Feindeshand. Nie werde ich es wieder sehen. Die bange Ungewissheit hier, sind Mutti, Peter, Hoppek raus? Sicher. Wo sind sie? Sicher in Forst oder sonstwo. Pappie an der Front? Ein Fiebern auf jede Nachricht.
Uns allen vergeht die Lust am Arbeiten. Erbitterung, Schimpfen. Warum kommen wir nicht raus an die Front? ... Eine Ungeduld. Heimatliebe und Angst und sie dürfen sich nicht Luft machen. »Frisch auf mein Volk« und hinaus mit dem vollen Idealismus der Jugend, mit der treibenden Glut der Vaterlandsliebe, einem Feuer hinaus und sich dem entgegenwerfen, der nach ihr greift. Ferne Heimat! Steh fest! Dich können nur meine Gedanken und mein Wunsch begleiten!
27. *Januar:* 1813-*Aufführung im Dorf*
28. *Januar: Gleiwitz aufgegeben. Sie drangen in Kattowitz und Beuthen ein.*
29. *Januar: Von Mutti Nachricht aus Forst. Gott sei Dank! Aber Peter noch am Annaberg, inzwischen haben sie ihn schon. Pappie in Königshütte.*
30. *Januar: Führerrede – Schweigen um Beuthen und Kattowitz und Königshütte. Verlust?*
31. *Januar: Föhn, es taut heftig, eine laue Luft. Die meisten fühlen sich schlapp.*
1. *Februar: Geigen- und Klavierunterricht: es geht – Sport: Mist.*
2. *Februar: Ein Brief von Mutti aus Forst. Nicht von Peter, von*

Pappie! Und meine Heimat, was ist mit Dir? (Durchgestrichen, aber lesbar: *nicht mal Deinem Leiden beizustehen, es mitzuspüren, ist mir vergönnt, ich muss warten, ob sie Dich endlich zerrissen haben oder Du noch unter Qualen stöhnst?) Kämpfe in Ratibor und Rybnik an der Oderfront.*

4. *Februar: Das Licht fällt aus. Wir sitzen im Dunkeln, während ich Lieder spiele auf der Geige. Eine besinnliche, trauliche Stunde.*

6. *Februar: Mutti schreibt aus Chemnitz. Und auch Peter gefunden. Auf dem Bahnhof in Chemnitz sahen sie sich. …*

17. *Februar: Ich lese* Don Carlos *von Schiller. Ein überragendes Werk, diese erschütternde Dramatik.*

22. *Februar: Schönes Wetter. Lange Alarm. Während dem Essen plötzlich eine Reihe Schüsse aus der Bordkanone eines Tieffliegers. Alles liegt auf dem Boden. Suppenschüssel umgeschüttet.*

Erster Osterfeiertag: Ich gehe an den See. Während ich da lange stehe, weile ich bei Mutti und Pappie, beim Hoppekle, beim Peter. Ich schreibe nach Haus.

Proklamation des Werwolf (Beginn der Endphase des Krieges?)

12. *April: Schanzen in Tutzing, Baumsperre und Panzergraben. Mittagsruhe, Lesen:* Plautus im Nonnenkloster *(C. F. Meyer). Morgens noch Ansprache des Brigadeführers an 6a, 5a, 5b, in der er erklärt, dass die aus den Klassen 1 bis 4, die ihr Zuhause noch erreichen könnten, aus Vorsorge fahren, wir aber dablieben als seine Sturmtruppe. Die Feinde in Weimar und südlich Magdeburgs.*

16. *April: Der Krieg tobt – und durch die stille Nacht quaken ein paar Frösche. Beginn der Großoffensive im Osten!*

17. *April: Aufruf des Führers an die Ostarmee: Berlin bleibt deutsch, Wien wird zurückerobert, die Amerikaner werden wieder rausgeworfen …*

20. *April: Großer Trubel, heilloses Durcheinander. Da kommt ein Gefühl des Heimwehs über mich: es ist hier Heimat, und*

dann über den Abschied von der Kultur, von der Geige, der Musik und den köstlichen Schätzen, die diese Bücher bergen und von denen ich in den letzten Tagen schon so manches geschenkt bekam.

24. *April: Chaos im Haus. Es wird gekramt und sortiert, Hefte und politisch Gefährliches fliegen auf einen Scheiterhaufen vor der Tür. Ein gewaltiges Feuer brandet. Und bei aller Begeisterung kommt mir doch ein Gefühl: Ist es nicht doch auch noch was von Heimat, was wir jetzt verlieren? Gut verpackt in Tücher und Decken übergebe ich die Geige im verkleideten Kasten Erzieher Walter.*

25. *April: Um null Uhr (oder besser um Mitternacht) am Lastwagen. Schon vorher hatten wir die Rucksäcke verstaut. Nun geht's los mit vier Wagen.*
So saß ich dann von elf bis zwölf Uhr abends mit meinem Egmont*; aber schnell verging die Zeit. Schon war der Erzieher da, Schiller zuerst, dann Klott, Walter auch dabei, der sich zu freuen schien und mir bewegt sagte, wie er es uns schon öfter hier gesagt hat – und es scheint ihn heftig zu bewegen. Wenn sich jetzt auch alles auflöse usw., dann kann sich nur jeder selbst helfen, und es käme auf die innere Zucht und Selbstzucht, die innere Einstellung an, die dann alles überwinden würde. Und wir sollten nur getrost sein, wir Jungen, wir hätten das Leben noch vor uns und in ein paar Jahren kämen wir auch wieder zu unserem Theater, zu schöner Wohnung, wir kämen alle noch irgendwie auch zu unserem persönlichen Glück.*
Auch ich glaube, dass in uns die Sehnsucht nach Schönheit und Geist zu sehr schon wach ist, um wieder zu erlöschen.
Übrigens die Adresse: Steinach am Brenner/Tirol, Hotel Steinbock.

2. *Mai: Morgens, der Brigadeführer ruft uns, ein winziges Restlein, zusammen. Er teilt uns bewegt mit, während ihm die Tränen fließen, dass der Führer gestern gefallen sei. Packen, Verpflegung fassen, Abschied, Aufbruch.*

6. Mai: Den Nachmittag totgeschlagen mit etwas Lesen, mit einem kleinen Gang durchs Dorf, gegen Abend quartiert sich noch eine Kompanie gefangener Soldaten in die Scheune ein, die ohne Bewachung westwärts marschieren … Ach übrigens: Heute Mittag ab 13 Uhr Waffenruhe mit den Amerikanern, der Kampf im Osten geht weiter.
Der Krieg ist aus, wird es bald zum Konflikt Amerika – U.D.S.S.R. kommen?
28. Mai: Mit leichtem Rucksack über Waldenburg–Hohnstein nach Grüna, wo ich alle finde. Wiedersehen. Zwei winzige Räume.

Mit dieser lapidaren Beschreibung wird das Ende einer Odyssee festgehalten. In der Lederhose, dem weißen Ausgehhemd statt dem Braunhemd, seinen Haferlschuhen und einem Lodenumhang stand der mittlerweile Fünfzehnjährige wieder vor seinen Eltern – in den Resten der Schuluniform, die den allesamt wieder Zivilisten Gewordenen bereits wie das Relikt einer ganz anderen Ära erschien. Hinter den Eltern und dem Bruder lag die Flucht aus Oberschlesien, hinter Johannes Trost ein dreiwöchiger Marsch von Tirol, der letzten Zuflucht, nach Sachsen. Keiner von ihnen hatte eine konkrete Vorstellung von der Zukunft. Selbst das Jetzt schien ihnen ein schwer beschreibbarer Zustand.

Aber der Zusammenbruch, als den der Junge das Ende immer gefürchtet hatte, entlarvte sich nun, da er endlich da war, als etwas, »das in diesem Alter unheimlich anregend wirkte«. Johannes Trost hatte mit seinen fünfzehn Jahren das Glück gehabt, noch zu jung für den Kriegseinsatz als Soldat gewesen zu sein. Nun wurde er auch nicht von dem Gedanken gequält, sein Leben für etwas eingesetzt zu haben, das mit einmal nichts mehr galt. Das machte den Abschied vom Alten ein bisschen leichter. Dennoch redeten sich die Trosts die Köpfe heiß. Der Vater, der lange öffentlich hatte schweigen müssen, versuchte, seinem Sohn die Augen zu öffnen. Der reagierte mit der gängigen Abwehrtechnik dieser Zeit, nämlich an Grauen nur zuzugeben, was sowieso nicht zu leugnen war – aber immer mit der Einschränkung: »Davon hat der Führer nichts gewusst.« Adolf Hitler war über seinen Tod hinaus in diesen Wochen die Lichtgestalt geblieben, als die er sich sein Leben lang inszeniert hatte – selbst für den im Grunde skeptischen und vielfach erschütterten Johannes Trost.

Wovon der Führer nichts gewusst haben sollte, auch wenn das Nazisystem fraglos verantwortlich war, das waren auch Dinge, die Johannes mit eigenen Augen gesehen hatte. In den langen, manchmal hitzigen Gesprächen mit dem Vater bekamen beispielsweise die Erinnerungsbilder von den Dachauer KZ-Häftlingen in Feldafing eine neue Bedeutung. Zwar hatte die Schüler die Misshandlung der Häftlinge durch ihren Kapo in Aufruhr versetzt. Aber nachträglich erfuhr dieses Unbehagen eine enorme Ausweitung. Schon allein, dass man Menschen aus politischen Gründen zu Häftlingen gemacht hatte, wurde Johannes jetzt klar, war Unrecht gewesen. Schillers *Don Carlos* kam dem Jungen in den Sinn, die elementare Forderung: »Geben Sie Gedankenfreiheit!« Schon in seinen letzten Briefen 1944 hatte Johannes dem Vater fasziniert von dieser Textstelle geschrieben. Aber nun ging ihm der ganze Widerspruch zwischen Schillers Helden und jenem braunen System auf, das man ihm als Geschenk der Vorsehung an das deutsche Volk dargestellt hatte. Er sog Ideen in sich auf, die in Feldafing nie zur Sprache gekommen oder nur verzerrt dargestellt worden waren. Er las Friedrich Nietzsche und nahm die Einladung zu Heimabenden eines antifaschistischen Jugendausschusses an. Die aber behagten ihm nicht, sie erinnerten ihn an die Heimabende brauner Couleur – er mochte nichts mehr, das auch nur den Verdacht von Gruppendruck aufkommen ließ. Er traf einen alten Kommunisten, der ihm Broschüren und Pamphlete seiner Partei aus den zwanziger Jahren zu lesen gab, deren Besitz unter den Nazis noch lebensgefährlich gewesen war. 1948 trat der achtzehnjährige Johannes Trost im Zuge der Selbstfindung aus der Kirche aus und wurde Mitglied der SED. Deren sozialdemokratischer Flügel hatte es ihm angetan. Kurz darauf wurden diese Kräfte in der Partei ausgeschaltet. »Dass ich geistig hier nicht zu Hause war, war mir schnell klar geworden«, beschreibt Johannes Trost die neuerliche Erfahrung des Nichtdazugehörens heute lapidar.

Es ist dunkle Ironie der Geschichte, dass der Grund des jungen Mannes, in die Partei einzutreten, nicht allein in der Prägung durch den Vater zu suchen ist. Mit dem Abstand der Jahre interpretiert Johannes Trost diesen Schritt auch als Resultat der Feldafinger Erziehung. Die Sorge um das Gemeinwohl, habe er dort aus all den pathetischen Reden über den Dienst am deutschen Volk gelernt, sei »eine grundlegende Sache«. In dem Orientierung Suchenden reifte die Erkenntnis: »Wenn jeder nur an sich denkt, dann geht das schief.« Er entschied sich bewusst für die Gemeinschaft – auch wenn das nun eine ganz andere Gemeinschaft war als die von den Nazis erträumte Mischung aus Großkaserne und Zuchtfabrik. Der Feldafinger Samen war in ganz anderer Erde aufgegangen. Aus dem Begriff Nationalsozialismus brach Trost wie viele andere den Begriff des Nationalen heraus und behielt die Vokabel Sozialismus als Kompass für eine bessere Zukunft. Für ihn war das eine Utopie von gewaltfreiem Miteinander, keine technokratische Lehre der Produktionsmittelverteilung. Sehr viel später, als die Wende kam, ist Johannes Trost gleich wieder in die SPD eingetreten, derentwegen er einst zur SED gekommen war. Ihm ist es selbstverständlich geblieben, in einer Gemeinschaft nicht passiv mitzuleben, sondern einen Beitrag zum gemeinsamen Gesellschaftsbau zu leisten.

Mit jedem Monat, mit jeder politischen Debatte entfernte sich Johannes Trost nach dem Ende des Dritten Reichs von seinem alten Glauben an die Integrität des Führers. Mit einigem Erstaunen nahm er zur Kenntnis, dass viele andere gar keine Schwierigkeiten mit der Aufarbeitung ihrer alten Überzeugungen hatten. Sie schauten schlicht nicht zurück, und sie dachten auch nicht in politischen Kategorien an die Zukunft: sie waren ganz aufs Private, aufs persönliche Durchkommen fixiert. So wollte Trost nicht werden, er sah das als Kopf-in-den-Sand-Stecken. Seine Parole für die Zukunft lautete: »Ich will jetzt wissen, wie es wirklich war und wie es werden soll.«

Seine eigene ganz konkrete Vergangenheit aber hieß: NSDAP-Reichsschule Feldafing. Johannes Trost ahnte, dass diese Biographie nicht gesellschaftsfähig war im neuen Staat. Weil sich die wenigsten zu ihrem Tun in den vergangenen zwölfeinhalb Jahren bekannten, fürchtete Trost, die offen eingestandene Nähe zum braunen Regime werde als besonders verwerflicher Fanatismus auffallen. Tatsächlich gingen die russischen Besatzer hart mit den Nazischergen ins Gericht – härter als die Entnazifizierer in den Westzonen. 520 000 ehemalige Nationalsozialisten wurden zur Verantwortung gezogen. 85 Prozent der Richter und Staatsanwälte wurden aus dem Amt befördert, 28 000 von 40 000 Lehrern verloren ihre Stellen, weil sie Mitglied in der NSDAP gewesen waren.

Die Kehrseite dieses entschiedenen Vorgehens gegen die ehemaligen großen und kleinen Nazivasallen war die Verweigerung von Freiheitsrechten, die Verletzung simpler rechtsstaatlicher Regeln. Die Jagd auf ehemalige Nazis wurde als übergesetzlicher Notstand begriffen, der dann weit über jeden irgendwie noch zu rechtfertigenden Zeitraum der Tätersuche hinaus anhielt. Staatsgewalt und Bürgerrechte wurden in der SBZ unvereinbare Gegensätze. Johannes Trost konnte die Konfrontation mit dem System vermeiden. Da seine Familie als unbelastet galt, entschied er sich, den Makel Feldafing, der an ihm haftete, mit sich selbst zu klären, ihn der Öffentlichkeit aber zu verschweigen.

Für dieses Vorhaben erwies sich der Status des so genannten Umsiedlers auch als Vorteil – den Begriff Vertriebene gab es in dem Teil Deutschlands nicht, in dem Johannes Trost nun lebte. Johannes Trost war aus dem alten sozialen Umfeld herausgerissen, niemand außerhalb der Familie kannte Details seiner Vergangenheit. Er musste nicht die Unwahrheit sagen. Er strich in Lebensläufen, Fragebögen und Gesprächen einfach den Vorsatz »NSDAP«, wenn er die Reichsschule in Feldafing erwähnte. Seine alten Papiere waren angeblich, das klang glaubhaft, auf der Flucht verloren gegangen. So gelang es ihm, wie er überzeugt war, die Spuren der Vergangenheit zu verwischen. In Fragebögen stand jetzt als ehemaliger Wohnort und Schule schlicht »Reichsschule«. Keiner stutzte oder stolperte über diesen vermeintlichen Dutzendbegriff. Johannes Trost konnte unbehelligt weiter zur Schule gehen.

Sein Abitur bestand er 1948 – mit Bravour. Doch obwohl er in Mathematik, Physik und Deutsch die Bestnoten erreicht hatte, zog es ihn nicht gleich an die Universität. Ihn reizten zwar die Wissenschaften. Aber Klarheit über die elementaren Dinge des Lebens glaubte er nur dort erlangen zu können, wo die meisten Menschen ihren Alltag bewältigen müssen – in der Arbeitswelt. Er gab vor, ein Studium der Elektrotechnik anzustreben, und bekam so schnell einen Praktikumsplatz in der »Sowjetischen Aktiengesellschaft Chemische Werke Buna« in Schkopau. Erwartet hatte er eine praxisnahe Beglaubigung der großen Utopien aus dem Mund der Arbeitenden, anschauliche Beispiele für den Aufbau der besseren Gesellschaft. Was er vorfand, waren heftige Widersprüche zwischen dem, was die Arbeiter erlebten und schilderten, und den Parolen der Parteifunktionäre. Diese Diskrepanz ließ seinen Zweifel wachsen: das Nebeneinander von offiziellen Phrasen und einer ganz anderen Wirklichkeit hatte er schon einmal erlebt. Er war verunsichert, aber er trat nicht aus der SED aus. Mit einem solchen offenen Eingeständnis seiner Zweifel, so seine Befürchtung, hätte ihn zum Staatsfeind gemacht. Um zu studieren, hätte er sich »in den Westen absetzen müssen«. Johannes Trost aber wollte nicht noch einmal geistige Heimat und seine sozialen Kontakte verlieren, nicht noch einen weiteren Neuaufbau wagen müssen. Er blieb in der Partei und im SED-Staat.

Aber »als indifferenter Nichtgenosse« entschlossen, »wenigstens keine Parteifunktion zu übernehmen«.

Das heißt nicht, dass Johannes Trost nicht immer wieder die Versuchung verspürt hätte, der neuen Gesellschaft in der Deutschen Demokratischen Republik den Rücken zu kehren. Auch ihn lockte das »freiere geistige Klima« im Westen. 1953 etwa, als er nach dem Praktikum in der Arbeitswelt längst Medizin studierte, trat er zusammen mit einem Freund eine Fahrradreise nach Hamburg an, ganz legal mit einem Interzonenreisepass. Der heimliche Reisegrund war Neugier, der offizielle war romantischer: ein Treffen unter Verlobten. Johannes und sein Freund hatten sich zwecks Reiserechtsbeschaffung mit Johannes' Cousine und deren Freundin verlobt. Ein Staat, der einem solche Verrenkungen für eine Radtour auferlegte, konnte einen schon ins Grübeln bringen. Unterwegs ging denn auch der Übermut mit ihnen durch, der vielleicht Spiel mit der Idee der großen politischen Abkehr war. Johannes und sein Freund ließen sich zwar in Hamburg kurz ihre Ankunft bestätigen, hängten dann aber sofort einen Schlenker tief in den Süden an, der sie bis nach Mainz führte.

Durch das Ruhrgebiet wollten sie zurück nach Halle radeln. Sie gerieten in eine Kontrolle. Ihr Interzonenpass bewies eindeutig, dass sie vom offiziellen Weg abgewichen waren. Besorgt ob der Konsequenzen, redeten sie mit Engelszungen auf die westdeutschen Polizisten ein, schworen, nur als abwechslungsbegierige Radfreunde und nicht als Agenten, Saboteure oder Provokateure unterwegs zu sein. Man glaubte ihnen und ließ sie laufen – und ebenjener Moment des Gehenlassens war es, der sie beinahe vom Sinn des Bleibens überzeugt hätte. Denn sie wussten beide: »In der gleichen Situation in der DDR hätten sie uns als Spione eingebuchtet!«

Nur wenige Wochen zuvor hatte Johannes Trost in Halle den Aufstand am 17. Juni erlebt. Er arbeitete gerade im Labor der Universitätsklinik an seiner Doktorarbeit und sah durchs Fenster den Vorbeimarsch der Demonstranten. Er hörte die

Johannes Trost hat sich als Arzt in der DDR etabliert

Rufe »Macht mit! Macht mit!« und konnte sich der Aufforderung nicht entziehen. Mit anderen Hinzuströmenden reihte er sich in die Demonstrantenschar ein und lief mit zum Staatssicherheitsgebäude. Dort fielen Schüsse, die Situation wurde unkalkulierbar, das persönliche Risiko jedes Einzelnen hoch. Doch Johannes Trost traf eine Entscheidung, die nicht von Mut, Waghalsigkeit, Vorsicht oder Feigheit bestimmt war. Er spürte Pflichtgefühl. Aufstand und Dienstplan der Klinik passten schlecht zusammen. Schließlich musste der Jungmediziner Trost bald wieder zur Visite. Er hatte an diesem Tag das Spritzen zu übernehmen. Weil nun eine Eskalation drohte, weil mit Verletzten von der Demonstration zu rechnen war, kam Trost sein Dienst umso dringlicher vor. Dieses Bewusstsein, gebraucht zu werden, dieses Gefühl, nicht allein nach den eigenen Bedürfnissen handeln zu dürfen, war es auch, das den Radurlauber Wochen später dazu brachte, trotz aller Attraktivität der westlichen Freizügigkeit Rad und Lenker wieder Richtung Osten zu drehen. Sein Pflichtgefühl, sagt Johannes Trost im Rückblick, das habe er wohl in Feldafing erworben.

»Der Arzt gehört zu seinen Patienten, und das umso eindeutiger in Zeiten der Bedrängnis«, formuliert er heute das Ethos seines Handelns. Damals ist er abends, nach Dienstende, noch einmal zum Ort der Demonstration gegangen. Dort standen schon russische Panzer mit drohend gereckten Geschützrohren. Trost konnte noch einmal unbehelligt nach Hause gehen, vor Beginn der nächtlichen Ausgangssperre. Am nächsten Morgen waren nur noch Truppen und Polizei auf dem Marktplatz, und auf dem Pflaster war Blut zu sehen, als sei hier eine gesellschaftliche Operation gescheitert. Nun beschlich ihn wieder ein ungutes Gefühl. »Ich blieb Betrachter«, beschreibt er seine Lage. Aufgespannt zwischen dem Drang und Bewusstsein, seine Pflicht zu erfüllen, und der Sorge und Beklemmung, pflichtvergessen abseits des großen Kampfes zu stehen, fühlte sich dieser DDR-Loyale stets ein wenig heimatlos.

Zu den Gründen, die ihn im Osten hielten, kam die Verbundenheit mit den Eltern – aber auch die Verantwortung für ihr Schicksal in einem Staat, dessen Repressionsapparat der Maßregelung von Verwandten nicht abgeneigt war. Trosts Vater war als ehemaliger Sozialdemokrat schon längst wieder der Laxheit und des Abweichlertums verdächtig. Und das politische Temperament des alten Herrn, der Drang, seine Meinung zu sagen, war auch im Arbeiter- und Bauernstaat stärker als die Furcht vor Spitzeln. Hermann Trost war eine Weile Dozent an der »Arbeiter- und Bauernfakultät« in Halle, aber diese Position verlor er, weil er aus seinen liberalen Grundsätzen auch vor Funktionären keinen Hehl machte. Schließlich wurde er auch vom neuen Staat wieder degradiert, diesmal zum normalen Gymnasiallehrer. Die Republikflucht des Sohnes hätte die Reputation dieses Mannes endgültig ruiniert. Sein Sohn fühlte sich in der Verantwortung, weitgehend unauffällig zu bleiben.

Johannes Trosts Zerwürfnis mit dem Marxismus-Leninismus war ein stilles, aber endgültiges. Die Antworten, die der Marxismus gab, waren für ihn angesichts der Realität der DDR, aber auch angesichts seiner Alltagserfahrungen an Kranken- und Sterbebetten nicht stichhaltig. Für sich selbst brachte er die Abkehr von der Lehre, an die er zu glauben versucht hatte, auf die schlichte Formel: »Das Wesen der Dinge ist so nicht zu ergründen.« Zehn Jahre nachdem er als Abiturient aus der Kirche ausgetreten war, trat er 1958 als Arzt wieder ein. Nicht etwa, weil er sich im Wortsinn des Glaubensbekenntnisses als fromm bezeichnet hätte. Viel wichtiger war dem Achtundzwanzigjährigen, »mich von der marxistisch-leninistischen Ideologie abzusetzen, ohne politisch contra zu sein«. Gleichzeitig wollte er zeigen: »Ich bin nicht bedingungslos eurer Meinung.« Er suchte also seine Nische des noch tolerierten Andersseins in der sprichwörtlichen Nischengesellschaft der DDR. Die Zerrissenheit zwischen Innen und Außen, zwischen Anspruch des Staats und Rücksicht auf die Familie, zwischen dem Willen, zu etwas Großem dazuzugehören, und dem Zweifel, ob dieses Große nicht das ganz und gar Falsche war, zwischen dem Ehrgeiz zu glänzen und der Furcht zu scheitern, hatte er im Grunde schon in Feldafing kennen und auszuhalten gelernt. In Gesprächen mit Parteifunktionären ließ er immer mal wieder einfließen, er sei in die Kirche eingetreten. Das schützte ihn vor weiteren Vereinnahmungsversuchen und dem Angebot von Parteiposten durch jene, die Trosts Gewissenhaftigkeit am Arbeitsplatz für das Auf-sich-aufmerksam-Machen eines karrierewilligen Systembefürworters hielten. Heimlich hoffte er mit einem Teil seines Herzen, die Gegenseite könne ihm die Entscheidung abnehmen und seinen Zwiespalt lindern – hoffte also, die Partei werde ihn ohne viel Federlesens als rückfälligen Christen ausschließen. Doch die SED hielt ihn, ob aus Unaufmerksamkeit oder aus der Zuversicht heraus, die bürgerlichen Anwandlungen des Johannes Trost seien nur vorübergehende Ermüdungserscheinungen auf dem Marsch in die Diktatur des Proletariats.

Johannes Trosts Noten und Beurteilungen blieben konstant gut. Dem Fleißigen, wenn auch nicht einsam Glänzenden winkte eine Universitätskarriere. Er entschied sich dagegen. Zwar nahm er an, ein Professorendasein werde seine Gedankenspiele, seinen lebenslangen Versuch, dem Wesen der Dinge auf den Grund zu gehen, absichern und aufwerten, also von der Marotte zum Lebensinhalt und -unterhalt erheben. Aber wieder kam ihm eine Feldafinger Erfahrung in die Quere, wie er heute meint. »Ich sah mich nicht berechtigt, mich ein Leben lang selbstbezogen mit letztlich unlösbaren Menschheitsfragen und Welträtseln zu beschäftigen, das heißt die Philosophie zum Beruf zu machen.« Er war zwar vom Temperament her ein Grübler, aber in den entscheidenden Jahren darauf gedrillt worden, ein Tatmensch zu sein.

Zwischen persönlichem Brüten über den dunklen und irrationalen Seiten der Welt und konkreter Hilfe für den Mitmenschen wurde die Psychiatrie für Johannes Trost ein Mittelweg. Er wurde Leiter einer Poliklinik und perfektionierte dort die Kunst, mit den Funktionären in ihrer Sprache zu sprechen. Denn auch psychische Erkrankungen konnten den Einzelnen mit der Staatsmacht in Berührung bringen und jenen Parteiausschluss zur Folge haben, den Trost für sich selbst einmal erwartet hatte. Medizinische Einschätzungen wurden politische Handlungen. Trost erzählt etwa die Geschichte eines Patienten, der eifrig getan hatte, was offiziell erwünscht war. Der Ingenieur hatte Gedichte verfasst und seine Werke als »schreibender Arbeiter« als Teil einer Wandzeitung veröffentlicht. Die Wirkung seines poetischen Selbstversuchs hatte er allerdings unterschätzt. Seine Dichtung ließ es an sozialistischem Optimismus fehlen, das Innenleben eines Werktätigen wurde in den düstersten Farben geschildert. So viel Defätismus stach einigen Genossen sehr unangenehm ins Auge: sie forderten den Parteiausschluss des Mannes und die Ablösung von seiner Leitungsstelle im Betrieb. Dass einer dem einen Flügel der Partei zu Willen war – »schreibende Werktätige, her damit!« – und dadurch beim anderen aneckte – »bürgerlicher Subjektivismus, weg damit!« –, das gehörte zu den Alltagserfahrungen beim angeblich solidarischen Marsch in die bessere Zukunft. Johannes Trost waren solche Widersprüche längst vertraut, und das Zukitten von Spalten und Rissen war seine Spezialität geworden. Er half der Partei und ihrem Neudichter mit einem nicht bloß auf medizinischer, sondern auch auf realpolitischer Diagnose fußenden Gutachten aus der Patsche. Der hier Beschuldigte, belehrte er die Kaderleitung in seiner Eigenschaft als Psychiater, sei bei ihm bereits wegen schwerster Depressionen in Behandlung gewesen. Die ihm zur Last gelegten Gedichte seien in einer krankhaft depressiven Phase entstanden. Aufgehängt habe der Mann sie dann in einer manischen Hochphase, in der seine Selbstkontrolle ebenfalls verringert gewesen sei. Diese Ansiedlung zwischen Unschuld und Unzurechnungsfähigkeit gab den Genossen die Chance, Entschlossenheit und Nachsicht zugleich zu demonstrieren. Der Angeklagte wurde von der Mitgliederliste der SED gestrichen, durfte aber weiter in seinem Betrieb arbeiten.

Für den dichtenden Abweichler hegte Trost auch deshalb Sympathien, weil er selbst Gedichte schrieb, in denen er mit seinen Zweifeln rang. Der bloße Blick in die Zukunft, die Selbstgewissheit der DDR, durch die Verpflichtung auf den Antifaschismus jeder Verantwortung für die faschistische Vergangenheit ledig zu sein, schien ihm zweifelhaft. Der Mann, der in Feldafing auf im Wortsinn mörderischen Nationalstolz geeicht worden war, hatte davon ein Zugehörigkeitsgefühl zu allem Deutschen zurückbehalten, das die Nazis so nie geplant hatten. Wie lebt man als Deutscher weiter?, fragte sich Johannes Trost. Durfte oder konnte man noch stolz sein auf seine Nationalität, auf den Kulturraum, der die Gasöfen von Auschwitz hervorgebracht hatte? Spielte der Arbeiter- und Bauernstaat nicht Versteck? Enthielt die in der DDR gern gebrauchte Floskel von den »im deutschen Namen begangenen Verbrechen« nicht die falsch tröstliche Unterstellung, es seien irgendwie andere, nicht zur Gemeinschaft Gehörige gewesen, die Juden, Sinti und Roma, Homosexuelle und politisch Andersdenkende ermordet, die ihre Arbeitskollegen bespitzelt und ihre Nachbarn verraten und der Verfolgung preisgegeben hatten? Wer sollte es denn gewesen sein, wenn nicht die braven, kulturstolzen Deutschen? Johannes Trost war sich zunehmend sicher: Es gibt keinen Ausstieg aus der Geschichte, nicht aus der privaten und nicht aus der kollektiven.

Er verrate jetzt kein Geheimnis, das unter seine ärztliche Schweigepflicht falle, sagt der pensionierte Mediziner: niemals habe ihn in all seinen Jahren als Psychiater ein Patient aufgesucht, der offen unter dem gelitten habe, was er als Soldat an der Front getan oder gesehen habe. Keiner seiner Patienten schien die Last der Vergangenheit nicht mehr tragen zu können. »Niemand hat je davon gesprochen. Der Mensch hat einfach diesen Selbstschutzmechanismus. Man isoliert den Krankheitsherd. Das nennt man Verdrängung. Bei vielen funktioniert das, glaube ich, weitgehend.« Bei sich selbst hat er diesen Selbstschutzmechanismus außer Kraft gesetzt. »Ich gehöre zur Familie und kann mich dem nicht entziehen«, erklärt er in gesetztem Ton. Er hatte ein Erwachsenenleben Zeit, die Worte für das zu finden, was er empfindet. Er bleibt darum in seinem Bild der Familie, wenn er sagt: »In der Verwandtschaft mag man auch nicht alle und ist auch nicht auf alle stolz. Aber man gehört nun mal dazu und muss zu einem gewissen Grade für sie einstehen.« 1978 hat er seine Gedanken in *Deutsches Vermächtnis* in Gedichtform gebracht, hat »festgehalten, was man nicht aus dem Blick verlieren darf«.

Deutsches Vermächtnis

Stolz, Deutscher, bist du,
dass Goethe deine Sprache sprach
und Schiller an die Freude sang,
weltumspannend und – versöhnend.
Doch hörst du auch, Deutscher, die Stimme Hitlers,
der Hohn und Drohung, deutsch und tödlich,
erstarrten Opfern ins Anlitz spie?

Stolz, Deutscher, bist du,
dass Beethoven, was dich bewegt
an edlem Wollen und Gefühl,
zum Monument auftürmt.
Doch hörst du noch, Deutscher, wie Marschmusik
blechern-flach und dröhnend-hohl
den Schrei von Menschen in Angst und Not auslöscht?

Zeit und Reiche überdauernd
trägt die Kette großer Namen
des deutschen Geistes Lorbeerkranz
zur Gegenwart.
Reicht sie ihn dir?
Nur weil du diesen Geist bejahst,
ihn bewunderst und ihn feierst?
Doch welchen Anteil hast denn du
an dieser Leistung?

Zeugnis tausendjähriger Qualen,
wandert ein Pokal voll Blut
durch deutsche Hände voll Gemeinheit,
Grausamkeit und kalter Gier.
Nimmst du auch den? –
Nein, du vermeinst, du habest daran keinen Anteil.

Doch, Deutscher, nur als Ganzes erbst du
das Vermächtnis deiner Väter.
Und wiegt das Erbe dir zu schwer
für dein Gewissen, deine Ehre,
so weis es als Ganzes zurück!

Stolz, Deutscher, seist du
nur darauf, was du selbst bewirkst,
sei stolz der eigenen Tat!

Der Krieg und seine Männer

Wer von Hitlers Soldaten spricht, redet von achtzehn Millionen Männern – Jugendlichen, erwachsenen Männern und dem letzten Aufgebot an Greisen. Das Erleben des Krieges war für ihr weiteres Leben ohne Frage prägend. Für viele mag die Nachricht, die das Oberkommando der Wehrmacht am 9. Mai 1945 durch Presse und Rundfunk verkünden ließ, das Ende eines verlorenen Lebensabschnittes bedeutet haben:

> *Seit Mitternacht schweigen nun an allen Fronten die Waffen. Auf Befehl des Großadmirals hat die Wehrmacht den aussichtslos gewordenen Kampf eingestellt. Damit ist das fast sechsjährige heldenhafte Ringen zu Ende. Es hat uns große Siege, aber auch schwere Niederlagen eingebracht. Die deutsche Wehrmacht ist am Ende einer gewaltigen Übermacht ehrenvoll unterlegen.*
> *Der deutsche Soldat hat, getreu seinem Eid, im höchsten Einsatz für sein Volk für immer Unvergessliches geleistet. Die Heimat hat ihn bis zuletzt mit allen Kräften unter schwersten Opfern unterstützt.*
> *Die einmalige Leistung von Front und Heimat wird in einem späteren gerechten Urteil der Geschichte ihre endgültige Würdigung finden.*
> *Den Leistungen und Opfer der deutschen Soldaten zu Lande, zu Wasser und in der Luft wird auch der Gegner die Achtung nicht versagen.*

Als der Krieg zu Ende war, befanden sich über elf Millionen deutsche Soldaten in etwa 12 000 Gefangenenlagern über den Erdball verteilt. Die meisten der Kriegsgefangenen kamen in den ersten beiden Nachkriegsjahren zurück zu ihren Familien. Im Frühjahr 1947, so schreibt die Historikerin Margarete

Dörr, befanden sich noch 2,3 Millionen Männer in alliierten Händen. Etwa 900 000 waren in sowjetischer Gefangenschaft. Ihre Rückkehr zog sich bis weit in die fünfziger Jahre. Die letzten Heimkehrer kamen im Oktober 1956. In der kollektiven Erinnerung der Deutschen verdichtet sich die Zeit vor 1945 auf das Erleben des Krieges – ob in direkten Kampfhandlungen oder an der Heimatfront im Bombenkeller. Dass Krieg und die kompromisslose Vernichtung von Menschen für den nationalsozialistischen Staat Mittel der Politik war, geriet darüber zusehends in Vergessenheit. Entnazifiziert waren sie ja bereits: Auf Basis der groß angelegten schriftlichen Befragung der Sieger wurden alle Deutschen über 18 Jahren ausgesiebt, gegen die durch Mitgliedschaft in nationalsozialistischen Organisationen, die Bekleidung bestimmter Ämter oder den Empfang von Auszeichnungen ein Naziverdacht anhängig war. Lokale Spruchkammern entschieden dann, welcher von fünf Gruppen eine Person zuzurechnen war, den Hauptschuldigen, Belasteten, Minderbelasteten, Mitläufern oder Entlasteten. Hauptschuldige hatten aus politischen Beweggründen Verbrechen begangen. Die Belasteten schied das »Gesetz zur Befreiung von Nationalsozialismus und Militarismus« in Aktivisten, Militaristen und Nutznießer. Minderbelastete waren jene Belasteten, denen mildernde Gründe für ihr Handeln zugestanden wurden. Insbesondere gehörten zu diesem Personenkreis die nach dem 1. Januar 1919 Geborenen und solche, die frühzeitig vom Nationalsozialismus und seinen Methoden abgerückt waren. Als Mitläufer galt, wer nachweisen konnte, ohne innere Überzeugung am Nationalsozialismus teilgenommen oder ihn nur unwesentlich unterstützt zu haben. Als entlastet galten jene, die trotz NSDAP-Mitgliedschaft im Rahmen ihrer Möglichkeiten, soweit sie es vermochten, aktiv Widerstand gegen die nationalsozialistische Gewaltherrschaft geleistet und dadurch Nachteile erlitten hatten. Der Historiker Lutz Niethammer kommt in seiner exemplarischen Untersuchung über die Spruchkammern Bayerns zu dem Schluss, sie seien »Mitläuferfabriken« gewesen. Oben wurden geschönte Biographien eingespeist, unten kam der beglaubigte Mitläufer heraus samt der Erlaubnis, nach vorne zu blicken. Für die solchermaßen Eingestuften gab es keine Veranlassung mehr, sich mit ihrem Tun und Handeln in der Vergangenheit zu beschäftigen. Und die aufstrebende Bundesrepublik leistete sich keine Selbstzweifel.

Den ehemaligen Soldaten und ihren Familien stärkte der damalige Bundeskanzler Konrad Adenauer am 3. Dezember 1952 in einer Rede im Deutschen Bundestag den Rücken:

> *Ich möchte heute vor diesem hohen Haus erklären, dass wir alle Waffenträger unseres Volkes, die im Namen der hohen soldatischen Überlieferung ehrenhaft zu Lande, auf dem Wasser oder in der Luft gekämpft haben, anerkennen. Wir sind überzeugt, dass der gute Ruf und die große Leistung der deutschen Soldaten trotz aller Schmähungen während der vergangenen Jahre in unserem Volke noch lebendig sind und auch bleiben werden.*

Da wundert es nicht, dass die vom Hamburger Institut für Sozialforschung 1995 gezeigte Ausstellung *Vernichtungskrieg. Verbrechen der Wehrmacht. Dimensionen des Vernichtungskrieges 1941 bis 1944* die Republik aufs Heftigste spaltete, denn sie beschäftigte sich mit einem Tabuthema. Sie ging der Frage nach, welchen Anteil die deutsche Wehrmacht am Vernichtungskrieg im Osten hat. Auch wenn die Ausstellung wegen einiger falsch zugeordneter Bilder neu überarbeitet wurde, zielt sie doch noch immer auf einen wunden Punkt der deutschen Geschichte: Was haben sie gesehen, was haben Hitlers Soldaten getan, die Väter und Großväter, nachdem sie in den Krieg geschickt worden waren – und warum haben sie davon so selten erzählt?

»Man kann doch nicht die große Masse für die Untaten einer kleinen Minderheit verantwortlich machen.«

Ein ehemaliger Soldat mag den Glauben an die soldatische Unschuld nicht aufgeben

Es geht fortschrittlich gediegen zu im Hause Strattmann*. Schwere Teppiche, glänzender Holzfußboden, hellbeige Polstermöbel, die dem Eindruck allzu grimmigen Repräsentationswillens entgegenwirken sollen. Im offenen lichten Wohnzimmer steht ein Flügel. Eine Reminiszenz an die Vergangenheit. Der Hausherr hat sich drei Jahre mit Kabarett und Klavierspiel durchs Leben geschlagen. Gleich nach dem Krieg. Abend für Abend spielte der junge Arzt Anton Strattmann in einem Gasthof zur Abendunterhaltung auf. »Bahnhof« hieß er. Strattmann hat nicht vergessen, wo er wieder den Anschluss ans Leben fand. Er schaut während des Gesprächs immer wieder in die Ferne, vorbei an seinem Gegenüber. Der Blick aus dem Fenster gibt die Sicht auf die im Tal liegende Stadt frei. Die Situation behagt dem Erzähler nicht, er fühlt sich nicht wohl beim Heraufbeschwören des Gestern. Schon beim Zuhören zieht unwillkürlich die rauchgeschwängerte Luft dieses Etablissements in der Vorstellung auf, wird die Gier von damals spürbar, das versäumte Leben nachzuholen, auf den Zug noch aufzuspringen, der einen in die Welt des Vergessens bringen sollte. Wie viele andere war Anton Strattmann einfach froh »noch zu leben« und ließ die Tage ohne viel Nachdenken auf sich zukommen. Sein Interesse für Politik war damals begrenzt. Er wollte das Zivilleben genießen wie eine ganze Generation mit ihm, wollte nach vorne sehen – und nicht zurück.

Dem Krieg war auch Anton Strattmann am Ende entschlüpft. Als Soldat einer Studentenkompanie war er im Herbst 1944 nach Breslau verlegt, jedoch rechtzeitig vor Eintreffen der Roten Armee nach Sachsen zurück- und nach Würzburg weiterbeordert worden. Nach einem Bombenangriff ließ er sich in die ruhigere Oberpfalz versetzen. Sein Plan war, so spät wie möglich und falls, dann in amerikanische Gefangenschaft zu kommen. Mit einigem Geschick hatte er sich einen Marschbefehl nach München besorgt. Auf seiner Fahrradfahrt von Amberg in die zerbombte bayrische Metropole überprüfte er immer wieder, ob er diesen Befehl noch in der Tasche hatte. Ordentliche Papiere waren wichtig in der Phase des völligen Untergangs. Ohne Papiere galt einer schnell als Deserteur. Dann wurde er von den eigenen Leuten erschossen oder aufgehängt, von fanatischen kleinen Provinznazis, die den heranrückenden Befreiertruppen nichts entgegenzusetzen hatten, aber doch noch ein wenig fremdes Blut für die verlorene Sache vergießen wollten. Anton Strattmann strebte nach München, weil dort eine Ausnahmeregelung galt. Medizinstudenten wie er konnten in der bayrischen Landeshauptstadt, falls sie kurz vor dem Examen standen, auch ohne Prüfung die Approbation erlangen. Ein wenig passten sich alte Regeln dem Chaos einer zerbombten Welt an. Anton Strattmann erhielt in München solch eine Ernennung zum Doktor – mit Schreibmaschine auf schlechtem Papier getippt, nicht etwa als gedruckte Urkunde. Mehr ein Gestellungsbefehl ins Feldlazarett also.

Im Bad Tölzer Lazarett, wo man den frisch gebackenen Arzt in Soldatenuniform anschließend hinverlegte, kam er allerdings nicht mehr dazu, viele Zerschossene fürs letzte Himmelfahrtskommando zusammenzuflicken, wie sich das die braunen Strategen in ihren trümmerüberschütteten Befehlsbunkern erhofften. Anton Strattmann geriet in amerikanische Kriegsgefangenschaft. Das gesamte Lazarett mit all seinen Patienten, Ärzten und dem Pflegepersonal wurde kurzerhand zum Gefangenenlager erklärt. Der tägliche Dienst blieb der gleiche. Das

Ziel war ein anderes: Ausheilung für den Frieden, nicht Verwendbarmachung für den Krieg. Bevor der junge Arzt den ersten Rundgang zwischen den Pritschen und Notbetten machte, trennte er auf Geheiß der Amerikaner das Hakenkreuz von der Mütze, löste wie alle anderen sein Rangabzeichen von der Jacke und wurde wieder Zivilist – und war erleichtert. »Der Abschied vom alten Regime«, so sagt er aus beinah 60 Jahren Distanz, »fiel mir überhaupt nicht schwer.« Seit Weihnachten 1944 habe ihn ohnehin nur ein einziger Gedanke umgetrieben – zu überleben. Doch trotz der Erleichterung, es heil hinüber in den Frieden geschafft zu haben: auch dieser Deutsche empfand die Stunde der Kapitulation nicht als Befreiung. »Für mich war das natürlich zunächst eine Niederlage. Ich war ja ein Patriot. Patrioten wollen das Beste für unser Vaterland Deutschland.«

Sich persönlich erleichtert zu fühlen und den Untergang der Nazis doch nicht als Befreiung zu empfinden – das war ein innerer Widerspruch, den Anton Strattmann mit vielen gemeinsam hatte. Ein Gefühl der Befreiung empfand er allerdings, als er den Entnazifizierungsfragebogen der Alliierten ausfüllte – Befreiung nicht vom Naziregime, sondern von der Verantwortung für das Naziregime. »Ich war 17 Jahre alt, als der Krieg anfing, und 23, als er zu Ende ging. Wir hatten doch gar keine Möglichkeit, in irgendwelchen führenden Positionen Fehler zu machen.« Die Nazis, das waren die anderen – diese Perspektive der ganz Jungen, die bei Kriegsende noch zur Schule gingen, übernahm auch der Arzt Strattmann.

Nicht die Vergangenheit war wichtig, sondern die Gegenwart – das Nachholen versäumten Lebens und die rasche Neuorientierung an den Werten und Sitten der Sieger. In einer Kabarettnummer aus dem ersten Nachkriegssommer – Anton Strattmann gehörte zu den Vortragenden, die in Bad Tölz schnell ihr Publikum fanden – heißt es dazu:

Alle freien Sitten dieses Jahres
die sind stark bedingt durch den Genuss.
Für 'ne Chesterfield, für so was Rares
tauscht man heutzutage einen Kuss.
Ja, es ist nicht nur, was wir leiern
amerikanisch orientiert, man fraternized
schon heut in ganz Bayern
ganz toll gekonnt und glänzend ungeniert.
Go ahead to Oberammergau.

Sein Lehrmeister aus dem Lazarett hatte Anstellung in einem Krankenhaus ganz in Nähe der Grenze zu den Niederlanden bekommen. Und Anton Strattmann war nicht auf Genuss fixiert, sondern auf Einsatz, Leistung, Vorbilder. Er brachte seinen Einsatz, er schonte sich nicht. Er folgte seinem Idol und arbeitete ohne Bezahlung in dessen Krankenhaus, um schnell mehr Berufserfahrung zu bekommen. Er erwies sich als ehrgeizig, perfektionistisch, und bei erster Gelegenheit ein reguläres Examen nachzuholen schien ihm eine Selbstverständlichkeit. Kein prägendes Mal dieser anderen Zeit sollte nach außen zurückbleiben, kein Dokument einer Improvisation seine Karriere verunstalten, das auf die scharfe Spaltung in ein Davor und ein Danach verwies. Abends kümmerte sich der hoch aufgeschossene Mittzwanziger dann um seinen Lebensunterhalt und spielte gegen einen Teller belegter Brote und fünfzehn Mark zum Tanz auf. Klavierspiel, das war eine Form der Ordnungsfindung, das Studium des menschlichen Körpers eine andere. Wenn Anton Strattmann am Klavier saß, war ihm klar, dass er nicht irgendein mehr oder minder kompetenter Arzt sein wollte – sondern ein Virtuose, der den Mechanismus des Körpers zu bedienen verstand.

Bis heute zieht er die Eindeutigkeit der Unentschiedenheit vor. Zweifel gibt er nicht preis. Was er an Bedenken seiner Vergangenheit wegen mit sich herumgetragen haben mag, das hat er während des großen Unruhejahres 1968 abgelegt.

Damals hat der zu diesem Zeitpunkt mittlerweile hoch geachtete, auf einen Lehrstuhl berufene Chirurg sich heftig mit seinem eigenen Sohn gestritten sowie mit seinen Studenten, die seine Vorlesungen zu verhindern suchten. Er hat seinen Standpunkt gefunden in diesen Kämpfen. Vielleicht hat der sich auch nur zusätzlich verfestigt in dieser Zeit. Anton Strattmann ist keiner, der zur Unsicherheit neigt. Womöglich vorhandene Zweifel behält er für sich.

Ein militärisch zackiger junger Mann war er. Zielstrebig und energisch in dem, was er sagte und unternahm. In bewusst gelebter Tradition ist er im Wesen ostpreußisch geblieben. Wehrhaft und immer auf dem Sprung zu reagieren, bis auf den heutigen Tag. »Jeder Ostpreuße war Soldat gewesen«, erinnert er sich, »das Denken in Ostpreußen war davon bestimmt, dass wir eine Grenzprovinz waren.« Mit zwölf Jahren bekam er sein eigenes Luftgewehr. So wie jeder seiner drei Brüder und auch seine Schwester. Auch die Waffe war ein Instrument, das es optimal zu beherrschen galt. Anton Strattmann übte viel und schoss mit hoher Treffsicherheit auf die Spatzen im elterlichen Garten. »Das machte niemandem etwas aus. Das fand man völlig in Ordnung.« Immer schwingt in solchen Erklärungen ein »Warum, bitte schön, will das heute keiner verstehen?« deutlich mit.

Der Ort von Strattmanns Kindheit war eine Kleinstadt südwestlich von Königsberg, 50 Kilometer von der Ostseeküste gelegen. Der Vater war praktischer Arzt, und das schien dem Jungen ein spannender Beruf. Daheim aber sei es gänzlich unpolitisch zugegangen, beteuert Strattmann. »Ein guter Arzt«, so erklärt er in einem Ton, der keine Widerrede duldet, »ist immer ein unpolitischer Mensch.« So hat er es sich zurechtgelegt, so soll es gewesen sein. Doch diese Standescharakterisierung passt nicht zur historischen Faktenlage. Deutschlands Mediziner waren schnell dabei, ihre jüdischen Kollegen auszugrenzen, ihre Praxen zu übernehmen oder gar die medizinischen Experimente der Nationalsozialisten zu unterstützen.

Noch heute ist die verfasste Bundesärzteschaft damit beschäftigt, die Verstrickungen ihrer ehemaligen Mitglieder aufzuarbeiten.

Auch Anton Strattmanns Vater war wohl nicht so unpolitisch, wie sein Sohn das nachträglich als Berufsnormalität festlegen möchte. Er hatte zumindest eine genaue Vorstellung von dem, was ihm missfiel. Warum sonst hätte er seinen zwölfjährigen Sohn Anfang der dreißiger Jahre auf eine Fahrt des »Vereins für Auslandsdeutsche« ins Reich geschickt? Ausflugs- und Wandermöglichkeiten gab es für junge Menschen auch anderswo genug. Aber dies war eine Solidaritätsbekundung für das Saarland, das der Versailler Vertrag von Deutschland abgetrennt hatte. Die deutsche Rechte agitierte beständig für Schutz und Heimkehr der »in französischer Knechtschaft« stehenden Gebiete, wie man die tatsächlich wenig sensible Verwaltung der Region durch Paris gerne nannte. Auch die Fahrt von Anton Strattmann und Gefährten war als Ermutigung – und Aufstachelung – des deutschstämmigen Bevölkerungsteils des Saarlandes gedacht, kurz vor der Abstimmung über die weitere Zukunft und Zuordnung der Region. Die Reise an die Saar führte Anton Strattmann von Ostpreußen durch den polnischen Korridor ins Reich. Wie er heute sagt, habe er damals »die Abnormalität« dieses Korridors, des anderen großen Reizfeldes deutscher Außen- und Selbstbestimmungspolitik der Zwischenkriegsjahre, am eigenen Leib zu spüren bekommen. Während der Durchfahrt durch ehemals deutsches, nun polnisches Gebiet, erinnert sich Anton Strattmann, wurden die Waggons der Züge einzeln plombiert. Nichts und niemand sollte zu- oder aussteigen, eine Misstrauen, Zorn und Unbehagen schürende Politik, die später von den Transitvereinbarungen der BRD und der DDR noch einmal gespiegelt wurde. Strattmann erlebte die Saarreise als bedrückend und stellte sich nun vor, die Lage der auf polnischem Gebiet lebenden Deutschen müsste Züge von Isolation, Gefangenschaft und steter Demütigung tragen. Dieses Gefühl wurde genährt von beständigen Berichten der deutschen Medien über Schikanen der Polen gegenüber den Deutschen. Als die Wehrmacht auf Hitlers Geheiß fünf Jahre später in Polen einfiel, erschien das dem knapp Achtzehnjährigen nicht als Aggression, sondern als Verwirklichung »einer historischen Notwendigkeit«, die Beseitigung eines Hindernisses bei der Durchfahrt. Heute würde man sagen: als bewaffnete Weltpolizeiaktion in eigener Sache.

In einer Lagebesprechung mit seinen Generälen hatte Hitler die Natur dieser »historischen Notwendigkeit« anders definiert, als es die Deutschen zumindest nachträglich wahrhaben wollten. Eine geheime Mitschrift hielt Folgendes fest: *Vernichtung Polens im Vordergrund. Ziel ist die Beseitigung der lebendigen Kräfte, nicht die Erreichung einer bestimmten Linie. Auch wenn im Westen Krieg ausbricht, bleibt Vernichtung Polens im Vordergrund. ... Herz verschließen gegen Mitleid. Brutales Vorgehen. 80 Millionen Menschen müssen ihr Recht bekommen. Ihre Existenz muss gesichert werden. Der Stärkere hat das Recht. Größere Härte.*

Wie überzeugt wollte der Abiturient Anton Strattmann dieses Recht durchsetzen? Nach Schulabschluss und Reichsarbeitsdienst »trug ich sechs Jahre lang Soldatenuniform«. In seinem Lebensbericht, den er im Alter abgefasst hat, wählt der emeritierte Professor diese extrem distanzierte Formulierung für diesen Lebensabschnitt, der seinem Empfinden nach ganz und gar fremdgesteuert war. Er trug die Uniform – das klingt ein wenig nach Verkleidung, die das innere Wesen weder ausdrückt noch berührt. In seiner Lebensbeschreibung scheint er mit dem Anziehen der Uniform auch in einen plombierten Zug zu steigen, der ihn im Nu und ohne Kontakt zum Geschehen ringsum durch mehrere Jahre trägt und an einem Ort namens Stunde null wieder absetzt.

Er wollte ans Ziel kommen. Der Krieg war ein Reisehindernis. Ein halbes Jahr Reichsarbeitsdienst hatte der Zielstrebige als Etappe auf dem Weg zum Medizinstudium schon einkalkuliert, und auch auf zwei Jahre Militärdienst im Frieden war er vorbereitet. Er hatte sich vorab zur Luftwaffe gemeldet, jenem im Versailler Vertrag für Deutschland eigentlich verbotenen Truppenzweig, auf den das Reich besonders stolz war. Dass der Krieg wirklich kommen würde, versichert Strattmann im Rückblick, habe er zu keiner Sekunde geglaubt. Doch dann

Mit dem Überfall auf Polen begann der Zweite Weltkrieg

geriet er, noch in Arbeitsdienstuniform, als Hilfssoldat ohne militärische Ausbildung, mit einer provisorischen weißen Binde um den Arm, auf der »Deutsche Wehrmacht« stand, in den früher ersehnten und nun nicht für möglich gehaltenen Polenfeldzug. In einer Baukompanie folgte er der Truppe, die sich vorarbeitete und in der kleinen, schwach ausgerüsteten polnischen Armee einen wie auf dem Manöverplatz besiegbaren Gegner fand. Wenn man Anton Strattmann zuhört, hat man den Eindruck, die Truppen seien in den vier Wochen, die er im Einsatz war, durch ein Land ohne Menschen gezogen.

Keine Episode der Begegnung mit Polen, mit gefangenen Soldaten oder Zivilisten, taucht in seiner Erinnerung auf. Jedenfalls keine, die er erzählen möchte. Die Frage nach der Art der Übernachtung im niedergeworfenen Land beantwortet er knapp mit: »In Zeltlagern oder in Scheunen. Das waren nur wenige Tage.« Wenige Tage, das hieß, dass Strattmanns Karriere bereits am 1. Oktober 1939 wieder weit hinter der Frontlinie auf die geplante Bahn zurückschwenkte. Er wurde zur Luftwaffe eingezogen, zu einem Flakregiment nach Königsberg, und absolvierte im ersten Kriegswinter seine Grundausbildung.

Später wird er sagen, niemand, der das nicht miterlebt habe, könne wirklich verstehen, wie es damals gewesen sei. Es ist tatsächlich schwer nachzuvollziehen, wie in einem Menschen, in einem Denken, Fühlen und Handeln, zwei so gegensätzliche Lebensprinzipien nebeneinander existieren konnten. Der angehende Mediziner Anton Strattmann war nach seiner Flakzeit Sanitätssoldat. Ein Riss muss mitten durch ihn hindurchgegangen sein. Er sollte ein guter Soldat sein und das Leben der Feinde zerstören. Er sollte aber auch den Eid des Hippokrates befolgen, der vorschreibt, Leben zu retten und zu wahren. Anton Strattmann bezeichnet das heute als »Widerspruch, der nicht auflösbar ist. Das ist schwer und das war schwer.« Mehr Worte will er diesem Widerspruch nicht schulden.

Leichter war es für ihn, während seines Studiums, das er fortsetzte, Leichen zu sezieren, die mit bereits abgetrenntem Kopf angeliefert wurden. Es waren Verurteilte der Nazijustiz, enthauptet wegen schwerer Vergehen gegen das deutsche Volk. Aber welcher Vergehen? Schwarzhandel in großem Stil, das Flüstern eines politischen Witzes ins falsche Ohr, das Verstecken eines Juden vor dem Abtransport ins KZ? »Darüber haben wir nicht viel nachgedacht«, sagt die gereifte Version des Mannes, der damals das Skalpell führte. Ob jemand noch zu Lebzeiten eingewilligt hatte, sich einmal der Forschung zur Verfügung zu stellen, oder ob ein staatlicher Machtapparat den Körper eines getöteten Gegners in einer letzten Geste des Triumphs einer Verwertung zuführte, »das hat uns Mediziner doch überhaupt nicht interessiert«. Gewiss, das waren keine Gedanken und Zweifel, die damals von Kommilitonen oder Lehrenden ermutigt oder auch nur angesprochen worden wären. Aber noch heute wehrt der Mediziner alle Nachfragen barsch ab. »Man kann sagen: tot ist tot. Toten geschieht kein Unrecht.«

Auch andere Nachfragen kontert Anton Strattmann energisch. Wie hat der Medizinstudent seine Fronteinsätze erlebt, die das Studium in Königsberg immer wieder unterbrachen? War da der künftige Arzt gefordert oder der Soldat mit dem Bewusstsein für die wertvolle Kameradengesundheit und das wertlose Feindesleben? »Jedenfalls habe ich während des ganzen Krieges keinen Schuss auf irgendeinen Feind abgeben müssen«, wehrt er ab. Und duldet keinen Zweifel und will ihn auch nicht verstehen. »Ja, natürlich geht das. Ich bitte Sie! Die Soldaten, die überhaupt schießen, sind doch in der Minderheit.« Er zählt auf: Luftwaffe, Flugabwehr, Marine und den Sanitätsdienst. Letzteren gab es bei allen Einheiten. »Es ist mir Gott sei Dank erspart geblieben, im eigentlichen infanteristischen Endkampf Mann gegen Mann kämpfen zu müssen.« Wenn Diskussionen an diesem Punkt anlangen, wird er wütend und seine Stimme lauter. Weil sich im Laufe seines Lebens jüngere Zuhörer oft nicht vorstellen konnten, dass man ohne einen Schuss abzugeben durch den Krieg kommen konnte. Aber vielleicht war für die das Schießen ja auch nur ein griffiges Symbol für etwas anderes: für den Verlust der Unschuld.

Der Sommer 1942 brachte den Medizinstudenten Strattmann in die Nähe der Kämpfe. Vom Sanitätsgefreiten stieg er zum Fahnenjunker-Feldwebel auf. In einem Lazarett in Nordrussland hatte er es mit Verletzten zu tun, die frisch von der Front kamen. Er hat sie verbunden, schlimme Blutungen zu stillen versucht, ihre Qualen mit Schmerzmitteln gelindert, solange die Vorräte dafür reichten. Seine Aufgabe war die Notversorgung. Alles Weitere war Aufgabe des medizinischen Personals in den Feldlazaretten. »An den Hauptverbandplätzen wurde nicht operiert, denn die waren ja praktisch an der Front oder direkt dahinter«, erklärt er den logistischen Ablauf. Er hörte seine Kameraden wimmern und jammern vor Schmerz. Er sah »Verwundete sterben«. Und jede Menge Männer, bei denen ein Transport weiter nach hinten in ruhigere Lazarette sinnlos war, weil es lediglich die Fahrt zu einer anderen Sterbepritsche geworden wäre. Der angehende Arzt lernte jeden Tag neu die Grenzen seiner Kunst kennen. Erzählen mag er davon nicht. Er hat im Krieg zwei Brüder verloren, der jüngste starb siebzehnjährig in der Normandie an einem Bauchschuss.

In seinem zweiten aktiven Kriegssommer wurde Anton Strattmann selbst durch einen Granatsplitter am rechten Oberarm verwundet. Damit war sein Fronteinsatz beendet. Im Feldlazarett entfernte man ihm den Splitter, zum Gesundwerden verlegte man ihn in die Nähe seiner Heimatstadt. Er war um einen kleinen Preis mit dem Leben davongekommen. Resultiert aus der Dankbarkeit, glimpflich davongekommen zu sein, seine Loyalität zu denen, die Schlimmeres erlebt haben? Zu denen, die vielleicht auch Schlimmeres getan haben als er? Verteidigt er deshalb Wehrmachtsangehörige gegen den Vorwurf, auch sie seien an Verbrechen an Zivilisten beteiligt gewesen? Woher nimmt er die fast selbstgerechte Gewissheit, dass »die SS alles derart geheim« gehalten habe? Spricht er für alle oder wünscht er sich nur, für alle sprechen zu können, wenn er apodiktisch erklärt: »Wir fanden den Krieg allesamt fürchterlich und schrecklich und er sollte so schnell wie möglich ein Ende haben. Wir waren uns einig: Der Krieg muss gewonnen werden, und dann jagen wir die ganze Nazibande zum Teufel.«

Er wird beim Sprechen noch ein bisschen lauter, als bestehe noch immer die Notwendigkeit, sein Gegenüber zu überzeugen. Denn da gibt es offensichtliche Widersprüche. War der Krieg der Nationalsozialisten wirklich nur das Projekt weniger

Tyrannen und Profiteure? Setzte er nicht die Ressentiments und Frustrationen vieler Deutscher um, war nicht im Frieden beständig die Rede von ihm gewesen als legitimes Mittel deutscher Politik, hatten da nicht viele so lange zugestimmt, wie die Feldzüge erfolgreich verliefen? Kann man den Krieg, Verbrechen und Ideologie der Nazis vom deutschen Volk einfach abtrennen? »Ja, natürlich«, sagt Anton Strattmann und wird wieder zum Sprecher aller. »Das war eigentlich die Meinung des ganzen Volkes. Es gab wirklich nur sehr wenige echte, überzeugte Nationalsozialisten, die das, was die Nazis predigten, diese so genannte Weltanschauung, auch glaubten. Die meisten wollten möglichst bald Frieden haben und wollten, dass Ordnung herrscht.« Diese Ordnung versucht Strattmann noch immer rigide rückwärts auf eine Zeit zu übertragen, in der Ausbruch aus der Ordnung auch der Ausbruchsversuch aus einem Verbrechen bedeutete. Bis auf den heutigen Tag sind Deserteure, also Menschen, die die Logik von der Pflicht zu einem als falsch empfundenen Krieg nicht akzeptieren wollten, »Verräter und Feiglinge«. »Wo würde es enden«, räsoniert er, »wenn die Hälfte der Soldaten desertieren würde?« Anton Strattmanns Meinung und Maßstäbe hat die Zeit nicht verändert. Die Distanz zum Ereignis hat ihn nicht milder oder versöhnlicher gestimmt. Was damals Unrecht war, kann heute nicht Recht sein. »Ein Deserteur«, sagt er, »wird im Krieg mit dem Tod bestraft. Das ist in allen Heeren der Welt so. Ich seh das heute noch so.« Seine Kriegserlebnisse haben ihn nicht zum Pazifisten werden lassen. Anton Strattmann ist kein Anhänger der Zwischentöne, für ihn gibt es nur Schwarz oder Weiß, Ja oder Nein.

Obwohl er sich noch gut erinnert, wie ein Freund aus Königsberg ihm total verwirrt von »einem Fronteinsatz im Osten« berichtete, bleibt er bei seiner Meinung. Der Freund konnte kaum zusammenhängend reden. Er deutete nur an, Fürchterliches gesehen zu haben. Anton Strattmann wird plötzlich fragmentarisch im Erzählen, nennt nur Stichworte.

»Erschießung von Juden«, fasst er zusammen. Aber um sich das Grauen dieser Entdeckung auszumalen, habe die Zeit gefehlt. Es habe in seiner Vorstellungswelt schlicht keine Bilder zu den Gerüchten gegeben, dass im Hinterland der Front im Osten »schlimme Dinge geschehen«. Sollte etwa gerade der massenhafte Tod an der Heimatfront alle Gedanken vertrieben haben, was anderen durch deutsche Hand widerfahren könnnte? »Damals«, sagt Anton Strattmann, »wurde ja täglich gestorben. An der Front und in den Bombennächten.« Terrorangriffe gegen die Zivilbevölkerung seien das gewesen, schimpft er und behauptet forsch: gegen zivile Ziele hätten sich Angriffe der deutschen Luftwaffe nie gerichtet. Gut, schiebt er einschränkend nach, einmal, beim Angriff auf Coventry. Anton Strattmann verliert kein Wort über Warschau, Wielun, Guernica oder Rotterdam.

Seine Wahrnehmung der Geschichte ist eine andere. Eine, die ihn zu dem Schluss kommen lässt, man könne »doch nicht die große Masse für die Untaten einer kleinen Minderheit verantwortlich machen. Einige hundert Personen in führenden Positionen haben die Befehle gegeben. Und einige wenige Tausende haben diese Befehle ausgeführt.« Scham, sagt er, habe er durchaus empfunden angesichts des Völkermords. Aber sein Selbstbild als Deutscher habe das nie verändert. Für Anton Strattmann waren die Zeit des Nationalsozialismus und der Zwang zum Nachdenken über diese Jahre offenbar endgültig vorbei, als er sich in Bad Tölz im Lazarett das Hakenkreuz von der Kleidung trennte, als habe er sich damit zugleich von allen Selbstzweifeln befreit.

In dem Büchlein, das er über seinen Lebensweg als Arzt geschrieben hat, kommentiert er die Nürnberger Verfahren gegen die führenden Nazifunktionäre folgendermaßen: *Der Nürnberger Prozess hielt die Welt in Atem. Die Strafen für die Generäle der Wehrmacht, Tod durch Erhängen, wurden von uns ehemaligen Soldaten als entwürdigend empfunden, der trotz aller Vorsichtsmaßnahmen gelungene Freitod von*

Hermann Göring weithin mit klammheimlicher Freude begrüßt. Es war offensichtlich, dass nicht Gerechtigkeit, sondern das Recht der Sieger das Motiv für diesen Prozess geliefert hatte. Diese Position mag er nicht mehr diskutieren. Er lenkt den Blick auf seine Armbanduhr: »Jetzt muss ich langsam Schluss machen.«

»Zwang konnte ich wohl nicht ertragen.«

Ein NS-Wehrmachtsdeserteur bleibt weiter ungelitten

Ludwig Baumann kommt mit einem kleinen Kissen unter dem Arm aus dem Haus, zieht die Tür ins Schloss und verstaut das Kissen in einem Korb, der an seinem Fahrrad hängt. Er wird sein Mittagsschläfchen heute unter freiem Himmel halten. Es ist Juni. Ein Tief schickt dicke graue Regenwolken über den Himmel. Aber immerhin, die Luft ist ein Versprechen, dass der Sommer doch noch kommen wird, und umspielt lau die Gesichter. Das Nickerchen im Park könnte gelingen. Er brauche seinen Mittagsschlaf, erzählt Ludwig Baumann, egal, wo er sich befinde. Und wenn er im Freien sei, dann schlafe er eben dort. Wenn es die Umstände nicht anders erlauben, legt er sich auch dick eingepackt bei Minusgraden auf eine Parkbank. Manchmal wecken ihn dann besorgte Passanten, fragen, ob es ihm nicht gut gehe, ob er Hilfe brauche. Nein, danke, sagt er dann. Er mache nur seinen Mittagsschlaf. »Die können ja nicht wissen, dass ich immer warm genug angezogen bin.«

Ludwig Baumann ist dreiundachtzig Jahre alt. Und eigentlich ist sein vertrauensvoller Schlaf in der Öffentlichkeit, überall dort, wo er ein Kopfkissen ablegen kann, mehr als erstaunlich. Ludwig Baumann hat Zeiten erlebt, in denen er nichts und niemand trauen konnte, in denen er die kleinste Andeutung seiner inneren Gedanken – und sei es ein im Schlaf gesprochenes Wort – mit seinem Leben hätte bezahlen müssen. Hat ihn dieses Leben so viel Kraft gekostet, dass er nun keinen Tag mehr ohne Ruhepause übersteht? Oder genießt er im Schlaf das sprichwörtliche gute Gewissen, das das sanfteste Ruhekissen abgibt? Seit seinem einundzwanzigsten Lebensjahr steht seine ganze Biographie, alles, was er getan und nicht getan hat, im Licht eines einzigen Ereignisses. Eine außergewöhnliche Handlung ist das Leitthema seines Lebens geworden. Ludwig Baumann ist desertiert, und er nennt sich deshalb selbst auch so, belegt sich offen mit jenem Begriff, der für viele Deutsche nicht nur seiner Generation ein Schimpfwort darstellt. »Ich bin ein Deserteur«, sagt er – nicht hinter vorgehaltener Hand.

Ludwig Baumann ist Vorsitzender der »Bundesvereinigung Opfer der NS-Militärjustiz«. Siebenunddreißig gebrechliche alte Männer haben sie erst 1990 gegründet. Zwischenzeitlich hatte sie einmal mehr Mitglieder, aber nun kommen jedes Jahr weniger zur Hauptversammlung. Die alten Männer, deren Mut zur Fahnenflucht vor den Henkerswimpeln der Nazis in der Bundesrepublik nie wirklich Gerechtigkeit widerfahren ist, werden pflegebedürftig, ziehen ins Heim oder sterben einfach. »Wir sind vielleicht noch um die 30 Überlebende«, sagt ihr Sprecher. Eines der großen Probleme deutscher Vergangenheitsaufarbeitung löst sich biologisch, zu Gunsten derer, die nicht gerne hören, dass es Alternativen zum »Man musste ja …« gab.

Eine Million Angeklagter wurde von Militärgerichten in den zwölf Jahren der nationalsozialistischen Herrschaft verurteilt wegen Kriegsdienstverweigerung, Fahnenflucht und Ungehorsam, 30 000 davon zum Tode. Etwa 20 000 Urteile wurden vollstreckt, schätzen Historiker. Die davonkamen, haben den Rest ihres Lebens einen Kampf um ihre Würde geführt, um die Anerkennung, dass die Verurteilung durch ein NS-Militärgericht kein Beweis für Kriminalität oder niedrige Gesinnung sein muss, sondern im Zweifel eher einen Anstandsorden darstellt. Trotz oder weil sie nur noch so wenige sind, lässt Ludwig Baumann nicht locker, bleibt ein Störenfried, der genau hinschaut, wer worüber den Mantel des Vergessens legen will. Er bekommt viele Briefe wie diese, die ihm eigentlich den Schlaf rauben müssten:

Alois G.
Oberstleutnant der DEUTSCHEN WEHRMACHT
Träger des Ritterkreuzes
mit Eichenlaub und Schwertern
(II. Gruppe/Jagdgeschwader 54)

München, im Mai 1994

Herr Baumann,

eine andere Anrede ist mir nicht möglich. Der »deutschen presse« habe ich entnommen, daß Sie als Fahnenflüchtiger bzw. Wehrkraftzersetzer bei einem Volkstrauertag auftreten durften. Nun, in dieser BRD (Besetztes Rest-Deutschland) ist nichts unmöglich.
Seien Sie aber versichert, Volksschädling Baumann, dass Sie für a l l e s bald sich vor dem REICHSKRIEGSGERICHT in Berlin zu verantworten haben. Das DEUTSCHE REICH befindet sich noch immer im Kriegszustand, folglich gilt noch immer Kriegsrecht. Was Sie zu erwarten haben, ist klar.
Nehmen Sie vorher Zyankali, dies erspart Ihnen Nerven und der alsbald wieder funktionierenden reichsrechtlichen Justiz und dem Herrn Reichs-Finanzminister etliche Reichsmark.
Stets dem deutschen Recht und der Wahrheit verpflichtet verbleibe ich getreu meinem Fahneneid mit den Worten: Es lebe das DEUTSCHE REICH!

Mit DEUTSCHEM Gruß

*

Sachsen, 9. März 2004

An den Deserteur Baumann

Wie wir gelesen haben, verlangen Sie in Torgau am Fort Zinna eine Gedenkstätte für Wehrmachtsdeserteure. Sicherlich dafür, dass diese Kameradenschweine in Torgau warm und trocken gesessen haben, während die Soldaten für ihr Vaterland ihre Knochen hinhalten mussten.
Rübe ab ist doch das Einzige, was ihr feiges Gesindel verdient hättet. Dann könntet ihr heute nicht mehr Männer beleidigen, die als Opfer des Stalinismus in Torgau gelitten haben.
In allen Ländern gelten Deserteure als der letzte Abschaum, nur in Sachsen sollen sie jetzt eine Gedenkstätte bekommen. Das ist ein Stück aus dem Tollhaus.
Es würde Ihrer Gesundheit gut tun, sich hier nicht mehr blicken zu lassen.

Manchmal kommen die gleichen Beschimpfungen auch übers Telefon. In all den Jahren haben sich Ton und Argumentation nicht geändert. Ludwig Baumanns Verstoß gegen Gesetze der NS-Militärs ist in den Augen seiner Mitbürger nach 1945 kein vorbildlicher Akt der Verweigerung geworden. Adolf Hitlers in *Mein Kampf* formulierter Satz »Ein Soldat an der Front kann sterben, ein Deserteur muss sterben« drückt das Denken vieler aus, die empört von sich weisen würden, mit Hitler irgendetwas gemein zu haben. Die Geschichte der Wehrmachtsdeserteure ist ein Stachel im kollektiven Erinnern. Er verursacht Schmerzen bis in die Gegenwart hinein.

Im Bürgerhaus in Bremen-Vegesack schmerzt ein Denkmal. Es besteht aus einem Betonblock, auf dem ein Nato-Helm befestigt ist, darunter ein aus Stein gehauener Kopf. Sie nennen es hier »das kleine Deserteursdenkmal«. 1986 ist es entstanden, als eine Gruppe von Reservisten der Bundeswehr ihre Wehrpässe verbrannte, weil sie die Zeit nach dem Nato-Doppelbeschluss als bleierne, ideologisch vereiste Zeit erlebte. Es ist »Dem unbekannten Reservisten« gewidmet. Ludwig Bau-

Ludwig Baumanns Protest gegen die Vereidigung von Rekruten

mann fand diese Aktion mehr als sympathisch. Er fing an, seine Geschichte zu erzählen. Er fand interessierte Zuhörer und wütende Verächter. Der überzeugte Kriegsgegner Baumann stand in Bremen am Bahnsteig, von dem aus frisch eingezogene Rekruten zu ihren Kasernen aufbrachen, und ermunterte sie: »Lasst euch nicht missbrauchen. Lernt aus der Geschichte.« Auf der Bonner Hardthöhe musste sich der Bremer Bürgermeister die Drohung gefallen lassen, seine Stadt bekomme keine Rüstungsaufträge mehr, wenn nicht das Deserteursdenkmal endlich verschwände. Es steht noch immer.

Erst im Mai 2002, 57 Jahre nach Kriegsende, hat der Deutsche Bundestag mit den Stimmen von SPD, Grünen und PDS das Gesetz zur Aufhebung nationalsozialistischer Unrechtsurteile ohne Einzelfallprüfung verabschiedet. Damit tut sich der rechtspolitische Sprecher der CDU/CSU-Fraktion Norbert Geis immer noch schwer, »denn Desertion ist ein verwerfliches Verhalten«. Einer seiner Fraktionskollegen erklärte in der Abschlussdebatte, ein solches Gesetz erkläre Fahnenflucht »flugs zur Tugend« und bedeute eine moralische Abqualifizierung der anderen Soldaten. Der Verband Deutscher Soldaten beharrte auf seiner Position, gerade in der Not sei es wichtig zusammenzuhalten. Immerhin findet sich auch im Zeitalter der Bundeswehr im Wehrstrafgesetz der Paragraf 16, der die Entfernung von der Truppe unter Freiheitsstrafe bis zu fünf Jahren stellt. Die Sache ist also komplex. Es geht um die Frage, ob ein Heer überhaupt existieren kann, wenn der Akt der Fahnenflucht nicht grundsätzlich, unter allen Umständen und angesichts jedes Kriegsverbrechens und Regimes geächtet bleibt. Und es geht um den Ruf von achtzehn Millionen Wehrmachtssoldaten. Ludwig Baumann und seine Leidensgenossen sind die lebende Erinnerung, dass nicht jeder Wehrmachtsangehörige die Verbrechen der Nazis bis zum Ende mittragen und stützen musste. »Wer aber Desertion anerkennt, stellt die Staatsräson in Frage«, sagt der Dreiundachtzigjährige.

Und darum hat er kein ruhiges Alter, darum erlebt der eher schmächtige Mann noch immer Diffamierung und muss noch immer zu Rechtfertigungen antreten, nicht bis zu Endsieg oder Weltuntergang dabeigeblieben zu sein. Am 30. Januar 2004 hat die CDU/CSU-Fraktion im Bundestag einen Antrag über ein Gesamtkonzept zur »Förderung von Gedenkstätten zur Diktaturgeschichte in Deutschland« eingebracht. Darin steht ein Satz, der alle, die sich bisher in der NS-Gedenkstättenarbeit engagiert haben, alarmiert hat. »Es bedarf eines Konzepts, das Institutionen und historische Orte beinhaltet, die an beide Diktaturen erinnern. In diesem Zusammenhang sei auf eine Reihe historischer Orte und heutiger Gedenkstätten verwiesen, die von beiden Diktaturen zur Unterdrückung von Opposition und Widerstand genutzt wurden«, ist in der Drucksache 15/1874 des Deutschen Bundestages nachzulesen. Unterschrieben ist der Antrag unter anderem von der CDU-Abgeordneten Erika Steinbach, die als Präsidentin des Bundes der Vertriebenen für eine Gedenkstätte für Opfer von Krieg und Vertreibung in Europa kämpft. Als Beispiel für eine Erinnerungspolitik, wie sie ihnen vorschwebt, verweisen die Antragsteller auf das Bundesland Sachsen. Dort gibt es bereits seit dem 28. Februar 2003 ein »Gesetz zur Errichtung der Stiftung Sächsische Gedenkstätten zur Erinnerung an die Opfer politischer Gewaltherrschaft«. Hier wird kein Unterschied mehr gemacht zwischen Opfern der Nazis und Opfern der DDR-Politik.

Kritiker des sächsischen Modells bemängeln, hier werde in einem neuen Anlauf zur Neuordnung der öffentlichen Erinnerung die Einmaligkeit der nationalsozialistischen Verbrechen in Frage gestellt. Mit dem Zentralrat der Juden in Deutschland an der Spitze stellten die Bundesvereinigung der Opfer der NS-Militärjustiz, der Zentralrat Deutscher Sinti und Roma, die Vereinigung der Verfolgten des Naziregimes (VVN), die Vertretung der jüdischen Gemeinden in Sachsen und weitere Gremien von NS-Opfern ihre Zusammenarbeit mit der Stiftung Sächsischer Gedenkstätten ein. Die CDU/CSU-Fraktion verzichtete in der Folge darauf, ihren Antrag weiter voranzutreiben. Aber Erinnerungsarbeit ist jenseits von Überzeugungen auch eine Sache politischer Mehrheiten. Und die können sich ändern.

»Die Sache macht mich ganz krank«, sagt Ludwig Baumann. Gemeint ist »die Sache mit Torgau«. Im August 1943 hatte das Reichskriegsgericht wegen der zunehmenden Luftangriffe auf Berlin seinen Sitz in diese Stadt an der Elbe verlegt. Der neue Standort empfahl sich auch dadurch, dass sich hier bereits die Wehrmachtsgefängnisse »Brückenkopf« und »Fort Zinna« befanden. Torgau war die Drehscheibe des militärischen Gefangenenwesens geworden. Der Name der Stadt ist eines der Reizworte Ludwig Baumanns. Er löst Erinnerungen aus an Folter und Erschießungen, die er mit ansehen, und an die Qualen, die er selbst erleiden musste. Für den alten Mann, dem das Erzählen davon schwer fällt, ist es ein unerträglicher Gedanke, dass in denselben Ausstellungsräumlich-

Das ehemalige NS-Militärgefängnis in Torgau

keiten nun auch seiner NS-Folterer gedacht werden könnte. Denn auch die wurden nach dem Ende des NS-Regimes von den sowjetischen Sicherheitsorganen in Fort Zinna inhaftiert. Letzten Sommer hat Ludwig Baumann sein Foto aus der Dauerausstellung »Spuren des Unrechts« im Torgauer Schloss entfernen lassen. Die Ausstellung erinnert sowohl an die blutige

Verfolgung von Deserteuren in der Nazizeit als auch an die späteren sowjetischen Speziallager. Hier, in einer Ecke, die Informationen über die Wehrmachtsdeserteure bietet, war er als Gefangener zu sehen – und mag nun nicht dulden, dass der Grund seiner Haft vergleichbar wird mit dem Inhaftierungsgrund seiner Peiniger. Zufrieden ist er mit dieser Lösung allerdings nicht. Auf lange Sicht verdrängen so die Nazis ihre früheren Opfer noch weiter.

Erst seit einigen Jahren besitzt Ludwig Baumann das Feldurteil, das über ihn verhängt wurde. »Im Namen des Deutschen Volkes« und mit Aktenzeichen J. X 271-272-309/42 entschied am 30. Juni 1942 das Gericht des Marinebefehlshabers Westfrankreich, Zweigstelle Royan, gegen den M. A. Gefreiten Ludwig Baumann »wegen Fahnenflucht im Felde, Wachverfehlung im Felde und schweren Diebstahls« und verurteilte den Angeklagten »zum Tode und zu insgesamt 1 Jahr und 2 Monaten Gefängnis«. Der Obersbefehlshaber der Kriegsmarine hat das Todesurteil am 20. August 1942 in eine Zuchthausstrafe von zwölf Jahren umgewandelt. Ludwig Baumann war daraufhin zur Überprüfung seiner »Eignung für die Bewährungstruppe« in das Wehrmachtsgefängnis Torgau eingewiesen worden. Darüber aber ließ man ihn zynisch im Unklaren. Baumann saß in Erwartung seiner baldigen Hinrichtung in Torgau. Erst acht Monate nach der Umwandlung der Todes- in eine langjährige Haftstrafe erfuhr auch der Häftling von dieser Begnadigung. Vom 29. April 1943 datiert das von Ludwig Baumann unterschriebene Protokoll darüber, dass ihm der Gnadenentscheid vorgelesen wurde.

Ludwig Baumanns Leben begann in Hamburg. Im Nachhinein würde man sagen, er purzelte in ein Leben, das nicht für ihn gemacht war. Der Vater hatte sich aus einfachen Verhältnissen hochgearbeitet und in der Hansestadt ein kleines Tabakladenimperium mit mehreren Filialen geschaffen. Er war ein strenger Erzieher und so jähzornig, dass nur die Mutter den Sohn prügeln durfte: der Vater hätte kein Halten gekannt. So musste

Ludwig unter den Augen der Eltern den Stock selbst holen, die Hose herunterlassen und stillhalten. Und das oft, denn die kontrastierenden Rollen in der Familie waren klar verteilt. Ludwig Baumanns Schwester, eineinhalb Jahre älter als er, war die Kluge, die alles konnte. Ludwig war der Enttäu-

Ludwig Baumann (1939)

schende, der nichts sofort begriff. Der Zeit brauchte, um zu verstehen. Die Mutter führte im Auftrag des Vaters ein strenges Regiment, als sei stete Drohung das geeignete Mittel, ein zurückgezogenes Kind aus der Reserve zu holen. Ludwig versucht, die stets Gereizte durch extremen Gehorsam zu besänftigen. »Meine Mutter musste einfach denken, dass ich dickfellig war.« Eine nicht vom Mangel an Willen und Fleiß, sondern von einer Wahrnehmungseigenheit bedingte Lese- und Rechtschreibschwäche, also Legasthenie, kannte man Ende der zwanziger, Anfang der dreißiger Jahre noch nicht. Ludwig Baumann bekam Nachhilfe in Form von Hieben. Vor jedem Diktat peinigte den Schüler nun heftiger Durchfall. Sein ständiges Versagen verfolgte ihn bis in seine Träume. Niemand erkannte seine Not, niemand nahm Rücksicht auf seine besonderen Schwierigkeiten. Was immer sich an Groll in ihm angesammelt haben mochte, als er fünfzehn Jahre alt und seit einem Jahr Maurerlehrling war, begann es, ein Ventil zu suchen. »Ich war nicht mehr bereit, artig zu sein«, beschreibt er seinen damaligen Gemütszustand. Denn er hatte die Adressatin seiner Folgsamkeitsbemühungen, den Menschen, den er nicht enttäuschen wollte, verloren. Seine Mutter war bei einem Autounfall ums Leben gekommen. Nun wollte er nie mehr Zuneigung durch Gehorsam erkaufen.

Schon bei der Hitlerjugend eckte er an. Vor 1933 war er ein glühender Anhänger ihrer Spiele gewesen, bei Streichen und kleinen Abenteuern spielte er gern den Anführer. »Aber als es dann Zwang wurde, bin ich nicht mehr hingegangen«, sagt er. »Zwang konnte ich wohl nicht ertragen.« Der Zwang aber holte ihn mit der Einberufung zum Reichsarbeitsdienst wieder ein. Im ostpreußischen Elbing schippte er zusammen mit anderen jungen Männern an den Deichen. Da war er zwar eingebunden in ein System von Befehl und Gehorsam, aber er konnte wenigstens den Sinn der Arbeit erkennen. Das änderte sich, als er 1940 zur Marine eingezogen und an der französischen Kanalküste in Calais stationiert wurde. Er wurde in ein sehr direktes, sehr persönliches Unterordnungsverhältnis gezwungen, er wurde Bursche. Und zwar der Bursche eines Unteroffiziers, und das ergrimmte ihn, schien ihm eine Ungerechtigkeit. Einem Leutnant hätte er den Ordonanzdienst noch zugestanden, als eine Art verdienter oder nötiger Entlastung, einem Unteroffizier nicht. Warum er damals diesen Unterschied gemacht hat? Er weiß es nicht mehr. Er will nichts rekonstruieren, will sich nicht zurechtlegen, wie es gewesen sein könnte. Er wolle nichts verdrängen, betont er, aber er akzeptiere lieber Löcher in Erinnerung und innerer Chronologie, als nachträgliche Mutmaßungen allmählich mit dem Gewesenen zu verwechseln. Er weiß, dass vieles, was als authentische Erinnerung bewahrt wird, ein wohlwollendes Arrangement mit der Vergangenheit ist. »Die, die Nazis waren, hatten ja auch allen Grund, sich etwas zurechtzulegen. Später haben sie selbst daran geglaubt.« Menschlich, sagt er, sei das ganz verständlich. Eine logische Kette: »Erst den Krieg verloren, dann begriffen, dass es im Osten ein schlimmer Vernichtungskrieg gewesen ist. Als dann der Kalte Krieg begann und die Hilfen aus dem Marshall-Plan flossen, haben die deutschen Landser, fleißig und tüchtig, wie sie nun einmal sind, die Ärmel hochgekrempelt und haben ein Wirtschaftswunder nach dem anderen geschaffen. Sie hatten die Chance, alles zu verdrängen, und sie haben es getan.« Er nennt die Männer der Nachkriegszeit absichtsvoll »deutsche Landser«. So einer wie Ludwig Baumann kann trotz seiner stillen Art grimmig und provokant sein.

Damals, im Juni 1942, weigerte sich der einfache Matrose Baumann, seinem neuen Vorgesetzten die Stiefel zu polieren. Ungehorsam aber darf es in der Welt des Militärs nicht geben – nur wer auf widerspruchslosen Gehorsam gedrillt ist, befolgt in Extremsituationen auch unter Missachtung des eigenen Lebens Befehle. Baumann musste robben, immer wieder robben und Strafwache schieben. »Es wäre leichter für mich gewesen, ich hätte die Stiefel poliert«, kommentiert er die Kosten-Nutzen-Seite seines Trotzes. Aber es blieb nicht beim kurzzeitigen Strafdienst. Der Unteroffizier meldete Baumanns Vergehen beim Kapitänleutnant der Einheit, und eine noch härtere Bestrafung konnte Baumann dort vielleicht durch eine so freche wie markige Antwort verhindern. »Ich bin Soldat des Führers und kein Stiefelputzer.« War er da im Inneren noch Soldat, sprach da nicht auch einfach gekränkter Mannesstolz aus ihm? All das ist Teil der Erinnerungsunsicherheit.

Doch falls in Ludwig Baumann noch ein Rest Wille vorhanden gewesen sein sollte, dem Bild des guten Soldaten zu entsprechen – das Militär machte sich daran, ihm alle Illusionen über einen großen, wenn auch martialischen Kameradschaftsverein auszutreiben. Als in Bordeaux eine neue Hafenkompanie aufgebaut wurde, zu der jede Einheit Männer abstellen musste, »haben sie wohl alle geschickt, die sie nicht gebrauchen konnten«, vermutet Ludwig Baumann heute. Er, der Verhaltensauffällige, war dabei. »Das war ein wüster Haufen. Fast alle hatten Arrest. Ich war einer der wenigen, der keinen hatte.«

Der Ton in der Kompanie war besonders hart. Spätestens, als bei einem verpatzten Manöver viele Soldaten zu Tode kommen, wachsen Zweifel, ob diese Einheit einen militärischen Zweck erfüllen soll, ob hier einfach untaugliche Soldaten zum baldigen Verschleiß zusammengefasst wurden, oder ob hier schlicht eine allumfassende Menschenverachtung des Systems nur ein wenig deutlicher zu Tage tritt als in anderen Einheiten. In Ludwig Baumann und einem Freund reift die Erkenntnis, dass sie hier wirklich nicht mehr dazugehören. Und auch die Einsicht in die Konsequenz solch eines inneren Abfalls: »Wir hauen ab.« Ihr Ziel: Marokko oder die USA. An Waffen mittlerweile gewöhnt, ist ihnen einerseits klar, dass solch ein Ausbruchsversuch in eine Welt jenseits des Hakenkreuzes bewaffnet stattfinden muss. Also beschaffen sie sich Mittel zur Verteidigung. Das Feldurteil gegen die Deserteure hält fest: *Gegen 23 Uhr hatten sie durch Eindrücken einer Scheibe … aus der Waffenkammer ihres Truppenteils 2 Pistolen, 2 Magazine, 9 Pack Munition und 1 Taschenlampe entwendet, um sich ein grösseres persönliches Sicherheitsgefühl zu verschaffen.* Andererseits haben sie diesen Vorgang der Bewaffnung nicht zu Ende gedacht. Ludwig Baumann und sein Freund haben weder geplant noch in Gedanken eingeübt, sich im Ernstfall zur Freiheit durchzuschießen. Das ist keine nachträgliche Stilisierung ihrer Einstellung. Der Fortgang ihrer Desertion beweist ihre Hemmungen.

Nach dem Einbruch in die Waffenkammer schleichen die beiden Fahnenflüchtigen im Dunkeln von Bord. Spätestens das ist der Schritt aus dem Reich schwerer Strafen in das Refugium des Henkers. Sie haben sich seit einiger Zeit mit Franzosen aus dem unbesetzten Frankreich angefreundet, die sie mit einem Auto unweit des Hafens abholen. Die Helfer fahren die beiden Deutschen, die sich gerade von Hitlers Marine und Krieg losgesagt haben, über eine unbewachte Stelle der Grenze. Im Urteil gegen die Flüchtigen liest sich das folgendermaßen: *Am 3. 6. 1942 verliessen sie die Kaserne, übernachteten in einer Baubude, wo sie 2 Zivilröcke und 1 Baskenmütze fanden, fuhren dann am 4. 6. 1942 in einem franz. Kraftwagen bis Lagon und versteckten ihre Uniform unter einem Strauch, um nunmehr in Zivil weiterzukommen. Von den Grenzposten angehalten, verzichteten sie auf Widerstand und gaben ihr Unternehmen verloren.*

Was das Urteil als Selbstverständlichkeit übergeht, ist die Entscheidung gegen den Waffengebrauch. Aber der gleiche Zufall, der sich gegen die Deserteure gewandt hatte, enthielt auch die Chance zum Entkommen. Sie waren einer Zollstreife in die Arme gelaufen, die an dieser Stelle nur alle paar Stunden vorbeikam. Doch sowenig sie mit den Uniformierten gerechnet hatten, so wenig war die Streife auf Deserteure eingestellt. Die Zöllner hielten die Männer in Zivil für Franzosen. Sie kamen mit umgehängten Gewehren auf die vermeintlich leicht zu kontrollierenden Personen zu. In deren Taschen steckten die entsicherten Pistolen. Ludwig Baumann spricht mit Bedacht weiter. »Wir haben sie nicht erschießen können.« Konstruiert Ludwig Baumann hier aus der angstvollen Erstarrung die Geburt der Moral? Gestaltet er die Szene in seiner Erinnerung so, dass eindeutig wird, wie viel die Deserteure von Kameraden trennte, die in der gleichen Situation auf andere Menschen schossen? Oder hat sich alles genau so zugetragen? Das lässt sich nach all den Jahren nicht mehr mit Gewissheit feststellen. Erstaunlich ist die Gewissheit derer, die Desertion als absolut ehrloses Gebaren verdammen und sicher zu wissen meinen, wie alles wirklich zugegangen sei. Und die sich nicht stören lassen von den persönlichen Geschichten der Deserteure. Ludwig Baumann ist damals in der Haft gefoltert worden, weil man der Helfer bei seiner Fahnenflucht habhaft werden wollte. Ludwig Baumann hat die Namen seiner französischen Freunde nicht genannt.

Was Ludwig Baumann nie mehr vergessen wird, das sind die Monate voller Angst und Schmerzen, die er an Händen und Füßen gefesselt in der Todeszelle zugebracht hat, wartend auf seine Hinrichtung. Die bange Erwartung bei jedem Schlüsselklappern, nun werde man auch ihn holen und zur Erschießung schleifen. All die Monate, in denen man ihm mit sadistischem Behagen verheimlichte, dass sein Vater längst über einen Geschäftspartner, der Großadmiral Raeder kannte, die Umwandlung der Todesstrafe erwirkt hatte. Baumann hatte vor dem Militärgefängnis Fort Zinna in Torgau schon eines der berüchtigten Emslandlager hinter sich gebracht. Hier sollten sich »Wehrunwürdige« wie er das wieder erarbeiten, was die Nazis unter Würde verstanden. Die Haftbedingungen im Moor bei Esterwegen waren so brutal, dass viele KZ-Insassen mit allen Mitteln versuchten, sich umzubringen. »Sie schluckten abgebrochene Gabeln oder ließen sich von den Loren die Füße abfahren. Weil sie das Leben nicht mehr ertragen haben. Sie wollten verbluten.« Ludwig Baumann wurde nach Torgau verlegt, bevor auch er so weit war, den Tod als ersehnte Befreiung zu empfinden. In Fort Zinna achteten seine Bewacher aber darauf, dass er die ständige Nähe des Todes nicht vergaß. Sie machten sich einen Bürokratenspaß daraus, ihren Gefangenen das bevorstehende Ende hautnah zu vermitteln. Morgens gegen fünf Uhr fanden die Erschießungen ausgewählter Verurteilter statt. Die restlichen Gefangenen mussten dabei antreten und zuschauen. Die blutdurchtränkten Hemden wurden danach von den Leibern der Hingerichteten gezogen und zu weiterverwendbarer Anstaltswäsche erklärt. »Wenn man ein Hemd bekam, auf dem vorne ein kleiner und hinten ein großer Flicken war«, erklärt Baumann, »dann wusste man, dass in diesem Hemd jemand ermordet worden war.« Die Gefangenen mussten vor den Augen ihrer Kerkermeister und der ihrer Mitgefangenen Werbung laufen für die Macht der Nazis über Leben und Tod und für den Willen, diese Macht zu gebrauchen. Sie mussten die Mahnung an ihr baldiges eigenes Ende als makabres Flickensymbol durch die Zuchthaustage tragen.

Ludwig Baumann wurde nicht verrückt, und Ludwig Baumann wurde nicht ermordet. Wobei der Gnadenakt nur Kalkül der Kriegsplaner war. »Wir wurden ja dringend als Kanonenfutter gebraucht.« Ludwig Baumann und viele Schicksalsgefährten wurden von einem Strafbataillon an der Ostfront aufgenommen. Schlecht bewaffnet und unterernährt wurden sie Zeugen eines »chaotischen Rückzugs«, bei dem vor allem eines funktionierte: der Wille zur Zerstörung, die Umsetzung des auf Vernichtung der sowjetischen Lebensgrundlagen zielenden Befehls »Verbrannte Erde«. Wütend drängte die Rote Armee heran. Eine Armee, deren Soldaten mit jedem verwüsteten Landstrich, den sie durchquerten und dessen Anblick ihnen klar machte, dass es hier nicht um Eroberung, sondern um Auslöschung ihres Landes ging, begieriger wurden, die Brandfackel aufzunehmen und in die Heimat der Mordbrenner zu tragen. Dass die Deutschen sich über Grimm und Grausamkeit der vorrückenden Roten Armee wunderten, ist ein Beleg für selektive Erinnerung, für das Verdrängen der eigenen Schandtaten.

An die Geschichte des Strafbataillons erinnern sich ebenfalls nicht viele. Es gab nicht viele Überlebende. So bemüht sich Ludwig Baumann, die Bilder nicht aus dem Kopf zu verlieren. Das seines Freundes etwa, mit dem er in Bordeaux vor der Truppe geflohen war und dessen Leiche nun irgendwo in fremdem Boden in einer verhassten Uniform verscharrt wurde. Baumann selbst hat überlebt, weil eine Verletzung ihn nach Brünn ins Lazarett brachte. Dort übernahm ein tschechischer Arzt die Behandlung, und dieser Mann begriff, worum es ging und für welches Schicksal er seinen Patienten wiederherstellen sollte. Er zögerte die Heilung hinaus. Es gab nicht viele Verwundete, die drängten, sie schnell auszukurieren. Und ein Soldat musste nicht aus dem Strafbataillon kommen, um dem Tag seiner Entlassung mit Sorge entgegenzublicken. Unwillig, an die Front zurückzukehren, dabei aber bedroht vom Vorwurf der Selbstverstümmelung, die als andere Form der Fahnenflucht gesehen wurde, ersonnen die Lazarettinsassen absonderliche und gefährliche Formen, Unfälle herbeizuführen, um ihren Aufenthalt zu verlängern. Ein paar Betten weiter verfiel ein Mann auf die Idee, einen Hygieneunfall zu inszenieren. Im Baderaum goss er sich in seiner Verzweiflung eine Schüssel brühend heißen Wassers über den Körper: Ludwig Baumann stand Schmiere dabei.

Als sich seine Entlassung nicht mehr weiter verzögern ließ, setzte Ludwig Baumann sich in Marsch – nicht um den Endsieg für den Führer zu erkämpfen, sondern um in Gefangenschaft zu geraten. Sein Wunsch, wie der fast aller Kameraden, war es, »von den Amerikanern geschnappt zu werden«. Aber sein Marschbefehl, jenes Papier, das ihn vor der Erschießung durch die überall kontrollierenden Feldpolizei- und SS-Einheiten bewahrte, erlaubte nur die Bewegung nach Osten. Fassungslos begegnete er immer wieder Landsleuten, die auch noch in dieser aussichtslosen Dämmerstunde der Tyrannei nicht daran dachten, ihre Waffen wegzuwerfen und dem Wahnsinn ein Ende zu setzen. »Gehorsam über den Krieg hinaus« nennt Baumann das heute, diese Mentalität, die er nicht verstehen kann: »Am besten Strammstehen vor jedem Briefkasten.«

In einem schlesischen Dorf tauschte Ludwig Baumann seine Uniform gegen Zivilkleidung. Hier, ganz nahe an der Front, war er nicht mehr der Einzige, der sich aus den Diensten des Führers löste. Er traf eine Flakeinheit, deren Angehörige gerade ihre Papiere verbrannten und alles an Uniform, was sie durch Zivilkleidung ersetzen konnten. Aber er hielt sich abseits von denen, die vielleicht nur hofften, an Rotarmisten vorbeischlüpfen zu können, um dann doch wieder ihre Pflicht zum Soldatsein zu entdecken. Das Motorgeräusch eines Fahrzeugs fern auf der Dorfstraße empfand er nicht mehr als Bedrohung, als Teil eines Kampfs um Leben und Tod. Erschöpft hatte er sich niedergelassen, um zu ruhen, als ihn aus dem Dösen hinüber in den Frieden ein kalter Druck am Kopf riss. Ein russischer Soldat steht über ihm, drückt ihm grob eine Pistole an die Stirn und beginnt damit, Baumann Hiebe mit der Waffe zu versetzen. Blut läuft über das Gesicht des Malträtierten, der den wütenden Schwall fremder Worte nicht versteht, der auf ihn niederbricht. Erst allmählich wird ihm klar, was hier vorgeht. Der Rotarmist hält ihn für einen Werwolf, einen Nazipartisanen, der sich hier in ziviler Verkleidung in den Hinterhalt gelegt hat. Das kann sein Leben kosten. Er stößt immer wieder heraus, was ihm als kürzeste Form seiner Deserteursbiographie einfällt, was er für ein so grausiges Wort hält, dass es auch dem Russen mittlerweile vertraut sein muss: »Ich KZ, ich KZ.« Wie nahe er am Tode war, weiß Ludwig Baumann bis heute nicht. Zu dem Mann mit der Pistole drang er nicht durch. Auch dessen Kameraden, die ihn mittlerweile umringt hatten, sahen aus, als setze keiner von ihnen eine Brotkante auf den nächsten Atemzug des ertappten Deutschen. Aber ein Kommissar, der hinzukam, stieß die Waffenhand seines Untergebenen beiseite. Ihm sagte dieses seltsam zischende deutsche Wort KZ etwas. Und Ludwig Baumann, der so gerne als Befreiung erleben wollte, was so viele andere als Niederlage empfanden, begriff, dass auch der Frieden lebensgefährlich sein konnte.

Die Russen befragten und inhaftierten Ludwig Baumann nur kurz. Seine Geschichte schien ihnen stimmig, seine Papiere bewiesen, dass er nach den Maßstäben der Nazis ein wert- und ehrloser Lump war. So schaffte er es schon kurz vor Weihnachten 1945, wieder zu Hause in Hamburg zu sein. Hier aber musste er lernen, dass die Maßstäbe der Nazis noch etwas galten. Sein Vater verweigerte ihm die Umarmung zur Begrüßung. Seine Schwester begrüßte ihn mit den Worten: »Du warst eben schon immer ein Feigling.« Der verlorene Sohn war nicht willkommen, er galt als lebende Schande. Zu Hause gab es stete Kräche und Gespräche, in denen er auf nichts als Unverständnis stieß. In der Nachbarschaft, auf der Straße und in Geschäften wurde er angepöbelt und beschimpft. Wenn er erzählen wollte, wie alles gekommen war für ihn, und erklären, warum es so gekommen war, wandten sich alte Bekannte und frühere Freunde ab. Nachts warf man ihm die Fensterscheiben ein. Die Pöbeleien, Steine und gehässigen Flüstereien zielten auf Ludwig Baumann, aber sie raubten auch seinem Vater jeden Lebensmut. »Er hatte schon im Krieg darunter gelitten, dass ich als Deserteur galt«, beschreibt Ludwig Baumann heute den Mann, dem er nun endgültig entfremdet war. Ein altes Magenleiden des Vaters brach unter den ständigen Schmähungen, der bitteren Ächtung durch die Gemeinschaft derer, die man vor kurzem Volksgenossen genannt hatte, wieder auf. Er starb eineinhalb Jahre nach Kriegsende.

Ludwig Baumann fing zu trinken an. Er wollte die Albträume lindern, und er wollte von den Albträumen erzählen, in denen er wieder gefesselt in der Todeszelle lag. Aber obwohl er von seinem Erbe die Lokalrunden schmiss, wollte keiner ihm zuhören. Eine Kameradensau wie er, bekam er immer wieder gesagt, solle gefälligst die Fresse halten. So geriet er in Schlägereien, Wirte riefen die Polizei, und wenn die nach ihm griff, beschimpfte Ludwig Baumann die Beamten als Nazis. Dann setzte es Hiebe mit dem Knüppel – umso mehr, wenn er die frühere Karriere der Uniformierten richtig getroffen hatte. Er konnte nicht verkraften, dass Menschen, die in seinen Augen schuldig geworden waren, noch in Amt und Würden standen, er aber als Abschaum galt. Von den Wohlwollendsten wurde er als bloßer Querulant abgestempelt. Er stürzte ins Bodenlose, er machte sich die Verachtung der anderen zu Eigen. Er glaubte nun daran, die anderen hätten es richtig und er auf widerliche Weise falsch gemacht. Der Dauersuff half, die Welt auf den Kopf zu stellen. Nach drei Jahren war das Tabakladenimperium des Vaters durchgebracht. Der verachtete Krösus und Rundenschmeißer vom Kiez stand vor dem Nichts, mit einem Bein über dem Abgrund, mit dem anderen in einer Vergangenheit, die ihn für nichts als den Abgrund freigeben wollte.

In seinen gelernten Beruf als Maurer konnte er nicht mehr zurück. Er fühlte sich körperlich zu geschwächt. Aber er fürchtete auch die Männerklüngel auf den Baustellen, die Fortsetzung der Kameradschaftsrituale aus dem Krieg. Er versuchte sich als Vertreter, verkaufte in Flüchtlingslagern auf dem Land Gardinen und Radios. Reiste allein unter Leuten, die ihn nicht kannten. Das half ihm ein wenig, tags mit sich zurechtzukommen, er lernte seine Frau kennen, verliebte sich, versuchte weniger zu trinken, gründete in Bremen eine Familie. Die Albträume blieben. Das Trinken bekam er nicht in den Griff, das belastete die Familie, Baumann bekam Angst um jene kleine Welt, in der er mehr war als ein Feigling und Verräter. Er trank wieder mehr. Die Spirale aus Angst, Suff, Streit, noch mehr Angst drehte sich. Die Baumanns wurden eine kinderreiche Familie, vielleicht, weil jedes Kind den Willen der beiden Eltern symbolisieren sollte, es weiter miteinander zu versuchen. Bei der Geburt des sechsten Kindes starb die Mutter. Baumann zermarterte sich das Gehirn mit dem immer gleichen Gedanken: »Wär doch bloß ich gestorben.« Und verachtete sich an Tagen, an denen es ihm vorkam, als sei das nun wirklich der Gedanke eines Feiglings. Er brachte viele Nächte in der Kneipe zu, während die Kinder zu Hause aufeinander aufpassen mussten.

Die Schwierigkeiten, Erfahrungen und Selbstzweifel Ludwig Baumanns spiegeln sich im Leben vieler Wehrmachtsdeserteure. In der Bundesrepublik galten die Überlebenden der Zuchthäuser und Strafkompanien als Vorbestrafte. Ihren einstigen Richtern erging es besser, die wandelten als Ehrenmänner durch die Republik. Belangt wurde kein Einziger, im Gegenteil. Die meisten sprachen wieder Recht oder machten anderweitig Karriere, wie der Marinerichter Hans Karl Filbinger, der es zum Ministerpräsidenten Baden-Württembergs brachte, schließlich aber spät, im Jahre 1978, doch noch über Todesurteile stolperte – vielleicht aber auch nur über seinen Unwillen, ein einziges Mal sein Bedauern über sein damaliges Verhalten auszudrücken. Bis Mitte der sechziger Jahre, führt der Leiter der Torgauer Gedenkstätte, Norbert Haase, aus, »kamen weit über 200 ehemalige Kriegsrichter in einer straff organisierten Kameradschaft regelmäßig alle zwei Jahre zusammen«. Dabei strickten sie an ihrer eigenen Legende. Ihr Ziel war, so Haase, »neben ihrer juristischen und politisch-moralischen Entlastung auch das umfassende historische Deutungsmonopol ihres eigenen Wirkens vor 1945«. Die ehemaligen Kriegsrichter nahmen die Geschichtsschreibung gleich in die eigenen Hände. Die Federführung hatte der ehemalige Heeresrichter Eberhard Baring inne. Er schrieb 1957, da war er Landessozialgerichtsrat in Celle:

Es wäre bedauerlich, wenn die Taten und Leistungen der deutschen Militärgerichtsbarkeit in Frieden und Krieg in Vergessenheit geraten würden, weil sie nicht aufgeschrieben werden. Eine Rechtfertigung gegenüber den Angriffen von meist Unwissenden und Unberufenen in der vergangenen Zeit wäre sicher am Platze. Für die Zukunft wird uns die Bundeswehr für solche Aufzeichnungen dankbar sein. Unsere Erfahrungen festzuhalten ist Pflicht gegenüber den kommenden Generationen. Wir haben auch kein schlechtes Gewissen, so dass wir etwas zu verschweigen hätten.

Der Einfluss der ehemaligen Militärrichter reichte bis hinein in die Entscheidungen der Sozialgerichte, urteilt Haase. Diesen Einfluss bekam noch spät auch Ludwig Baumann zu spüren. Er geriet in einen schriftlichen Disput mit der zuständigen Versorgungsbehörde über seinen Beihilfenanspruch. Aus dem Ablehnungsbescheid der Oberfinanzdirektion trieft kalter Zynismus. Beamte der Bundesrepublik glauben, und sie stehen dabei fest auf dem Boden der Rechtssprechung, lieber den Akten der nationalsozialistischen Machthaber als den Aussagen der Opfer. Und wo Akten vernichtet wurden, gilt die Wahrheit als unauffindbar. Ludwig Baumanns Weg durch Konzentrationslager und Wehrmachtgefängnisse ist für die Bürokratie nicht mehr zu greifen. Dass sich Körper und Seele des Mannes bis heute unter den Erinnerungen krümmen, gilt Behörden als Privatangelegenheit, mit der sie dank fehlender Stempel der Folterknechte nichts zu tun haben müssen. Wie ein Fußtritt gegen einen, der schon am Boden liegt, wirkt der Behördenbrief vom 11. August 1992. Ludwig Baumann hatte um Beihilfe für Opfer von nationalsozialistischen Unrechtsmaßnahmen im Rahmen des Allgemeinen Kriegsfolgegesetzes vom 7. März 1988 ersucht. Das Antwortschreiben der Oberfinanzdirektion Köln verwirft nicht einmal in Bausch und Bogen Baumanns Darstellungen, es macht nur klar, dass sich eine Behörde für die vermutliche Realität nicht zu interessieren braucht:

Wenn auch aufgrund der durchgeführten Ermittlungen und Ihren eigenen Angaben davon ausgegangen werden kann, dass Sie in der Zeit vom 19. 05. 1943 bis 02. 11. 1943 in Torgau inhaftiert waren, so kann diese Inhaftierung doch nicht nach § 7 Abs. 2, Ziffer 1 der Richtlinien berücksichtigt werden, da Torgau erst für die Zeit vom 04. 09. 1944 bis 26. 04. 1945 als Konzentrationslager ausgewiesen ist. Gleiches gilt für Ihre Inhaftierung in Torgau im Anschluss an die zweite Gerichtsverhandlung in Bordeaux im Jahre 1944 bis zu Ihrer Eingliederung in das Strafbataillon 500 im August 1944.
Auch wenn die Lebensbedingungen in Torgau schon vor dem 04. 09. 1944 äußerst hart und entbehrungsreich waren, zeigen die historischen Erkenntnisse, dass sie nicht mit denen in einem Konzentrationslager vergleichbar waren.
Da § 7 Abs. 2, Ziffer 1 der Richtlinien ausdrücklich einen mindestens neunmonatigen KZ-Aufenthalt voraussetzt,

kann Ihr Aufenthalt in Torgau im Rahmen dieser Vorschrift nicht berücksichtigt werden.
Soweit Sie vortragen, gegen Ende 1943/Anfang 1944 für zwei bis drei Monate in den Emslandlagern inhaftiert gewesen zu sein, kann dieser Zeitraum aufgrund der durchgeführten Ermittlung als Inhaftierungszeit gewertet werden. Da Sie nach eigenen Angaben bei der zweiten Verhandlung in Bordeaux am 09. 03. 1944 persönlich anwesend waren, muss Ihr Aufenthalt im Lager III Brual Rhede jedoch spätestens Anfang 1944 beendet gewesen sein.
Für einen weiteren Aufenthalt in einem Konzentrationslager ergeben sich keine Anhaltspunkte.

Der Passus schließt mit einer ungeheuerlich doppeldeutigen Wendung: *Eine mindestens neunmonatige Inhaftierung in einem Konzentrationslager konnte daher zu meinem Bedauern nicht nachgewiesen werden.*

Ludwig Baumanns Inhaftierung als, wie es in eckigem Beamtendeutsch heißt, »eine willkürliche oder eine Freiheitsentziehung entsprechend § 2 Abs. 2 in einer anderen Haftstätte im Sinne des § 43 Abs. 2 BEG von mindestens achtzehn Monaten Dauer« einzustufen, sieht sich die Behörde ebenfalls außer Stande. Ihre Begründung: Ludwig Baumanns Todesstrafe sei bereits sechs Wochen nach seiner Verurteilung zum Tode in eine Zuchthausstrafe von zwölf Jahren umgewandelt worden. Für das »tatsächliche erlittene Schicksal« seien nur diese sechs Wochen maßgebend – nicht die acht Monate, die er in völliger Unkenntnis seiner Begnadigung täglich mit seiner Hinrichtung rechnen musste. Ludwig Baumann hat, erklärt das Schreiben im Ton von DIN-Verordnungen über die Mindestwanddicke von Balkonblumenschalen, keine Härten erlitten. Auch sei das nationalsozialistische Deutschland mit seiner Praxis, Fahnenflucht unter hohe Strafe zu stellen, nicht von jener Strafrechtpraxis abgewichen, der auch demokratische Staaten westlicher Prägung folgten. Lange noch galt Hans Karl Filbingers Verteidigung seines eigenen Verhaltens als Staatsmaxime: »Was damals Recht war, kann heute nicht Unrecht sein.«

Erst am 16. November 1995 erging das Grundsatzurteil des fünften Senats des Bundesgerichtshofes, wonach die NS-Militärjustiz »nicht zu Unrecht als Blutjustiz« und deren Richter als »Kapitalverbrecher« zu bewerten seien. Erst am 15. Mai 1997 stellte der Deutsche Bundestag fest, dass der Zweite Weltkrieg »ein Angriffs- und Vernichtungskrieg, ein vom nationalsozialistischen Deutschland verschuldetes Verbrechen« war. Fünf Jahre später endlich, am 17. Mai 2002, verabschiedete der Bundestag ein Gesetz, das die NS-Urteile gegen die Deserteure pauschal aufhebt und ihnen die Einzelfallüberprüfung erspart. Für die meisten Menschen mit einem Schicksal wie dem von Ludwig Baumann kommt diese Besinnung viel zu spät. Ins Grab kann man kein Amtsblatt mehr zustellen. Beendet ist die Diskussion um Wertung, Gedenken und Respekt damit noch lange nicht. Sie flammt eher neu auf, wenn die Schicksale der Deserteure mit denen ihrer Folterer gleichgestellt werden. Ludwig Baumann weiß, dass er nicht mehr lange hier sein wird, um an dieser Diskussion teilzunehmen. Ihn quält der Gedanke, dass die Täter von damals unter den Nachgeborenen viele Anwälte gefunden haben, die Deserteure nur wenige.

»*Wir waren die besseren Soldaten.*«

Ein Normandiekämpfer hält die Gaskammern von Auschwitz für eine Geschichtslüge

Das Idyll liegt am Ende einer Sackgasse. Hinter dem Haus beginnt die Natur. Vor dem Haus schneidet Ulrich Huber* Rosen. Das tue er immer, wenn er auf jemanden warte, sagt er, es sei eine Tätigkeit, die man jederzeit unterbrechen könne. Er bittet herein, er weist auf die Garderobe – »hier können Sie schon mal ablegen« – und verfällt wieder in den Ton seines ehemaligen Berufs, den eines Arztes, der eine Patientin begrüßt. Die tägliche Arbeit prägt einen Menschen. Huber bittet in sein Sprechzimmer, nimmt selbst hinter seinem Schreibtisch Platz und legt die Fingerspitzen der rechten und linken Hand in gespannter Erwartung aufeinander. Sein Stuhl ist höher als jener für Besucher. Hin und wieder behandelt der Achtundsiebzigjährige in diesem Zimmer heute noch Privatpatienten. Er ist Arzt in der vierten oder fünften Generation, auch sein Sohn ist der Familientradition treu geblieben.

Doch bevor Ulrich Huber Student und dann Mediziner wurde, war er Soldat. Ein Jahr und drei Monate lang. Im Mai 1944 kam der Achtzehnjährige als Fallschirmspringer in der Normandie zum Einsatz, gerade rechtzeitig zur Landung der Alliierten am 6. Juni. Aber für ihn gab es kein Zagen, kein Hadern mit dem Schicksal angesichts des raschen Hinsterbens der Kameraden. Hätte man ihn damals gefragt, warum er die Front nicht als Verdammnis, sondern als den angemessenen Platz und Wirkungskreis für sich sah, hätte er vielleicht geantwortet, er trage eben ein deutsches Kämpferherz in der Brust. Noch heute jedenfalls antwortet er auf die Frage, ob es da nicht einen großen Widerspruch gegeben habe zwischen der Begeisterung für das Soldatsein und dem Drang zum Heilberuf: »Wenn ich kämpfe, kann ich für das Leben eines Patienten ebenso kämpfen, wie ich mein Vaterland vor Eindringlingen schützen kann.«

Ulrich Huber war früh überzeugt, zur Elite zu gehören. Und in Hitlers Reich galten die Fallschirmjäger als Elite, die Waffengattung, die stolz mit Fotos des Boxweltmeisters und Fallschirmjägers Max Schmeling sprungbereit in der Tür einer Ju 52 Werbung für sich machte. Für den Arztsohn, der das Segelfliegen zu seinem Hobby gemacht hatte, stand es außer Frage, dass auch er nur in dieser Truppe richtig untergebracht sein würde. Elitebewusstsein durchdringt noch heute jeden Gedanken des pensionierten Arztes. »Wir waren die Besten«, stellt er kategorisch fest und nennt den Kampf gegen die Alliierten in der Normandie ohne Zögern noch immer »einen Verteidigungskrieg«. Ulrich Huber sieht das Vergangene noch immer mit dem Blick des Frontkämpfers. Wo es nicht um Ursache und Wirkung, sondern um Zielen und Treffen, nicht um Schuld und Verantwortung, sondern um Deckungfinden und Geländenutzung geht. Der Blick für die Ursachen, die politischen Zusammenhänge hat hier keine Bedeutung. Hier zählt nur »er oder ich«.

Diese Front war für Ulrich Huber, der von einem nach frischen Soldaten gierenden Staat eilig durchs Notabitur getrieben wurde, kein Ort des Schreckens, sondern einer der ersehnten Bewährung. Er habe, sagt er, »alles darangesetzt«, an diesem Krieg endlich selbst teilnehmen zu dürfen. Er wollte ihn unbedingt, den Kampf, das Kräftemessen, den Einsatz des eigenen Lebens. Das musste auch sein Vater akzeptieren, der bereits einen Sohn verloren hatte. »Den Ulrich mach ich sowieso nicht anders«, soll er gesagt haben, »der ist der geborene Soldat.«

Was immer das sein mag, ein geborener Soldat – ein erzogener sieht so aus: Napola-Ausbildung, Springerschule, Nahkampfschule. Aber Ulrich Huber hat auch etwas mitgebracht in diese Ausbildung. Unerschütterliche Vorstellungen von seinem Leben nach dem Krieg, ein irrationales Bewusstsein der eigenen Unantastbarkeit. Kampf, das war für ihn etwas, aus dem er selbst nur als Sieger hervorgehen konnte. Sterben, das war der Part des Gegners. Es sollte sich auch als der Part der Kameraden erweisen. Nur drei aus seiner Einheit haben überlebt. Drei von 220. Ulrich Huber lässt auch das nicht an Sinn und Berechtigung seines damaligen Einsatzes zweifeln. »Man bleibt bei der Fahne«, beschreibt er seine damalige Überzeugung. Sie reicht bis in die Gegenwart. Sinn in dem Kampf zu sehen, das ist seine Art, Kameradschaft über den Tod hinaus zu wahren, Loyalität mit denen zu zeigen, denen keine Lebenszeit zum Entwickeln von Zweifeln mehr blieb. Er mag den Toten nicht vorwerfen, ihre Tage auf Erden für eine falsche und verkommene Sache weggeschleudert zu haben. Ihr Opfer darf kein Irrtum sein. Ulrich Huber zitiert das Lied der Fallschirmjäger. »Wir wissen nur eines, wenn Deutschland in Not, zu kämpfen, zu siegen, zu sterben den Tod.« Erst neulich haben sie es wieder gesungen, als auch Ulrich Huber zum sechzigsten Jahrestag der Landung der Alliierten zum großen Festakt in die Normandie gereist ist. Zum ersten Mal nach fast einem ganzen Menschenleben. Um sich zu erinnern ans Kämpfen, Siegen und Sterben. Aber nicht, um zu bedauern, dass es dieses Kämpfen gab.

Wie viel Tod verträgt ein Mensch? Wie viel Tod passt auf ein Foto? Wenn Ulrich Huber Familienbilder zeigt, klingt das so: »Das ist mein Onkel. Er war Offizier. Er ist gefallen.

Das ist mein Bruder, der ist auch gefallen.

Das ist mein Vater als Sanitätsoffizier.

Das ist meine Schwester. Die, deren Mutti dann starb.

Das ist mein Bruder Reinhard, der dann in Russland gefallen ist.

Und das bin ich als Flakhelfer.«

Ulrich Huber unterscheidet zwischen seinen Brüdern. Nur einer von ihnen trägt beim Erzählen einen Vornamen. Dieser Reinhard und er haben die gleiche Mutter. Der andere ist ein Stiefbruder, und mit ihm versteht er sich im Alter nicht mehr richtig. Man ist auf Distanz zueinander gegangen. Er zieht noch eine Fotografie hervor.

»Das ist das Grab von meinem Bruder Reinhard.

Das bin ich als begeisterter Flieger. Da waren wir noch kurz bei der Flak.

Das ist in der Nahkampfschule in Salzwedel aufgenommen.

Das war ich als Leutnant. Das war mein Zug.«

Wie viel Krieg verträgt ein Leben? Macht es das Weiterleben leichter, sich das Schlachten und Geschlachtetwerden zum Spiel zu erklären, das nach einem genauen Regelwerk jenseits von Ideologie und Politik abläuft? Wann wird der Selbstschutz zur Ignoranz? Zur willentlichen Verleugnung des historisch Belegten?

Ulrich Huber betrachtet noch mehr alte Fotografien. Er hat sie in den Einbauschränken seines Sprechzimmers verstaut. »Das ist alles über meine Kriegszeit«, hat er gesagt, bevor er die Schranktüren geöffnet hat. Dahinter stehen dicht gedrängt Bücher, viele mit Frakturschrift auf dem Rücken. Das Jahrbuch der Napola. Die Werke des Briten David Irving, eines gerichtsnotorischen Auschwitzleugners. »Der jetzigen historischen Forschung glaube ich fast überhaupt nicht«, sagt auch Ulrich Huber. In seinem Weltbild kommt die fabrikmäßige Judenermordung nicht vor. Er ist ein gläubiger Anhänger von Irvings Thesen, er beharrt darauf, die Gaskammern habe es »überhaupt nicht gegeben«. Die Zahl von sechs Millionen ermordeter Juden hält Ulrich Huber entgegen aller Forschung, »wenn ich es sagen darf«, für ein »Märchen«. Er hat seine eigenen Kronzeugen für die »wahre deutsche Geschichte«, wie er sie nennt. Die Nennung ihrer Namen allein macht Gänsehaut. Es handelt sich um Beteiligte am Massenmord an Juden, Sinti und Roma und politisch Unerwünschten.

Unter Ulrich Hubers Kronzeugen befindet sich zum Beispiel Victor Capesius. Bis das Amtsgericht Frankfurt am 3. Dezember 1959 Haftbefehl gegen den Apotheker Dr. Victor Capesius erließ, hatte er im Nachkriegsdeutschland unbehelligt eine Apotheke und ein Kosmetikinstitut geführt. Zwar war er kurz nach dem Krieg, als ihn ein ehemaliger KZ-Häftling bei einer Bahnfahrt erkannt hatte, für eine Weile von den Amerikanern interniert worden. Aber 1947 entließ man ihn in ein bürgerliches Leben. Er arbeitete zunächst in einer Apotheke in Stutt-

Auf Victor Capesius (mit Sonnenbrille) beruft sich Ulrich Huber, wenn er die Existenz der Gaskammern leugnet

gart, dann machte er sich in der Abgeschiedenheit der schwäbischen Provinz selbstständig. Hier lernte er Ulrich Huber kennen. Die beiden Honoratioren gingen gern zusammen zur Jagd. Viele kennen das Foto von Victor Capesius, auch wenn ihnen der Name nicht geläufig sein mag. Victor Capesius war einer der Angeklagten in den Auschwitzprozessen, derjenige der Angeklagten, der auf allen Bildern aus dem Gerichtssaal immer nur mit dunkler Sonnenbrille zu sehen ist. Jener ehemalige SS-Sturmbannführer aus Siebenbürgen also, der beschuldigt wurde, als Lagerapotheker des Konzentrationslagers Auschwitz zusammen mit dem Arzt Josef Mengele an den

Selektionen an der Rampe von Auschwitz-Birkenau beteiligt gewesen zu sein. Jener Apotheker, der wissentlich das »zur Vergasung der Häftlinge von ankommenden Transporten und Häftlingen bestimmte Giftgas Zyklon B verwaltete und die jeweils zu einer Vergasungsaktion benötigten Mengen herausgegeben haben soll«. So steht es im Haftbefehl des Frankfurter Amtsgerichts vom 3. Dezember 1959. Der Angeklagte, der Zeugen, die ihn im Auschwitzprozess im Juni 1964 wiedererkannten, laut auslachte; der Mann, dem das Gericht die Beteiligung an 8000 Morden nachweisen konnte und den es zu neun Jahren Gefängnis verurteilte. Dieser Mann wurde für Ulrich Huber zum Gewährsmann für die »wahre deutsche Geschichte«.

Er beruft sich auf ihn mit einer Forschheit und Selbstsicherheit, die in keiner noch so kleinen Geste Mitgefühl für die Opfer der deutschen Tötungs- und Vernichtungsmaschine erkennen lässt. Ist da Verblendung am Werk, will da einer wirklich nicht wissen, dass es den Holocaust gegeben hat? Oder herrscht da aus ideologischen Gründen vollkommene Gleichgültigkeit gegenüber denen, die ermordet wurden? Ulrich Huber winkt ab, als müsse er eine tausendmal gehörte Banalität zurechtrücken. Für ihn ist der Holocaust ein Ammenmärchen. Es gibt kein Zögern und kein Innehalten, wenn er die historischen Fakten bestreitet. In seinem Weltbild ist nur Platz für Soldaten – und für »wahnsinnige Verluste«. Wenn er diese beiden Worte spricht, wird seine Stimme für einen Moment leiser. Gefallene deutsche Soldaten rühren etwas an in ihm. Die Deportierten, Gequälten, Vergasten und Erschlagenen, deren Schicksal nicht einmal der Apotheker Capesius ganz zu leugnen wagte, scheinen ihm dagegen nur künstliche Spielhütchen einer Propagandapartie. Auschwitz, Treblinka oder Theresienstadt, das sind für ihn Phrasen derer, die er als die Gegenseite sieht.

In Ulrich Hubers Historienfundus gibt es keine Zivilisten, weder Frauen noch Kinder noch Alte. Es geht hier zu wie auf der Dioramenplatte eines Zinnfigurensammlers. Dicht an dicht und nahezu zweidimensional stehen hier »tapfere Soldaten«, die »wie Löwen gekämpft haben«, die mit Infanteriewaffen eine anrollende mechanisierte Armee zu stoppen versuchten. Es gibt einen Himmel voller Flugzeuge, Kanonendonner und Geschützfeuer der alliierten Schiffe, aber kein Zugwegenetz, das an die Selektionsrampen von Auschwitz führt. Wenn er von zähem Widerstand und erzwungenem Rückzug erzählt, dann denkt er nicht an den Zeitgewinn, den er und seine Kameraden den Mördern verschafft haben. Dann denkt er an eine soldatische Leistung, an eine Art todernsten sportlichen Wettbewerb, dessen Ausgang er sich anders wünscht. Er weiß, »da war nichts mehr zu machen«. Aber er ist bitter darüber. Denn im Erzählen tut er so, als sei es nicht um Ideologie, Gesellschaftsformen und Menschenrechte gegangen, sondern um den Lohn für eine Leistung. Für ihn gab es einen Betrug der Geschichte an den besseren Athleten. »Wir waren die besseren Soldaten. Die Amerikaner waren keine guten Soldaten.« Das deklamiert er nicht einfach als Aussage über ein Detail, sondern als den einzig richtigen Blickwinkel auf die letzten Kriegsjahre.

Ulrich Hubers Stimme bleibt auch fest, wenn er vom Tod seines Bruders spricht. »Du wirst mich nicht wiedersehen«, hatte Reinhard beim Abschied im Sommer 1943 zu Ulrich gesagt. Reinhard war gerade erst von einer Verwundung genesen. Er hatte einen der Widersprüche dieser Jahre klaglos ertragen – gesünder zu werden, das hieß, dem Tod wieder näher zu rücken. »Ulrich, jetzt gibt's wieder einen Einsatz«, hat er gesagt, als seine Kräfte wiederkehrten. Ulrich Huber erinnert sich an die Tränen, die dem Bruder dabei übers Gesicht liefen. Aber er will von den letzten Momenten mit dem Bruder, der zu seiner Panzergrenadierdivision an die Ostfront abrückte, fest und ruhig berichten, vielleicht auch mit einem grimmigen Stolz. »Er ist beim Erstürmen eines Bunkers alleine rausgesprungen. Und dann ist er auch schon getroffen worden.« Was immer Ulrich Huber an Schmerz spüren mag, an Verlust, er behandelt ihn als strenge Privatsache.

Er habe den Krieg zur Seite geschoben und weggepackt, sagt Ulrich Huber. So wie er die Fotos auch wieder wegschließen könne, wenn er sie angesehen habe. »Ich muss innerlich frei werden«, bekennt er und versucht nun doch einen Moment zu erklären, wie er sich von einer Last befreit hat, die sich mit dem Stolz auf deutsche Zähigkeit verbunden habe. Er habe eine Frau und eine Tochter, setzt er an. Und bricht den Satz nun doch in der Mitte ab. Man merkt auch so: die Last, das sind die Toten an der Front. Nicht die Ideen und Menschen, die den Nationalsozialismus und den Krieg erst möglich gemacht haben und denen dieser Krieg Verweildauer verschaffte. Ulrich Huber trennt streng, was nicht zu trennen ist.

Aber der Krieg lässt sich eben nicht aus einem Leben wegsperren wie Bücher, Orden, Fotos. Er verschafft sich Zutritt zur Gegenwart. Er erregt Ekel, aber auch Faszination. Er tritt in jeder Nachrichtensendung auf die Bühne. »Nie wieder, nie wieder«, sagt Ulrich Huber und meint seine Heimat. »Jetzt ist Schluss. Jetzt führen die anderen Krieg. Wir sind geheilt.«

Aber obwohl er die Erinnerung an den Krieg loswerden will, ist er wenige Wochen vor diesem Gespräch zum ersten Mal nach 60 Jahren wieder in der Normandie gewesen. Er war nicht aus touristischen Gründen irgendwo in der weiteren Umgegend, er war bei der Gedenkfeier zur Erinnerung an die Invasion. Alle Erinnerungen, sagt er, seien sofort wieder ganz überwältigend gegenwärtig gewesen: das Dröhnen der Flugzeuge, das Jaulen und Pfeifen der Schiffsartillerie, die Bilder der sterbenden Soldaten. Ulrich Huber ging noch einmal an den Strand, an dem er damals eine erste Ahnung von der Übermacht des Gegners bekam. Wo immer neue Landungsboote immer weitere Truppen aussetzten, als deutsche MG-Stellungen die jungen Soldaten der ersten Boote schon niedergemäht und damit unfreiwillig einen schwachen Kugelfang aus zerfetztem Fleisch für die Marineinfanteristen der nächsten

Welle geschaffen hatten. Wäre da nicht dieses schreckliche Leugnen all dessen, was hinter der Front geschah, könnte man ein wenig Verständnis aufbringen für die Soldatenverklärung dieses alten Mannes, für seinen Versuch, beschwichtigenden Frieden mit unvorstellbaren Erinnerungen zu schließen.

Aus hundert Metern Höhe ist Ulrich Huber damals abgesprungen, den Alliierten entgegen, ein schweres Maschinengewehr vor der Brust. Wenn Kameraden von ihm da schon Zweifel gehegt haben mögen, so war ihm noch immer gewiss, dass seinesgleichen, die Elite des Reichs, buchstäblich als der Zorn des Himmels über den Feind kommen sollten, um Deutschland nach dem Willen der von Hitler oft beschworenen Vorsehung zu retten. Schon beim Aufkommen auf dem Boden hat er sich, viel zu schwer von Waffe und Ausrüstung, einen Wirbel gebrochen. Er blieb nicht liegen, er stand auf und wollte kämpfen, siegen oder einen rauschartigen Heldentod finden, wie seine Generation das aus Ernst Jüngers Schriften kannte. Als er endlich aus der Linie gezogen werden konnte und ein Lazarettarzt in den Niederlanden die Schwere der Verletzung diagnostizierte, das Ende der Verwendungsfähigkeit auf lange Zeit, da spürte Huber Wut, Enttäuschung und, wie er das ungebrochen nennt, soldatisches Pflichtgefühl. Die Elite, so dachte er, besteht nicht aus Knochen, sondern aus Willen. Er fegte die Diagnose beiseite, er schlug den ärztlichen Rat aus und entließ sich selbst aus dem Lazarett. Gleich vom Stabsfeldwebel am Zelteingang forderte er in einem mehr als symbolischen Akt seine Waffe zurück, eine Walther 08, wie er noch heute eine im Schrank liegen hat, und suchte sich auf eigene Faust eine kämpfende Einheit. Ulrich Huber muss der Traum jedes Endsiegtrommlers der Propagandakompanien gewesen sein. Er, der elitestolze Springer, schloss sich nun einer Infanterieeinheit an, um schnellstmöglich wieder an den Feind zu kommen. »Deshalb habe ich auch das Infanteriesturmabzeichen«, erklärt er, später kam noch die Nahkampfspange dazu. Für fünfundzwanzig exakt notierte und beglaubigte Nahkampfeinsätze. »Ich war eiskalt«, beschreibt der alte Huber die jüngere Version seiner selbst, die Adrenalin oder Fanatismus alle Rücksicht auf sich und andere vergessen ließ. Als die Infanterie unter dem Druck der Alliierten zurückwich, wollte er nicht wahrhaben, was da geschah, und schon gar nicht daran teilhaben. Er blieb hinter seinem MG verschanzt, bis die anderen abgezogen waren, gab erst auf, als ihm klar war, dass er nun keinen Flankenschutz mehr hatte und keinen militärischen Sinn mehr erfüllte. Dann machte er sich auf und durchstreifte Gelände, das die deutsche Wehrmacht schon geräumt und die Alliierten noch nicht besetzt hatten. In diesem Niemandsland fand er schließlich eine Fallschirmjägereinheit, Männer wie er, geführt von einigen seiner alten Offiziere. Er blieb »bis zum letzten Tag bei dieser Einheit«. Manchmal klingt er, als meine er damit: bis heute.

In Caen saß er jüngst mit Kameraden von damals zusammen. Niemand habe sich daran gestört, dass viele Orden, die zu diesem Anlass an die Revers der nun zivilen Jacken geheftet worden waren, auch mit dem Hakenkreuz verziert waren. Das erwähnt Ulrich Huber in einem bitteren, fast höhnischen Tonfall, der sich auf den Eklat bezieht, den solch ein Treffen in Deutschland verursacht hätte. Gestört hat die Veteranen in Caen nur Gerhard Schröder, der als erster deutscher Regierungschef zu den Feierlichkeiten der Alliierten eingeladen war. Der Bundeskanzler sprach von der deutschen Schuld. Ulrich Huber erzählt das so: »Herr Schröder hat Deutschland beschimpft.«

Doch die alten Kameraden, die gemeinsam die Soldatenfriedhöfe besucht haben, feierten ihr Gedenken nicht entlang alter Frontlinien. Huber und die anderen alten Herren mit den Orden und Ehrenzeichen des Hitlerstaates an der Brust haben auch französische und amerikanische Kriegsveteranen getroffen. Das habe gut getan, seufzt Huber, denn sie seien von ihren ehemaligen Feinden »anerkannt« worden, wie er das stolz, aber wieder nicht ohne Bitterkeit ausdrückt. Diese Anerkennung des verbissenen Kampfes für etwas, das mit dem Begriff Vaterland nicht beschrieben, sondern zugedeckt wird, wünscht sich Ulrich Huber seit Jahrzehnten zu Hause in Deutschland, von Mitbürgern, Staat und Schulbüchern. »Du hast deine Pflicht getan«, beschreibt er immer wieder seinen Kriegseinsatz. Und schiebt dann etwas nach, was keine reuige Distanzierung sein soll, sondern Abschottung gegen Undank: »Aber jetzt ist es für mich erledigt.«

Vorerst erledigt war der Krieg für Ulrich Huber am 4. Mai 1945 in Bremerhaven. Ein britischer Leutnant und ein Obergefreiter nahmen ihn gefangen. Sie riefen ihm zu, Deutschland habe kapituliert. Huber kam gar nicht in den Sinn, so etwas Dramatisches könne List und Lüge sein. Er hielt die Spielregeln ein und legte seine Waffe nieder.

»Hitler was a bad man«, belehrte ihn danach einer der Briten. Huber demonstrierte, dass er nur den bewaffneten, nicht den inneren Widerstand aufzugeben gedachte. »Churchill was a bad man«, konterte der erst Neunzehnjährige. Im Gefangenenlager in Jever – beim Einmarsch ins Lager, erinnert er sich, habe die Bevölkerung ihnen zugewunken – wurde er Offizier vom Dienst, zuständig für Sicherheit und Ordnung. Auch das war für ihn ein Zeichen, dass die stramme Elite mit ihren soldatischen Tugenden so falsch nicht gelegen haben konnte, dass auch die neuen Machthaber einem wie ihm Respekt zollten. Sein Entlassungsschein ist auf den 31. August 1945 datiert. Für Ulrich Huber war und ist das ein Beleg, dass abgegolten wurde, was abzugelten war.

Er sah darum dem Fragebogen der Amerikaner, den er noch vor dem Studienbeginn ausfüllen musste, nicht mit Unruhe entgegen. Er war im Reinen mit sich.

Wohl nicht nur der Chefredakteur der in Ulrich Hubers Heimatstadt erscheinenden Tageszeitung betrachtete schon damals das Entnazifizierungsverfahren mit Skepsis, wenn er schrieb: »Es kann stark bezweifelt werden, ob alle Entlasteten und Mitläufer, ja selbst viele, die ›vom Gesetz nicht betroffen‹ sind, völlig frei von nationalsozialistischem Denken sind oder auch nur den Willen haben, sich selbst davon frei zu machen. Es wäre ganz einfach eine Selbsttäuschung, wenn man annehmen wollte, dass das Befreiungsgesetz irgendeine positive Wirkung in dem Sinn gehabt habe, nationalsozialistisches oder militaristisches Denken zu überwinden oder seinen Einfluss auszuschalten.« Sein Artikel schließt mit einem wenig ermutigenden Urteil für die Zukunft: »Die Abschlussstatistiken der Spruchkammern, in denen es fast keine Hauptbeschuldigten und nur wenige Belastete gibt, stehen zur Wirklichkeit des Dritten Reichs in einem grotesken Widerspruch, dass man darüber kein Wort zu verlieren braucht.« Ulrich Huber wurde als Mitläufer ein Jahr nach seiner Heimkehr entnazifiziert.

Bis es so weit war, erwies sich Ulrich Hubers Besuch einer Nationalpolitischen Erziehungsanstalt kurzzeitig als Studienhemmnis. »Das war das Schlimmste, was einem passieren konnte«, sagt er. Dass er an den Universitäten Tübingen, Freiburg und Würzburg aus »politischen Gründen« keinen Studienplatz bekam und man ihm in Karlsruhe das Studium der Pharmazie verweigerte, bezeichnet er heute als »Schwierigkeiten«. Das lag für ihn in einem nicht nachvollziehbaren Vorgehen der Universitäten begründet, nicht in seiner eigenen Person. Schuldig? »Das fühlten wir uns überhaupt nicht«, wehrt er ab. »Wir waren die Besten«, aber die anderen waren eben die Sieger. Dieses Faktum musste er anerkennen. Aber den Nürnberger Prozess gegen die führenden Köpfe des Naziregimes und dessen Unterstützer erklärte er damals kurzerhand zur Siegerjustiz – zur unfairen Machtgeste, die nichts mit Gerechtigkeit zu tun hatte, zu einem Nachkarten zum verlorenen Krieg, das ihm so sinnlos schien wie seine Studienerschwernis.

Dabei funktionierte dieser Blockadeversuch der Belasteten nicht einmal richtig. Von einer Zufallsbekanntschaft auf dem

Flur des Arbeitsamtes erfuhr Ulrich Huber von einer katholischen Hochschule im Schwäbischen, die auch eine medizinische Fakultät habe. Der Rektor dort, ein Geistlicher, stellte nur eine Frage: »Haben Sie irgendeinem Menschen etwas getan?« Auf des Bewerbers Antwort, er habe nur als tapferer Soldat gekämpft, folgte die Absolution, was Huber wieder einmal Zustimmung zu seinem Selbstbild vermittelte: »Dann ist gegen Ihre Immatrikulation nichts einzuwenden.«

Ulrich Huber kam in eine neue Stadt, die wie alle anderen wieder die alten Straßenschilder anbrachte und so jüngere Geschichte zwar einerseits im Triumph überwand, andererseits aber auch zu verstecken begann. Straßen hießen nicht mehr nach Hermann Göring oder nach Wilhelm Murr, dem Gauleiter der NSDAP in Württemberg-Hohenzollern. Auch nicht nach Albert Leo Schlageter, dem nach Terroraktionen im Ruhrgebiet von den Franzosen standrechtlich erschossenen Freikorpskämpfer, den die Nazis zum Märtyrer stilisiert hatten. Der Horst-Wessel-Platz hieß wieder Rathausplatz, aus der Adolf-Hitler-Straße wurde die Blumenstraße. Nach zwei Semestern kam auch für Huber der Schilderwechsel: als bloßer Mitläufer konnte er nun an die Universität seiner Wahl wechseln. Die Geschwindigkeit seines Lebens und Lernens signalisierte, wie groß auch bei ihm der Hunger nach einem anderen Leben war. »Im Studium bin ich wieder Mensch geworden«, sagt er. »Das war die schönste Zeit in meinem Leben.« Der Soldat in ihm, das habe er gemerkt, habe nicht mehr zu dieser Friedenswelt gepasst. Er wollte den »eiskalten Menschen«, zu dem er über viele Jahre geworden war, hinter sich lassen. Er wollte ihn aber auch nicht verraten, wie er jedes Abrücken von dessen Zielen und Überzeugungen empfunden hätte. In diesem Widerspruch ist er stecken geblieben. Man kann im Eifer seines Studierens auch den alten Ulrich Huber erkennen, der zu den Besten gehören, der Elite sein will. »Ich habe ein Semester vor den anderen Examen gemacht«, betont er.

Sein Studium war 1951 zu Ende. »Ich wollte raus, ich

wollte arbeiten!« In Hubers energisch klingender Beschreibung schwingt ein wenig vom Aufstiegsrausch jener mit, die in einer vom Krieg, vom Holocaust, über den man nicht sprach, und von der Entnazifizierung drastisch gelichteten Gesellschaft sehr viel mehr Karrieremöglichkeiten und offene Stellen fanden, als das in der Vornazigesellschaft der Fall gewesen wäre. Hubers Vater gehörte zu den Gebannten: als ehemaliges NSDAP-Mitglied durfte er nicht mehr Chefarzt sein. Aber auch andere Ärzte am Krankenhaus hatten eine belastete Vergangenheit. Ulrich Huber kann noch immer ihre Namen aufzählen, sie alle waren im Prisoner-of-War-Lazarett tätig. Ulrich Huber redet von diesen braun besudelten Ärzten noch immer voll Ehrfurcht. Er empfindet es als tumbe Torheit, als dumme Posse der Siegerwillkür, dass der einzige Arzt, der nicht Parteimitglied gewesen war, Chefarzt solcher Kapazitäten wurde. »Das war eben der Einzige ohne Vergangenheit«, sagt Ulrich Huber.

1958, dreizehn Jahre nach Kriegsende, ist Huber selbst am Ziel. Der Mann, der sich als »leidenschaftlicher Arzt« beschreibt, eröffnet seine eigene Praxis. Besser gesagt, er übernimmt die seines Vaters, für den er drei Jahre lang als Vertreter eingesprungen war. Bereits in dieser Zeit hatte Ulrich Huber so viele Privatpatienten um sich geschart, dass er sich gar nicht erst um die Zulassung als Kassenarzt bewarb. Der Widerwille, dafür noch einmal Fragebögen ausfüllen und Unterlagen vorlegen zu müssen, hielt ihn zurück.

Diese Scheu vor bürokratischer Durchleuchtung fiel der Bürokratie nie unangenehm auf. Den gut verknüpften Mediziner erreichte schließlich das Angebot, Polizeiarzt zu werden. »Das kam mir als Soldat sehr entgegen«, sagt Ulrich Huber, »da herrschte noch Zucht und Ordnung.« Und gesteht auch damit ein, dass der Zivilist den Soldaten nie losgeworden ist. Er war wieder in ein System von Befehlsketten eingebunden. Er fühlte sich auf vertrautem Terrain.

Haben die Uniformen der Polizei auch die Erinnerungen an

den Krieg verstärkt? Ulrich Huber verneint. Er verneint vieles. Wie viel Tod verträgt ein Leben, bis es unempfindlich wird gegen fremdes Leid? Ulrich Huber ist undurchschaubar. Er steht im Garten und deutet hinüber auf die Felder. Dort, sagt er, ist ihm vor Wochen seine Jagdhündin von Fremden gestohlen worden. Zum ersten Mal stehen Tränen in seinen Augen.

»Hört mir doch zu!«

Ein ehemaliger SS-Mann geht den schmerzhaften Weg der Versöhnung mit den Opfern

Wie kann einer noch immer glauben, was ihm vor mehr als einem halben Jahrhundert die Ideologieschleifer der Nazis eingebläut haben? Der ehemalige SS-Mann Otto-Ernst Duscheleit versteht es nicht. Seit er von Auschwitz erfuhr, hat er nie an der Existenz dieses Vernichtungslagers gezweifelt. Auch wenn viele seiner Mitbürger und ehemaligen Kameraden sich unter anderem damit geschützt haben, dass diese Stätte nach dem Krieg plötzlich so fern, weil weit im Osten, zu sein schien. Denn nun trug er einen polnischen Namen. Das machte es leichter, den Ort und und die dort ansässige Mordfabrik von der Geschichte loszukoppeln. Auschwitz konnte zu einem von vielen Worten werden, das die Sieger als Wortmonument deutscher Schuld errichteten, ein bloßes Begriffsphantom.

Aber Otto-Ernst Duscheleit hat sich stets erinnert, dass Auschwitz viel weniger östlich lag, als wir Heutigen gerne glauben. Auschwitz-Birkenau, das war nach damaliger Diktion ein Teil Oberschlesiens. Gehörte seit dem Überfall auf Polen also wieder zum Deutschen Reich, war wieder einverleibt worden in das, was die Nazis zur unteilbaren Heimat erklärt hatten. Es ist ein Zentrum der deutschen Geschichte geblieben. Aber selbst hingefahren ist Duscheleit erst spät. Beinahe siebzig Jahre musste er alt werden, bis er sich auf den Weg machte. 1994, zusammen mit Vertretern der verschiedenen Weltreligionen, mit Christen, Juden und Buddhisten, ist er nach Polen gefahren. Er war sich bewusst, dass er im Kreis dieser Menschen kein bloßer entsetzter Zeuge und Lernender, sondern ein Vertreter der Täter, der Schuldiggewordenen war – in den Augen von manchen vielleicht sogar eine Provokation, einer, der nicht zu der Reisegruppe passte.

An der Seite von Kindern und Enkeln der Holocaustüberlebenden sah er die Bilder der Leichenhaufen, der Berge von Schuhen, Brillen und Koffern, in jenen Baracken, die die Hölle auf Erden und der Vorhof zur Gaskammer waren. Der Spirituosenhändler aus Berlin-Charlottenburg schwieg während der Führung. Er lag die ganze Nacht wach und am nächsten Morgen fehlte ihm die Kraft zum Aufstehen. Der Mann, der unter dem linken Oberarm noch immer die schwarze Blutgruppen-Tätowierung der SS trägt, rollte sich unter der Decke seines Bettes zusammen und weinte wie ein kleines Kind.

Otto-Ernst Duscheleit war Mitglied der um Leningrad eingesetzten »11. SS-Panzergrenadier-Freiwilligen-Division Nordland«. Er trug die schwarze Uniform, die Angehörige der Waffen-SS von denen der Wehrmacht unterschied, mit dem Totenkopf auf der Mütze. Viele seiner ehemaligen Kameraden erinnern sich anders als mit Fahrten nach Auschwitz an die Jahre bei jener Truppe, die sich als die härteste und brutalste Elite einer zu allem berechtigten Herrenrasse fühlte. Es gab viele Kameradschaftstreffen der Ehemaligen, aber wichtiger als diese halb öffentlichen Demonstrationen von fortdauernder Verbundenheit war der Zusammenhalt der einstigen Schutzstaffelkämpfer hinter den Kulissen der Nachkriegsrepublik. Otto-Ernst Duscheleit müsste also nicht mit seiner Schuld ringen. Er fände genügend Veteranen, die ihm versicherten, es gebe da gar keine Schuld. Er müsste nicht in Schulen sitzen und unermüdlich Fragen beantworten nach seiner Jugend. Er müsste nicht mit jungen Neonazis sprechen, die zu seinen Veranstaltungen kommen, weil sie endlich einmal einen echten SS-Mann treffen wollen und dann zu ihrer großen Enttäuschung einem Mann gegenüberstehen, der aussieht wie ihr ehemaliger Gemeinschaftskundelehrer. Ein Mann, der weder in Auftreten noch Gestik der Vorstellung vom zackigen SS-Mann entspricht.

Der verstörende Veteran erzählt den Jungen, die Szenen aus einem Kriegsfilmdrehbuch erwarten, unrühmliche, aber alltägliche Vorkommnisse aus den letzten Tagen des Krieges, alles Dinge, die der damals Neunzehnjährige selbst mit ansehen musste. Die Geschichte vom SS-Offizier etwa, der seine ganze Kompanie antreten ließ – der Kampf war so gut wie zu Ende, die amerikanischen Truppen standen am Stadtrand von Nürnberg – und vor aller Augen einen Untergebenen durch einen Genickschuss tötete, weil der Junge nicht rechtzeitig aus dem Urlaub zurückgekehrt war. Kurz darauf lief der Henker nebst anderen Offizieren selbst zu den Amerikanern über. Zurück blieb für die staunenden Augen der niederrangigen SS-

Otto-Ernst Duscheleits Engagement für den Frieden reicht bis in die Gegenwart – Mahnwache in Berlin

Männer ein geheimes Vorratslager, das vor Fleischkonserven, Schokolade und Ananas schier überquoll. Die einfachen Soldaten hatten da schon lange kaum mehr etwas anderes als kleine Portionen Kommissbrot zu essen bekommen, gewürzt mit markigen Worten von der eisernen Schicksalsgemeinschaft, in der alle gleich seien. Duscheleits Geschichten handeln von

Feigheit, Grausamkeit und Opportunismus, nicht von Helden und Bewährung. Der alte Mann müsste diese Erinnerungen nicht preisgeben. Aber er sagt: »Wenn ich das nicht machen würde, dann würde ich Unfrieden haben. Das gehört jetzt zu meinem Leben.« Er lacht – über sich selbst und seine Hartnäckigkeit. Seine Umwelt muss ihn nun so ertragen. Für manche ist das noch immer eine Zumutung. Sie rufen bei Vorträgen: »Das können Sie doch nicht sagen, Sie waren doch schließlich auch mal Hauptscharführer.« Otto-Ernst Duscheleit sagt es genau deswegen.

Der Neunundsiebzigjährige setzt sich seit zwanzig Jahren immer wieder unerbittlich sich selbst aus. An vielen Tagen, so auch heute, geht das eigentlich über seine Kräfte: Otto-Ernst Duscheleit ist krank. Aber es sei wichtig zu erzählen, das dürfe nicht einer Schwäche geopfert werden, sagt der weißhaarige Mann, der Menschenfreundlichkeit ausstrahlt und sein Gegenüber mit viel Neugierde und Offenheit betrachtet. Er wohnt in einer der guten Charlottenburger Gegenden in einer geräumigen Villa mit Garten, in einem Haus, das Angekommensein im Westen und Erfolg in der Wirtschaftswunderzeit demonstriert. Manches stammt noch von damals, hält im Design die Aufbaustimmung der Fünfziger fest. Im Wohnzimmer aber steht der aus Ostpreußen gerettete Ohrensessel der Kaufmannsfamilie – die Familie Duscheleit gehört zu den Vertriebenen.

Immer das Äußerste geben – ja, diese Forderung der SS, diese Prägung auf Verbissenheit hatte Otto-Ernst Duscheleit durchaus ins Zivilleben verfolgt. Gemeinsam mit seinem Vater hat er am 1. Juli 1949 in Berlin die Firma »Duscheleit und Sohn« gegründet, einen Spirituosenvertrieb. Für andere mochten dessen Waren das Vergessen bringen. Die beiden Inhaber vertrieben die Gespenster der Vergangenheit mit Sechzehn-Stunden-Tagen. Sechs Kinder von Otto-Ernst Duscheleit sind in dieser Kaufmannsvilla aufgewachsen, aber sie haben nicht viel vom Vater gehabt, wie er zugibt. Irgendwann hat ihn dann seine Frau verlassen. Opfer müssen gebracht werden, hätten Duscheleits alte Ausbilder barsch gesagt, hätten sie die Folgen der Marktwirtschaftskämpfe noch kommentieren dürfen.

Vielleicht war nicht nur die sture Verbissenheit in seine Arbeit ein Erbe seiner jugendlichen Fanatisierung durch Hitlers Heldenlieferanten. Vielleicht versuchte er in seiner Firma auch das Ideal der Kameradschaft ehrlicher zu leben als seine Offiziere einst. Otto-Ernst Duscheleit hatte mit seinen Mitarbeitern – 28 zu Spitzenzeiten – ein Beteiligungsmodell gewagt. Regelmäßig gab der Firmenchef bei Kaffee und Kuchen Einblick in die Bücher. Das ging gut, aber nur bis zur Wende. Als die Mauer fiel und die großen Konzerne den Berliner Markt aufrollten, ging es für Duscheleits mittelständischen Betrieb bergab. 1994 musste der Mitbegründer seine Anteile verkaufen. Es war das Jahr seiner Fahrt nach Auschwitz.

Seit einiger Zeit quälte den Unternehmer da schon ein Traum, der bis heute wiederkehrt. Duscheleit beschreibt ihn in seinen Lebenserinnerungen, die er für sich selbst aufgezeichnet hat, so:

Ich trage eine SS-Uniform und bekomme einen Tritt ins Schienbein. Da brülle ich: »Was soll das? Was wollt ihr von mir?« Da schreit jemand scharf und schrill: »Naziswein.« Und schon bin ich eingekeilt, und immer mehr Menschen schreien: »Nazischwein, Kriegsverbrecher.« Ich bin wie erstarrt, ich weiß gar nicht, was los ist. Was wollen die nur von mir? Da merke ich, dass es meine SS-Uniform ist, die die Leute hier rasend macht. Und immer enger wird der Ring, immer unheimlicher das Geschrei. Aber dann höre ich mich auf einmal selber brüllen: »Lasst mich doch leben und hört mich doch erst einmal an und dann fällt euer Urteil.« Erst ganz allmählich wird es ruhig. Nur hinter meinem Rücken kann sich immer noch jemand nicht beruhigen. Da brülle ich schon wieder: »Kannst du nicht auch dein Maul halten, erst mal zuhören?« Endlich schweigt auch er. Nun versuche ich zu sprechen, aber ich stottere, bekomme kaum ein Wort hervor. Doch dann höre ich mich schon wieder schreien, ein Schreien, wie ich nur einmal geschrien habe, als eine russische Granate meinen Panzer traf: »Was hättest du, was hättet ihr an meiner Stelle damals getan?«

Der Traum offenbart Otto-Ernst Duscheleits Gefühl, ein Doppelleben geführt, einen Teil von sich vor anderen verborgen zu haben. Und er zeugt vom Wachsen der Angst, als Heuchler und Lügner bloßgestellt zu werden. Über seine Vergangenheit hatte er bis dahin nicht geredet. Von den Menschen um ihn her wusste nur seine Frau, die wie er aus Insterburg stammte, über sein Leben als junger Nazi Bescheid. Denn offenbar schlummerte in dem Geschäftsmann das Wissen, einen Teil seines Ichs vor den anderen verborgen halten zu müssen. »Ich schämte mich damals so, bei der SS gewesen zu sein«, sagt er. Beim Baden drückte er den Arm ganz fest an den Körper, damit seine Tätowierung nicht zu sehen war.

Otto-Ernst Duscheleit, der mittlere von drei Söhnen, ist als der Falsche zur Welt gekommen. Er sollte nach Wunsch und Willen der Eltern ein Mädchen sein und jene Schwester ersetzen, mit der er keinen Tag die Welt geteilt hat, die neun Monate vor seiner Geburt gestorben war. Alles, einschließlich des Namens, lag bereit für ein Mariannchen. Der Vorname des unerwarteten Jungen ist eine überstürzt beschlossene Mixtur aus den Namen von Brüdern und Vätern seiner beiden Eltern. Die Mädchenkleider für Mariannchen musste Otto-Ernst als Kleinkind tragen. Das war zwar lange vor seiner Einschulung, aber es sprach sich herum. Seine Klassenkameraden nannten ihn, den die Mutter oft wie ein Mädchen behandelte, hinter vorgehaltener Hand nur Minna.

Das hat er erst spät erfahren. Er hielt, was ihm so peinlich war, für ein gut gehütetes Familiengeheimnis. Aber er hatte sich früh vorgenommen, ein besonders männlicher Kerl zu werden, sich und der Welt zu beweisen, dass nichts Mädchenhaftes an ihm war. Damit wollte er nicht warten, bis er irgendwann offiziell in den Kreis der Männer aufgenommen, bis er gar den väterlichen Wein- und Gewürzhandel übernehmen würde. Er machte darum begeistert bei der Hitlerjugend mit, trug stolz deren Uniform, stimmte bei einem Abend des Kriegervereins im Gesellschaftshaus Insterburg mit Inbrunst das Lied »Der kleine Rekrut« an und schmetterte: »Wer will unter die Soldaten, der muss haben ein Gewehr, der muss es mit Pulver laden und mit einer Kugel schwer …«

Der politische Geist im Elternhaus war ein seltsam gemischter. Der Vater war konservativ und mit allem einverstanden, was den Geschäften nicht in die Quere kam. Die Mutter hatte NSDAP gewählt, war aber tief religiös. Als ihr Superintendent verhaftet wurde, weil er Kontakt zur Bekennenden Kirche hatte, ging sie auf Distanz zum Nationalsozialismus und öffnete ihr Haus für bedrängte Christen, die dem System aus Glaubensgründen misstrauten. Die Söhne der Duscheleits aber waren ganz vom Geist der neuen Zeit durchdrungen. Otto-Ernsts älterer Bruder fotografierte sogar Insterburger Bürger, die trotz Verbots und Boykotts weiter in jüdischen Geschäften einkauften.

Doch Otto-Ernst gehörte nicht mehr zu jenen, die unbedingt schneller als andere ihre Opferbereitschaft demonstrieren wollten, als der Führer auch den noch nicht Volljährigen die grausige Chance gab, sich als Mann an der Front zu bewähren. Als er nach einem Dreivierteljahr Lehre zum Reichsarbeitsdienst nach Estland eingezogen wurde, da zweifelte er zwar noch nicht am Sinn des Krieges. Aber er nahm sich vor, ihn zu überleben. Da war er nicht der Einzige. Es war keine frenetische Begeisterung, die dem Werber der Waffen-SS entgegenschlug, der eines Tages das Lager für vormilitärische Ausbildung besuchte. Alle ahnten, welcher Blutzoll im Osten entrichtet wurde. Wenn der Werber von »unserem geliebten Führer« und dem »Heldenkampf unserer Soldaten« sprach, dann dachten seine Zuhörer an den Kessel von Stalingrad, einer Niederlage, die sich von keiner noch so gewundenen Formulierung der Propagandaexperten, der ewigen Phrase von der »planmäßigen Frontverkürzung« etwa, schönreden ließ. Der SS-Offizier steigerte seinen Preisgesang auf die schwarzgewandeten nordischen Recken mit der Verheißung, jeder dürfe es sich zur Ehre anrechnen, »in die Lieblingseinheit des Führers, in die Waffen-SS, aufgenommen zu werden«. Den Befehlscharakter seiner Lockung machte der gebellte Schlusssatz seiner Rede klar: »Freiwillige, die zur Waffen-SS kommen, nach vorne treten!«

Niemand trat nach vorne. Keinen der 200 Arbeitsdienstsoldaten hatten die Worte des Offiziers überzeugt. In niemandem hatten sie das Feuer todesverachtender Begeisterung entzündet. »Ihr wollt deutsche Soldaten sein?«, brüllte der SS-Offizier daraufhin. »Wer sich nicht freiwillig meldet, kommt ins Strafbataillon.« Nun traten sie vor. Jeder wusste, dass der Dienst im Strafbataillon ein Todeskommando war. Wer dort eingesetzt wurde, landete sofort an der Front, in vorderster Linie, mit schlechter Bewaffnung.

Nur die Kleingewachsenen kamen bei der folgenden Musterung davon. »Ich gehörte zu den Großen«, sagt Otto-Ernst Duscheleit. Nackt mussten die Arbeitsdienstler sich ausziehen und standen, nachdem ihre Personalien aufgenommen waren, von einem Scheinwerfer angestrahlt vor dem SS-Offizier.

»Unterschreiben Sie, dass Sie sich freiwillig zur Waffen-SS gemeldet haben.«

Otto-Ernst Duscheleit unterschrieb. Er hatte nicht den Mut, Nein zu sagen. Seine Mutter war entsetzt: »Nie hättest du unterschreiben dürfen! Und wenn sie dich eingesperrt hätten«, hielt sie ihrem Sohn vor. »Aber ich hätte nicht die Kraft gehabt, ins Strafbataillon zu gehen«, sagt der Mann, der weiß, dass ihm das heute viele als Moment der freien Entscheidung anlasten: als willentliches Bekenntnis zu den schlimmsten Verbrechen des Naziregimes. Else Duscheleit hatte damals noch versucht, ihren Sohn über Mittelsmänner und Gewährsleute der Bekennenden Kirche doch noch von der Waffen-SS freizubekommen. Der Versuch blieb vergeblich. Der Führer brauchte Soldaten.

Die SS-Division »Nordland«, bei der Otto-Ernst Duscheleit landete, war eigentlich eine Fremdsoldateneinheit. Weißrussische, niederländische, belgische Unterstützer der Nazi-Ideologie und junge Soldaten aus vielen anderen Ländern wurden in ihr zusammengefasst. Wäre Duscheleit in Nürnberg, wo er nach seiner Zeit bei dem Reichsarbeitsdienst eine Ausbildung zum Nachrichtensoldat durchlief, nicht an Diphtherie erkrankt, wäre er zur 2. SS-Panzerdivision »Das Reich« abkommandiert worden. So musste er erst genesen und wurde als Nachzügler der Division »Nordland« zugewiesen. Er »wurde bewahrt«, wie er sagt. »Das Reich« ist durch Massaker an Zivilisten im Osten und im Westen als besonders brutale Einheit in die Geschichtsbücher eingegangen. Am 9. Juni 1944 etwa erhängten ihre Mannen als Vergeltung für Résistance-Aktionen 99 Männer der französischen Ortschaft Tulle vor den Augen von deren Familien an Balkonen und Laternenmasten, in Argenton-sur-Creuse tötete sie am selben Tag 68 Menschen. Am nächsten Tag trieben die Elitekämpfer im Dörfchen Oradour-sur-Glane die Männer zusammen und erschossen sie, sperrten die Frauen in die Kirche und zündeten das Gebäude an. Innerhalb weniger Stunden ermordete »Das Reich« so 642 Menschen.

Otto-Ernst Duscheleit erhielt am Heiligabend 1943 zusammen mit anderen SS-Männern den Marschbefehl an die Ostfront, die von der estnischen Grenze her auf Leningrad zurückte. Es wurde kein Krieg, wie man ihm in der kurzen, aber pathostriefenden Ausbildung geschildert hatte. Duscheleits Panzereinheit geriet unter heftigen Beschuss, noch bevor sie ihre Zielpositionen erreicht hatte. Die Panther-Panzerkampfwagen der Deutschen nahmen alles unter Beschuss, was nach einer Stellung aussah, zerschossen Häuser und einen Gutshof, und ihre desorientierten, brüllenden Kommandanten versuchten, durch ihre kleinen Sichtluken einen Überblick über eine nicht überblickbare Lage zu bekommen. Wer nicht hinter den Stahlplatten der Kampfpanzer halbwegs geborgen saß, rannte unter den Einschlägen der Granatwerfer um sein Leben, auf der Suche nach einem Erdloch, einem Graben, einer Mauer, die vor Splittern schützten. Das war nicht jener Krieg, von dem die Wochenschauen in vaterländisch stolzer Erregung berichteten. Otto-Ernst Duscheleits erste Fronterfahrung als Funker war die des Eingeschlossen- und Verlorenseins. Am Ende einer von Leuchtkugeln, Leuchtspurmunition und Bränden durchzuckten Nacht hatten sich die SS-Panzer durch die feindlichen Linien geschlagen. Die Aufklärungsfahrt im ersten Morgenlicht steht Duscheleit noch immer vor Augen. Zwischen den zerschossenen Fahrzeugen lagen im Schnee und Matsch die Toten und Schwerverletzten der »Nordland«-Division. Die Toten blieben unbestattet. Niemand hatte Zeit, sie zu bergen, der nächste Vorstoß russischer Panzer wurde erwartet. Von den Verletzten kam davon, wer noch die Kraft und Gliedmaßen hatte, auf einen der in eine Auffangstellung zurückweichenden Panzer zu klettern. Die oft beschworene Feuertaufe war zum Blutbad geworden.

»Es war grausam«, sagt Otto-Ernst Duscheleit heute. Damals spürte er vor allem eine große Leere im Innern. Dort, wo zuvor Mitleid, Angst oder Freude gewesen waren, hatte sich ein einziger Gedanke festgesetzt: Wir müssen hier rauskommen. Wenn er durch die kleine Luke im Stahl des Panthers auf ein Dorf sah, dessen Häuser gerade von seinem Panzer in Brand geschossen worden waren, dann blieb nichts übrig an Empfinden. Seine Gedanken kreisten nur um sich selbst. »Ich dachte nicht an die Menschen, die dort gerade starben«, sagt er heute und versteht selbst nicht, warum er damals so mitleidlos war. Aber er muss den jungen SS-Mann von damals als Teil seiner selbst akzeptieren, er will ihn nicht vergessen oder verzerren. So wenig wie andere Erinnerungen.

Die etwa an den Tag, an dem sein Panzer einen Volltreffer

abbekam. Die Luke über ihm sprang auf, er konnte sich noch in Sicherheit bringen. Er hatte den günstigeren Platz gehabt, die Granate kam für ihn von der richtigen Seite. Für den Fahrer, mit dem er eben noch gesprochen hatte, war es die falsche. Von ihm fanden sie später kaum mehr als den Verlobungsring. Dass seine Haare abgebrannt waren und ihm das Blut vom Schädel lief, begriff der vom Knall in dem Moment fast Ertaubte damals gar nicht. Aber etwas von dem, was die Nazierziehung ihm eingebläut hatte, war intakt geblieben und kam in diesem Moment, als der Heldentod so knapp an ihm vorübergegangen war, zum Vorschein. Noch vor seinem Abtransport ins Lazarett fragte Otto-Ernst Duscheleit seinen Kommandanten durch die eigene Benommenheit hindurch: »Mit steht doch jetzt das Panzersturmabzeichen in Silber zu, oder?« In einer verwegenen Mischung aus jungenhaftem Stolz und barbarischer Eitelkeit träumte der beinahe zerfetzte Russlandkrieger von einem Heimaturlaub, bei dem er mit einer Auszeichnung an seiner schwarzen SS-Uniform durch Insterburg stolzieren konnte. »Um den Mädchen zu imponieren«, wie er zugibt.

Der junge SS-Mann trägt stolz sein Panzersturmabzeichen

Hätte er auch damit angegeben, Menschen getötet zu haben? Otto-Ernst Duscheleit bekam keine Gelegenheit, daheim den ordensbehängten Vorzeigekämpfer zu spielen und von der Front als Ort des Abenteuers zu lügen. Er erinnert sich aber, dass er damals nicht das Gefühl hatte zu töten. »Nicht ich habe geschossen. Mein Panzer hat geschossen. Ich brauchte das nicht zu tun.«

Nur zweimal wurde der Kampf für den Funker persönlicher und direkter. Einmal, die Panzerkanone war schon heiß geschossen, befahl ihn der Kommandant ans Maschinengewehr. Durch seine Luke sah Duscheleit nichts als Flammen. Alles brannte. »Wohin hätte ich schießen sollen? Ins Feuer?« Mit den eigenen Händen an der Waffe zitterte Duscheleit am ganzen Körper. Schließlich drückte er den Abzug, aber die Waffe versagte den Dienst. Andere Fahrzeuge übernahmen das Schießen.

Beim anderen Mal befand sich Duscheleit außerhalb seines Panzers. In einem winzigen Bunker am Finnischen Meerbusen wurde er vom nächtlichen Feuerbefehl geweckt. Er sprang von seinem Platz auf, legte die Waffe an und schoss in die Nacht. Als Antwort kam eine MG-Salve, die links und rechts um ihn einschlug. Aber nur ein Streifschuss verletzte ihn am rechten Oberarm. Die mathematische Wahrscheinlichkeit, den Kugelhagel zu überleben, lag nur knapp über null, schätzt er. »Ich denk immer, das war mein Engel. Ich hatte wohl noch eine Aufgabe.« Was sein eigener Schuss angerichtet hat, weiß er nicht. Im Dunkel der Nacht sah er niemand fallen. Aber er fragt sich oft, ob da einer weniger Glück gehabt hat als er.

Auf Menschen zu schießen, die zumindest theoretisch zurückschießen konnten – das war Krieg. Er sah wüster aus, als Duscheleit sich das je vorgestellt hatte, er war grausamer und willkürlicher als in den Jungenträumen von Kampf und List, aber er war im Kopf gerade noch eben zusammenzubringen mit dem, was man den Jungs vorab von der Bewährung als Mann vorgegaukelt hatte. Doch spätestens als Otto-Ernst während eines Heimaturlaubs seinen völlig veränderten Bruder Ulrich traf, konnte er nicht mehr ausblenden, was sich jenseits des engen Sichtwinkels eines ins Gefecht rasselnden Panzerkampfwagens tat. Beide kamen sie aus Russland. Otto-Ernst trug wie immer stolz seine SS-Uniform mit dem Panzersturmabzeichen auf der linken Brust. Sein Bruder Ulrich jedoch zog seine Uniform nicht mehr an. Aller Soldatenstolz war von ihm abgefallen. In Zivil ging er neben Otto-Ernst durch seinen Heimatort, und als sie russische Kriegsgefangene trafen, tat er, was streng verboten war: Er sprach mit ihnen. Er hatte sie nicht hassen, sondern ihre Sprache gelernt. Keine Sekunde beachtete er die Wächter, die Etappensoldaten, die ihren Krieg gegen Geschlagene führten. Er verteilte sogar seine wertvollen Zigaretten. Dem völlig verdutzten Bruder offenbarte er, was er den Gefangenen gesagt hatte: dass auch sie am Sonntag nicht zu arbeiten brauchten, dass sie sich nicht alles gefallen lassen sollten, dass auch sie noch Rechte besäßen. Und dann erzählte er Otto-Ernst von einem ganz anderen Krieg als den Gefechten der Panther- und T-34-Panzer. Von Misshandlungen und Massenerschießungen, von Massakern an Zivilisten und Gefangenen. Von einer Ausrottungspolitik in Polen und Russland, deren Instrument die Soldaten waren. Zu den Widersprüchen dieser Zeit und dieser mit Lügen gefütterten deutschen Soldaten gehört es, dass Ulrich Duscheleit sich bewusst war, an der Front ein schändliches Verbrechen zu erleben, den Bankrott aller deutschen Ehrbehauptungen. Und zugleich daheim glaubte, die russischen Kriegsgefangenen könnten mit ein wenig Courage eine anständige Behandlung für sich reklamieren. Vor dem Abschied gab er dem Bruder eine eindringliche Warnung und Ermahnung mit: »Denk immer dran, was immer du tust, der Krieg ist verloren.«

Zu den Widersprüchen gehört auch das Ende von Ulrich Duscheleit. Der Mann, der bestürzt und bedrückt war von den wilden Ausschreitungen und planmäßigen Kriegsverbrechen der Wehrmacht, hatte zusammen mit Kameraden einem Bauern eine Kuh gestohlen. Das war offiziell verboten, und in diesem Fall schritt die Feldgendarmerie ein. Bevor er verhaftet und vor ein Feldgericht gestellt werden konnte, griff Ulrich Duscheleit zur Waffe. »Du weißt noch nicht«, schrieb die Mutter im Oktober 1944 an ihren Sohn Otto-Ernst, »dass er sich in Russland erschossen hat.« Vor seinem Selbstmord hat Ulrich Duscheleit noch einen trostlosen Abschiedsbrief an die Eltern verfasst. »Alles Gute. Es muss so sein. Gott sei mit Euch, Ulrich.«

Der Schmerz über den Verlust des Bruders war für Otto-Ernst mit einem Gefühl der Scham verbunden, das nun von keiner Beichte, keiner Vergebung, keinem klärenden Gespräch mehr gelindert werden konnte. Bis heute kehrt es manchmal wieder. Otto-Ernst hat das Gefühl, seinen Bruder feige verraten zu haben. Und auch wenn es keinen Zeugen mehr dafür gibt. Otto-Ernst war dabei und er vergisst es nicht. Als Otto-Ernst vom Attentat auf Hitler in der Wolfsschanze am 20. Juli 1944 und die Namen der Verschwörer Graf von Stauffenberg und Graf von der Schulenburg hörte, plapperte er heraus: »Ich glaub, mein Bruder ist in Stauffenbergs Einheit.« Der Leutnant seines Bruders hieß zwar von der Schulenburg, hatte mit dem Verschwörer jedoch nichts zu tun. Aber auch ohne diese Verwechslung wäre die scharfe Gegenfrage eines SS-Kameraden die gleiche geblieben: »Wenn dein Bruder an der Ermordung unseres geliebten Führers Adolf Hitler beteiligt wäre, würde dir dein Bruder dann noch dein Bruder sein?« Otto-Ernst Duscheleit muss auch heute noch lange pausieren, bevor er seine Antwort von damals wiederholen kann. »Dann soll mein Bruder nicht mehr mein Bruder sein.« Zu diesem Zeitpunkt war Ulrich schon tot.

Wenige Tage nachdem Otto-Ernst von Ulrichs Selbstmord erfuhr, erhielt er einen weiteren Brief seiner Mutter. »Die erste Hiobsbotschaft hast du noch nicht verwunden, da ist schon die zweite da. Unser lieber Gerd ist vermisst. Nun ist es heraus! Du wirst wie ich noch ganz versteinert sein. Ich kann noch nicht einmal weinen. Ob Du es kannst? Es gibt Stunden, da möchte man herausschreien!« In seinem letzten Brief an die Eltern hatte der jüngste der drei Brüder noch geschrieben: »Ich bin überzeugt, dass ich Lehrer werden muss. Den Kindern kann nicht früh genug das Evangelium gepredigt werden.« Diesen Zukunftsplänen folgt kurz darauf die Mitteilung von Gerhard Duscheleits Leutnant: »Mit Ihrem Sohn haben wir einen vorbildlichen und immer pflichtbewussten Kameraden verloren. Er war einer unserer Besten und Tapfersten. In der Kompanie erfreute er sich einer großen Beliebtheit. Wir werden ihn nie vergessen, und er wird uns immer ein Vorbild sein. In herzlichem Mitgefühl ...« In seinen Lebenserinnerungen kommentiert Otto-Ernst Duscheleit diesen Brief. *Mir wird ganz kalt, wenn ich ihn lese. Was für Phrasen! Wie oft mag dieser Offizier solch einen Brief abgetippt haben.*

Otto-Ernst, der ein Mädchen werden sollte, hat den Krieg als einziges Kind seiner Familie überlebt. Er lag mit einem gebrochenen Schienbein in einem Lazarett in Paderborn, als die Reste seiner Division bei immer neuen Versuchen aufgerieben wurden, die vorrückende Rote Armee zum Stillstand zu bringen und Zeit zu gewinnen: Zeit für Evakuierungen aus den Ostgebieten, aber auch Zeit für weitere Morde in den KZs, Zeit für weitere Bombenangriffe der Alliierten, vermeintlich Zeit für die Ingenieure des Führers, die oft beflüsterten Wunderwaffen zum Einsatz zu bringen. Otto-Ernst Duscheleit geriet in Kriegsgefangenschaft. Im Gefangenenlager von Garmisch-Partenkirchen traf er auf die deutschen Generäle und SS-Führer, die später in Nürnberg vor dem Militärtribunal aussagen mussten, als Zeugen oder Angeklagte. Über das Ende des Dritten Reichs hinaus blieben sie Führungskaste, ausgestattet mit Sonderrechten, herrisch im Genuss ihrer Privilegien, umsorgt von ihrer eigenen Ordonanz. Einer von ihnen, Karl Wolff, SS-Obergruppenführer und General der Waffen-SS, trug im Lager die Orden, die der Hitlerstaat ihm verliehen hatte. Wolff, Chefadjutant des Reichsführers SS Heinrich Himmler, später Chef des persönlichen Stabs Reichsführer SS, hatte den Bau des Buna-Werkes Auschwitz der IG Farben koordiniert. Er schrieb Dienstkorrespondenzen wie diese: »Mit besonderer Freude habe ich von Ihrer Mitteilung Kenntnis genommen, dass nun schon seit 14 Tagen täglich ein Zug mit je 5000 Angehörigen des auserwählten Volkes nach Treblinka rollt.« Erst 1964 verurteilte ihn das Landgericht München wegen Beihilfe zum Mord in mindestens 300 000 Fällen zu fünfzehn Jahren Haft. Sieben Jahre davon saß Wolff ab.

Der Panzergrenadier Duscheleit bekam seine Entlassungspapiere im März 1947. Wenige Tage später kam er im S-Bahnhof Charlottenburg in Berlin an. Er lief durch die Kaiser-Friedrich-Straße. In seinen Erinnerungen notiert er: *Ich hatte das Gefühl, gleich legt sich eine Hand auf meine Schulter, und jemand in einer Uniform sagt zu mir: »War leider ein Irrtum, du gehörst weiter hinter Stacheldraht.«* Aber vielen ehemaligen Getreuen des Naziregimes waren diese Beklemmungen und Schuldgefühle Duscheleits fremd. Sehr viel später, als ihn die Entlarvungsträume wieder plagten, fiel ihm auf, dass ein Fahrer in seinem Betrieb einen Siegelring mit SS-Runen trug. Duscheleit sprach ihn an. Der Mann war mit sich im Reinen. »Aber da war doch auch Ordnung. Wenn wir diese Ordnung wie damals hätten, sähe es heute anders aus in Deutschland.« Das Verbot seines Chefs, den SS-Siegelring bei der Arbeit zu tragen, blieb ihm unverständlich.

Zwei Jahre nach diesem Disput erzählte Firmenchef Duscheleit bei der Weihnachtsfeier seinen Mitarbeitern zum ersten Mal aus seiner Kriegszeit. Ein älterer Kollege berichtete daraufhin mit Tränen in den Augen, was er als Wehrmachtsoffizier getan hatte: »Ich war mit Hunderten von Pferden als Hauptwachtmeister einer Wehrmachtseinheit aus dem Raum Berlin in einem russischen Dorf untergebracht. In den Morgenstunden war das Dorf plötzlich von einer SS-Einheit umstellt. Alle Bewohner mussten sich auf dem Marktplatz versammeln.

Die Juden mussten sich extra aufstellen. Dann wurden die verlassenen Häuser durchkämmt. Immer wieder schleppten SS-Leute versteckte Juden heran. Eine junge Frau, die sie nicht für eine Jüdin hielten, musste Juden noch aus der übrigen Menge heraussuchen. Dann wurden die jüdischen Frauen, Männer und Kinder aus dem Dorf getrieben. Als Vorgesetzter der Wehrmachtseinheit ging ich hinterher. Zuerst wollten die SS-Leute mich wegschicken, doch da ich wissen wollte, was mit den Juden geschieht, sagte ich, dass auch ich Juden erschießen würde. Da ließen sie mich mitgehen. Ich kann die Bilder nicht vergessen. Immer wieder tauchen sie nachts vor mir auf, und ich kann nicht wieder einschlafen. Dann höre ich die Schreie, sehe die verzweifelten, bleichen Gesichter, sehe, wie sie sich ausziehen und nackt und frierend vor dem riesigen Grab stehen. Nur die Kleinkinder auf den Armen der Mütter konnten ihre Hemdchen anbehalten. Dann mussten die Juden einzeln vor die Grube treten. Der Schießer packte einen jeden, eine jede, setzte seinen Revolver an die Schläfe, schoss und stieß sie dann in den Abgrund. Ein kleines Kind riss dieser Mensch vom Arm der Mutter, packte es an seinem Hemdchen, setzte seinen Revolver an und warf es in die Grube. Dann griff er nach der Frau. Sie entriss sich ihm, stellte sich an den Abgrund und wartete auf die Kugel. Die letzten Männer mussten die Grube wieder zuschütten. Als gerade noch Platz genug war, bekamen die Bestatter ihren Todesschuss.«

Otto-Ernst Duscheleit hat den Erzähler damals nicht gefragt, ob er selbst auch geschossen habe. Der Mann, der sich früher mit dem Gedanken, nicht der Soldat, sondern der Panzer schieße, gegen Fragen von Schuld und Verantwortung isoliert hatte, hatte längst begriffen, wie wenig scharf sich die Grenzen zwischen denen ziehen lässt, die zielen und abdrücken, und jenen, die helfen, dass Zielen und Abdrücken möglich werden. Sein Nachgrübeln über seine eigene Verantwortung und die Begegnung mit anderen Menschen, die ebenfalls schwer an ihren Erinnerungen trugen – beim Lungenarzt saß einmal ein Mann neben ihm, der auf seine Brust zeigte und meinte, der atemhemmende Schmerz hier, das sei eigentlich seine Vergangenheit als überzeugter Nazi –, machten Otto-Ernst Duscheleit mutiger. Er dachte nicht mehr nur nach, er sprach nun offen über das Damals, hielt Vorträge bei kirchlichen Versammlungen und auf einer großen Nürnberger Veranstaltung zum fünfzigsten Jahrestag des deutschen Einmarsches in Polen.

Er suchte auch den Kontakt zu »One to One«, einer Initiative, die Kinder von Opfern des Nationalsozialismus mit Kindern der Täter ins Gespräch bringt. Beide Gruppen haben etwas gemeinsam – das Schweigen in den Familien. Otto-Ernst Duscheleit aber gehört nicht zur Generation der Nachgeborenen – er suchte als Angehöriger der Tätergeneration das Gespräch. Wenn sich bei den Treffen die Menschen vorstellen, dann gehört zu seiner Selbstbeschreibung der Satz: »Ich war bei der SS.« Ein Satz, der erst einmal für Schweigen sorgt. Und dann zu sehr unterschiedlichen Reaktionen führt. Zu jener der Frau, die beklommen fragte: »Otto, sag mir nur, was soll ich bloß meiner Mutter erzählen? Ich habe noch nicht einmal gewagt, ihr zu sagen, dass ich nach Deutschland fahre.« Zu jener des amerikanischen Reporters, der ein wahres Fragengewitter auf Otto-Ernst Duscheleit niederprasseln ließ. »Warum sind Sie hierher gekommen? Was haben Sie von den Vernichtungslagern gewusst? Glauben Sie, dass man Ihnen verziehen hat? Was haben Sie dabei gedacht, als eine Jüdin Sie umarmte?« Und hinter allem standen lange unausgesprochene Fragen wie diese: »Darf man diesem Mann glauben, was er erzählt?« Das Misstrauen und Unbehagen war groß. Einmal schnappte er hinter sich beim Weggehen die Frage auf: »Und wenn Otto doch getötet hat?« Gestellt hat sie die Frau, die zum ersten Treffen nach Deutschland gereist war, ohne ihrer Mutter davon zu erzählen. Als Otto-Ernst Duscheleit sie später einmal in Amerika besucht hat, erfuhr er: »Angst habe ich vor dir gehabt. Aber nichts, gar nichts ist davon übrig geblieben.« Da, sagt er, hätte er weinen mögen vor Freude.

Er hat aufgeschrieben, warum er immer weitererzählen muss, warum es für ihn keine Ende der Auseinandersetzung geben kann: »Schuldig bin ich nicht durch eine schreckliche Tat im Einzelnen. Schuldig fühle ich mich, weil ich damals, im Gegensatz zu meinem Bruder Ulrich, so kritiklos, so angepasst, so gedankenlos alles mitgemacht und bis zum Ende eines verbrecherischen Krieges so selbstverständlich gehorcht habe. Ich fühle mich mitverantwortlich für die damals verübten Verbrechen. Ich sah in Russland die Häuser brennen und nahm nicht wahr, was da geschah. Dachte nicht an die Menschen, die in dem kalten Winter 1944 bei unserem Rückzug in Russland verbrannten oder erfroren. Millionen Kinder und Frauen und alte Menschen sind allein in diesem schrecklichen Winter umgekommen. Mit solchen angepassten Soldaten, wie ich einer war, konnte Hitler es wagen, seinen Krieg zu beginnen und ein Volk nach dem anderen zu überfallen. Kann ich von Unschuld reden? Gab es wirklich nur eine Hand voll Übeltäter und eine Armee von Unschuldigen?«

Der Krieg und die Liebe

Wie lässt sich die Lebenswirklichkeit der Frauen im Nationalsozialismus und zu Kriegszeiten beschreiben? In der Mehrzahl blieben sie Zivilisten. Ihre Lebenswege zeigen deshalb andere Eigenarten auf als die der Männer. Die zogen in der Regel in den Krieg – und nicht alle kamen zurück. Etwa 1,7 Millionen Frauen waren nach Beendigung des Zweiten Weltkriegs Witwen. Viele konnten sich nie mehr für eine neue Ehe entscheiden. Weil Liebe, wie sie die eigene Lebensgeschichte gelehrt hatte, verletzlich macht? Oder weil die wenigsten die einmal eingeübte Selbstständigkeit wieder aufgeben wollten? Denn auch die Frauen, deren Ehemänner aus Gefangenschaft und Krieg zurückkehrten, taten sich schwer mit einem Familieoberhaupt, dessen Rolle sie der Not gehorchend inzwischen selbst eingenommen hatten. Der Krieg wirkte nach. So wie er vor 1945 in viele Liebesbeziehungen gedrängt hatte, wirkte er dort auch fort, als er längst vorbei war.

Insbesondere die so genannten Kriegerwitwen begleiteten die emotionalen Nachwirkungen dieses Verlusts ein Leben lang. Ende der siebziger Jahre war jeder vierte Sozialhilfeempfänger eine Frau über 60. Die Hinterbliebenenrente, das sagt diese Zahl, reichte ganz offenbar für diese Frauen nicht, die den Krieg erlebt hatten.

Ihre Kinder versorgten sie dennoch. 2,5 Millionen Halbwaisen verzeichnet die Statistik für die Jahre nach 1945. Überlebenskünstlerinnen waren viele Frauen schon zu Kriegszeiten gewesen. Und als Trümmerfrauen räumten sie gleich nach dem Ende des Krieges dessen Überreste aus den Städten – und bauten den neuen Staat im wahrsten Sinn des Wortes auf.

»Es ist nicht der Verlust, der mein Leben bestimmen darf!«

Eine Kriegerwitwe bewältigt als Künstlerin den Verlust der großen Liebe

Ein Leben besteht nicht nur aus dem, was da ist. Es besteht auch aus dem, was fehlt. Von außen ist dieses Ineinandergreifen von Vorhandenem und Abwesendem nur schwer zu erkennen. Geben die Lücken dem Leben erst seine Struktur? Findet seinen Weg nur, wer dieses Lebensmuster anerkennt? Wir wehren uns meist gegen solche Gedanken.

Auch Margarete Andersen* hat sich geweigert, eine Lücke in ihrem Leben als prägendes Element anzuerkennen. Sie hat sich bemüht, sie zu füllen, wider jede Hoffnung und Vernunft. Sie hat sich innig gesehnt, einem Menschen nahe zu kommen, den es nicht mehr gab. Wie überbrückt man die Kluft zwischen dem lebendigen eigenen Ich und einem Wesen, das nur noch ein Schatten der Erinnerung ist? Indem man immer wieder Briefe liest, die vor fast einem Menschenleben geschrieben worden sind? Indem man das Haus wieder aufsucht, das vorübergehend einmal Heimat war? Die Kirche wiederfindet, in der das Gebet dem Verlorenen einst Kraft gegeben hat? Vielleicht, indem man den Goldschmied ausfindig macht, der einst das Verlobungsgeschenk gefertigt hat?

Margarete Andersen hat all das getan. Sie kennt die Briefe des Mannes, den sie geheiratet und verloren hat, in- und auswendig. Seine Beschreibungen der norwegischen Landschaft hat sie immer wieder gelesen. Und eines Tages ist sie auch losgefahren, um die ferne Kirche zu sehen, in der ihr Mann bei seinem Gott Zuflucht gesucht hatte. Wo er sich mit Menschen zum Gebet traf, die eigentlich seine Feinde sein sollten. Diese Kirche einmal selbst zu betreten, das war lange ein nagender Wunsch Margarete Andersens gewesen. Hier war eine Lücke, die sich noch füllen ließ. Die Reise in die Vergangenheit ist manchmal ein Schritt im Kopf, führt über eine Brücke der Gedanken. Manchmal aber muss man viele Kilometer zurücklegen, um dem Damals näher zu kommen.

Margarete Andersens Heute ist nicht leer. Vom Leben als Kunsterzieherin am Gymnasium ist sie in ein neues als erfolgreiche Künstlerin gewechselt. Sie bereitet hier eine neue Ausstellung vor und muss anderenorts Bilder schon wieder abhängen. In den Jahren nach der Pensionierung konnte sie den Vorsatz, der in ihr gereift war, endlich verwirklichen: »Nicht der Verlust soll mein Leben bestimmen.«

In ihrem Atelier herrscht Ordnung. Jene Art Ordnung, die bunte Vielfalt braucht, um nicht zum Chaos zu werden. Hätten dieser Raum oder die anderen noch ein paar Wände mehr, Margarete Andersen könnte auch die mühelos mit ihren Werken füllen. Aber was da hängt, ist nicht niedlich dekorativ. Auf einem Blatt durchbrechen unzählige Galgen mit Erhängten das nur vermeintlich Poesiealbumhafte der angewandten Technik aufs Schmerzlichste. Es sind Holzschnitte. Zum Schwarz der gewaltsam Ermordeten gehört das Weiß des freien Raums. Das eine gibt dem anderen scharfe Kontur.

Margarete Andersen ist keine von Gram gebeugte Witwe. Ihr Leben ist eine Mischung aus mutigem Aufbruch und verweigerten Chancen. Schwarz und Weiß ergeben ein Lebensbild. Mittendrin in diesem Leben voll pläneschmiedender Energie gibt es einen Schmerz, der nicht vergehen will. Er ist die Grundmelodie geworden, die mal lauter, mal leiser zu hören ist. Als Margarete Andersen vor fünf Jahren mit Sohn und Schwiegertochter nach Norwegen gereist ist, geschah das, um diesen Schmerz zu besänftigen. Die seit langem Verwitwete ist sich sicher, in Norwegen das Haus gefunden zu haben, in dem ihr Mann in seiner Zeit als Besatzungssoldat in Norwegen gewohnt hat. Es sah genauso aus, wie er es in seinen Briefen beschrieben hatte. Nun hatte es endlich eine tastbare Front, einen nutzbaren Eingang, durchsichtige Fenster, nun bestand es nicht mehr nur aus Tinte auf Papier. In Trondheim hat die kleine Reisegruppe einen alten Juwelier gefunden, mit dem sie sich radebrechend verständigen konnte. Margarete Andersens Kette glaubte er wiederzuerkennen – ja, nickte er, dieses für seine Trägerin so kostbare Geschenk habe wohl er geschmiedet. Auch die Kirche, in der ihr Mann einst seine Briefe an sie schrieb, hat Margarete Andersen aufgesucht. Dort hat die damals schon Achtzigjährige die alten, oft gelesenen Blätter in die Hand genommen und sich dem Schreiber enger noch als sonst verbunden gefühlt. Dem Vater ihres Sohnes, den dieser nie kennen gelernt hat. Der bereits ein halbes Jahr tot war, als sein Kind geboren wurde. Sie wünschte so sehr, auch ihr Sohn könne in diesem Moment dem fremd Gebliebenen und doch oft in Erzählungen Geschilderten einen Schritt näher kommen.

»Ich hatte manchmal großes Heimweh«, sagt Margarete Andersen. Heimweh nach dem Menschen, der zum wichtigsten Teil ihrer Zukunft hatte werden sollen. Es gab Momente, da reichte ihre Kraft nicht aus, die Tränen vor ihrem Kind zu verbergen. Dann hat sich ihr Sohn ganz eng an sie gekuschelt. Schweigend saßen sie beieinander und warteten auf das Ende der Traurigkeit. Margarete Andersen hatte nie die Chance gehabt, um ihren Mann zu kämpfen. Kein »Bleib bei mir«, kein »Komm, lass es uns noch einmal versuchen«. Denn da war keine andere Frau, die ihn lockte. Es gab keinen neuen Lebensplan, in dem Margarete Andersen nicht mehr vorgesehen war. Christoph Andersen hat mit ihr geplant, sich eine Familie mit vielen Kindern gewünscht. Aber Hitlers Regime und die Kriegsmaschine der Nazis haben auch Christoph Andersen gebraucht, ihn erst aus seinem Leben herausgerissen und ihn dann auf dem Schlachtfeld mit Vorsatz vernichtet. Margarete Andersen war 25 Jahre alt, als sie im sechsten Jahr eines längst verlorenen Krieges eine Frau ohne Mann wurde, eine, wie das Deutschland damals forderte, »stolze Kriegerwitwe«.

Schon das Wort ist suspekt, ein Ungetüm, das Frauen im Moment der traumatischen Trennung an das schmiedet, was diese Trennung verschuldet hat. Der Mann ist fort, der Krieg bleibt, er hat sich nun auch der Frau eingebrannt. Das Wort verlangte Ernst, verbot künftige Fröhlichkeit, suggerierte, jede Hinterbliebene sei nun ein billiges Kriegerdenkmal aus Fleisch und Blut, vom Staat beliebig nutzbar für sein Opferpathos. Doch wie man ihren neuen Status nannte, war den Trauernden herzlich egal. »Das Weiterleben«, sagt Margarete Andersen, »war für mich lange eine Auseinandersetzung mit dem Schock, dass er tot war.«

Am zweiten Weihnachtsfeiertag des Jahres 1944 war Margarete Andersen mit ihrem Mann, dem Offizier Christoph Andersen, durch die verschneiten Straßen ihres Heimatortes gelaufen und hatte ihn zum Zug gebracht. Er folgte seinem Gestellungsbefehl an die Front, obwohl er nicht mehr daran zweifelte, dass dieser Krieg schon verloren war. Er hatte über Fahnenflucht nachgedacht, aber entschieden, dass das Risiko für jeden, der ihn dabei tatsächlich oder auch nur nach Meinung der Häscher unterstützt oder verborgen hätte, viel zu groß war. Er wollte niemanden in Lebensgefahr bringen. »Wir halten das durch! Ich komme wieder!«, hat er seiner frisch angetrauten Ehefrau versprochen. Ein letzter Kuss, ein letztes Winken vom Zug aus. Sie sollten einander, wie so viele andere Paare und Familien diesseits und jenseits der Front, nie mehr wiedersehen.

Vor einem Jahr hatten sie geheiratet. Christoph Andersen war auf Einladung des Vaters im Hause Miller, in Margaretes Elternhaus, zum Mittagessen erschienen. In einem Augenblick änderten sich die Leben der frisch gebackenen Lehrerin und des Tiefbaustudenten, den Margaretes Vater von christlichen Tagungen kannte. »Es war Liebe auf den ersten Blick. Das war uns sofort klar«, erinnert sich Margarete Andersen. Als Oberleutnant Christoph Andersen von der Flugabwehr um Berlin ins ferne Norwegen versetzt wurde, schickte er ein silberne

Kette aus Trondheim als Siegel einer Fernverlobung, wie sie im Krieg üblich war. Per Boten kam ein Verlobungsring in der hessischen Kleinstadt an. Margarete Miller feierte mit einer kleinen Festgesellschaft das Versprechen der künftigen Ehe – in Abwesenheit des Bräutigams. Man aß und trank, was sich auf Lebensmittelkarten hatte auftreiben lassen, und stieß an auf den abwesenden Geliebten. Für heutige Augen war das eine gespenstische Veranstaltung, eine unheimliche Probe für ein Leben ohne Gefährten.

Die Verlobung blieb reine Privatsache. Die Hochzeit aber betrachtete der Nazistaat als politischen Akt, als Teil seines Fundaments. Das Paar stieß auf Schwierigkeiten. Christoph Andersen musste seiner Verlobten per Brief aus Norwegen mitteilen: »Meine Vorgesetzten haben verlauten lassen, dass meine Braut nicht eines deutschen Offiziers würdig sei, weil ihr Vater im Reichstag war. In einer Partei, die gegen Hitler war.« Der NSDAP-Ortsgruppenleiter und Bürgermeister verweigerte Unterschrift und Stempel auf der Ehefähigkeitsbescheinigung der Braut, die ein Offizier unbedingt benötigte. Doch Margarete fand einen Ausweg. Sie bescheinigte sich ihre Heiratsfähigkeit einfach selbst. Dann legte sie das Dokument dem Bürgermeister der Nachbargemeinde vor, in der sie als Lehrerin arbeitete. Auch er war Nazi, hielt aber große Stücke auf sie. Ohne gegenzulesen zeichnete und stempelte er ab, was Margarete vor seinen Augen auf der Schreibmaschine getippt hatte.

Zur Hochzeit mit einer nun staatstragend gemachten Frau durfte der Oberleutnant anreisen. Auf die Fernverlobung musste nicht auch noch eine Ferntrauung folgen – dahinter stand ganz zynisch das Kalkül des Nazistaats, dass in getrennt verbrachten Flitterwochen keine künftigen Soldaten gezeugt werden können. Der Krieg ging ins fünfte Jahr, als das Brautpaar mit einer Kutsche zur Kirche fuhr und sich für einen Tag aus der Weltgeschichte ausklinkte. Margarete trug ein seidenes Kleid mit langer Schleppe, Christoph seine Offiziersuniform. Im Moment des Gelöbnisses, in guten wie in schweren Zeiten für einen anderen Menschen da zu sein, trug er die symbolische Kluft, die auswies, dass er nicht über sich selbst verfügen durfte.

Als Christoph auf einen Umschulungskurs abgeordnet wurde, um sich Infanteriekenntnisse anzueignen, begann das Bangen seiner Frau. Schon in den Briefen, die er aus Norwegen geschrieben hatte, konnte sie zwischen den Zeilen lesen, wie unglücklich er war. Diesem Offizier fehlte ganz offensichtlich die erwartete Härte gegenüber seinen Untergebenen. »Lassen Sie endlich von Ihren christlichen Ansichten ab«, hatte der Vorgesetzte gemahnt. Aber Oberleutnant Andersen redete Soldaten ins Gewissen, statt sie abzustrafen. Er forderte sie auf, ihn in die Soldatengottesdienste zu begleiten, und er hörte sich ihre Nöte an. Zuhören zu können aber gehörte offiziell nicht zu den Tugenden eines Vorgesetzten, der Soldaten bei Bedarf ohne zu zögern in den Tod zu schicken hatte.

Wahrscheinlich erwartete Christoph Andersens Vorgesetzter, dass sein junger Oberleutnant sich hin und wieder mit den anderen Offizieren betrank. Gemeinsame Besäufnisse machten die norwegische Polarnacht, in der Deutschlands Ansprüche auf tausendjährige Weltherrschaft abstrakt und hohl wirkten, erträglicher. Aber Christoph Andersen mied diese Exzesse, verließ die Offiziersmesse, ging in die Kirche, wenn die anderen Lieder grölten. Margarete Andersen kann Denken und Fühlen ihres Mannes nur aus vorsichtigen Andeutungen seiner Briefe rekonstruieren. Die Zensur verbot ihm jedes offene Wort. Und die Zeit zwischen den Kriegseinsätzen war keine für das Gespräch über Bedrückung und Kummer für die beiden Liebenden. Sie war kurz und kostbar. »Da waren wir froh, dass wir uns hatten.« Auch wenn das Wenige, was er von seinem Dienst erzählte, grimmig und Unheil kündend klang. Christoph Andersen war zum Leutnant degradiert und innerhalb Norwegens zwangsversetzt worden. Er wurde kein besserer Nazioffizier. Die nächste Stufe der Maßregelung war die Abordnung an die Westfront, wo Hitlers Paladine eine Invasionsarmee mit gigantischen Ressourcen zu stoppen versuchten.

Christoph Andersen fuhr über Berlin an die Westfront. Seine Frau Margarete fuhr ebenfalls in die Reichshauptstadt, um dem Krieg noch einmal ein wenig gemeinsame Zeit abzutrotzen.

Sechs Briefe hat Christoph Andersen ihr in den Tagen bis zu seinem Tod noch schreiben können. Den ersten hat er gleich im Zug zu Papier gebracht und vom nur wenige Kilometer entfernten Umsteigebahnhof aus abgeschickt. Jeder Brief trug die Nummer einer anderen Einheit. Für die Menschen daheim, die jedes Detail der Briefe aufsogen, war dies das sichere Zeichen, dass nun auch im Westen eine enorme Blutmühle in Gang gekommen war. Christoph Andersen wurde offenbar immer weiterversetzt, weil sich Einheit nach Einheit auflöste.

Dem sechsten Luftpostbrief folgte kein weiteres der ersehnten Lebenszeichen. Stattdessen kam das täglich in jedem deutschen Haushalt befürchtete Schreiben, das müde von Opfer, Mut und ewigem Andenken leierte. In krakeliger Schrift enthielt Margaretes Schreckenspost die Mitteilung, dass Christoph Andersen gefallen sei. Am 3. Januar 1945. Bei Bastogne. Fast genau ein Jahr nach seiner Hochzeit. Nicht der Postler, der Ortsgruppenleiter überbrachte das Schreiben, das heißt, er wollte es überbringen. Aber er kam nicht bis zur Haustür. Margarete Andersens Vater, der in der Weimarer Republik für die Demokratie gekämpft hatte und die braune Macht aus tiefster Seele hasste, trat dem Nazifunktionär entgegen. »Sie betreten mein Haus nicht«, beschied er ihn. Den Triumph über die Tränen der Trauernden wollte er ihm nicht gönnen.

Margarete Andersen hatte einen geliebten Menschen verloren. Mitten in ihrer Trauer galt es, ein anderes Leben zu schützen. Sie sorgte sich, dem Kind in ihrem Bauch könne etwas geschehen. Falls sie selbst nicht von einer Bombe zerrissen, in einem Keller verschüttet, von den sauerstoffgierigen Flammen eines von Brandbomben entzündeten Feuersturms erstickt würde, so war sie sicher, würde sie den Krieg auch überstehen. Aber was war mit dem Wesen, das in ihrem Bauch heranreifte? Wie überstand dieser werdende Mensch Stress und Alarm, die Angst der Mutter, den Schlafentzug, wie reagierte der kleine Körper auf die Erschütterungen der Bombeneinschläge? Margarete Andersen wollte weg. Die Bombenangriffe auf die Städte wurden immer heftiger. Mittels eines ärztlichen Attests ließ sie sich vom Schuldienst befreien. Die Fahrt, um dieses kostbare Papier bei ihrem Rektor abzuliefern, kostete sie beinahe das Leben. Mitten im Januar radelte die Schwangere in einem dünnen schwarzen Kleid – es gab keinen Stoff für einen dunklen Wintermantel, und ihr war es wichtig, in der Öffentlichkeit Schwarz als Zeichen der Trauer zu tragen – in ihre Schule im Nachbarort. Auf dem Heimweg kamen die Tiefflieger. Ein Mensch auf einem Fahrrad, das war eines jener Ziele, auf das diese Maschinen manchmal eindrehten und manchmal nicht – je nachdem, ob der Pilot glaubte, das Dritte Reich ließe sich Mensch um Mensch, Zivilist um Zivilist beseitigen, oder ob er rein militärische Ziele suchte. Margarete Andersen duckte sich tief in den Dreck des Straßengrabens, bis das Brummen der Motoren verklungen war. Sie erinnert sich noch an eines jener absurden Details des Krieges – dass sie im selben Moment sowohl Angst um ihr Kind wie Angst um ihr Kleid hatte.

Nun, da sie aus ihrer Dienstverpflichtung als Lehrerin gelöst war, brachte ihr Vater Margarete und ihre Schwester in einem kleinen Ort im Taunus unter, wo die Tante der beiden eine Gastwirtschaft führte. Dass Margarete hier Unterschlupf suchen solle, hatte Christoph ihr schon beim letzten Treffen geraten. Margarete Andersen packte Aussteuer, Bettwäsche, Tischtücher und Handtücher ein, einen Korb voll Babykleidung, legte ihr Hochzeitskleid dazu und den guten schwarzen Anzug ihres Mannes, als sei noch zu erwarten, dass eines Tages ein vertrauter Heimkehrer vor der Tür stehen werde, mit einer unglaublichen Geschichte von verwechselten Todesmeldungen und langer Gefangenschaft. Im Fluchtort waren die Verlobten oft gewesen. Margarete Andersen lief über Wege, die auch Christoph Andersen gegangen war. Die Menschen hier hatten ihn gut gekannt. Seine Witwe konnte dem Abwesenden in der Vertrautheit des kleinen Taunusdorfes so nah sein wie nirgendwo sonst. »So habe ich die Verbindung zu ihm gespürt.« Es gab kein Grab als Ort stummer Zwiesprache. Kein Kreuz, an dem sich eine Blume niederlegen ließ. Solch tröstliche Rituale blieben Margarete Andersen verwehrt, sie musste im Stillen eine ganze Landschaft zum Grabstein erklären.

Doch als sich das Dritte Reich zunehmend auflöste, ohne dass sein in Berlin im Führerbunker verschanzter Tyrann eine Kapitulation angeboten hätte, strömten mehr und mehr Truppen auf dem Rückzug in die Provinz. Auch in den Wäldern um den kleinen Taunusort verschanzten sich die Geschlagenen, und die Kampfflugzeuge der Alliierten begannen Angriffe auf zuvor noch verschonte Bereiche zu fliegen. Das Gasthaus von Margarete Andersens Tante wurde bombardiert. Margarete und ihre kleine Schwester rannten Hand in Hand aus dem brennenden Haus um ihr Leben und fanden Zuflucht in einem Keller. Das Hochzeitskleid und der schwarze Anzug wurden ein Raub der Flammen. Den Korb mit der Babywäsche fanden die Ausgebombten später verrußt, aber nutzbar unter einem herabgebrochenen Balken. Hätte Margarete Andersen den Anzug ihres Mannes nicht in den Flammen verloren, sie wäre noch oft aufgefordert worden, sich von ihm zu trennen. Soldaten, die sich von einer nicht mehr zu haltenden Front davonmachten, zogen durch den Ort und baten um Zivilkleidung, um von den nachsetzenden Franzosen nicht verhaftet zu werden. Margarete Andersen hat diese Szenen noch ganz genau vor Augen. »Ich seh mich noch auf der Holztruhe sitzen«, sagt sie und hält kurz inne im Erzählen. Die Truhe barg ihr gesamtes Hab und Gut. Was sie quält, ist nicht die Erinnerung an jene, die mit dem Leben davongekommen waren und nun einen Rückweg ins Zivilleben suchten. Es ist die Erinnerung an ihre sinnlose Hoffnung, ihr Mann möge sich doch noch unter den Flüchtenden finden, und an die Bitterkeit, die ihr immer wieder ins Bewusstsein rief, dass Christoph Andersen nicht einfach aus einem todesähnlichen Märchenschlaf aufwachen würde, um sich im Rücken fremder Panzer auf den Weg nach Hause zu machen.

Christoph Andersen kam nicht wieder. Dafür kamen die Bezwinger des Faschismus. Margarete Andersen, die sich auf das Ende Hitlers freute, war auch Realistin. Sie versteckte ihre norwegische Verlobungskette und ihren Schmuck und sie half mit, das Motorrad des Cousins aus der Sichtweite begehrlicher Augen zu bringen. Schmuck und Motorrad blieben erhalten. Aber Margarete Andersen fand es trotzdem schwer, die erwartete Sympathie für jene Männer zu empfinden, die sie eine Zeit zuvor gerne als Befreier begrüßt hätte. Sie wurde den Gedanken nicht los, sie habe hier auch jene Männer vor sich, durch deren Waffen ihr Mann gestorben war. Das sehnlich Erwartete war etwas Grauenerregendes geworden. »Das war ein Widerspruch, den ich verarbeiten musste.« Ihre nüchternen Worte beschreiben wohl nur unzulänglich, welcher Schmerz an Margarete Andersen gefressen haben mag.

Je deutlicher sich der Frieden über die Spuren des Krieges legte, je fester sich das Zivilleben nicht als Kampfpause, sondern als verlässliche Zukunft einrichtete, desto unbezweifelbarer wurde die Gewissheit, dass Christoph Andersen für immer fort war, auf ewig nun Teil einer nicht mehr betretbaren Vergangenheit. Seine Witwe kehrte aus dem Ausweichquartier im Taunus ins noch stehende Elternhaus zurück und wartete auf die Niederkunft. Sie verbrachte bange Tage des Wartens, gequält von der Sorge, mitten im Frieden könne ihr Kind doch noch vom Krieg gezeichnet zur Welt kommen. Aber Margarete Andersen brachte ein gesundes Kind zur Welt.

Das Kind brauchte sie, aber Margarete Andersen brauchte auch das Kind. Es gab ihr Kraft. Und es sah dem Verstorbenen ähnlich. »Er hatte seine Augen. Das habe ich schon bemerkt, als er noch ein Säugling war. Vielleicht ist es ja Einbildung. Aber es ist so«, sagt Margarete Andersen und lacht dabei. Sie weiß, dass man das als Sentimentalität einer alten Frau abtun könnte. Das macht ihr schon lange nichts mehr aus.

Sie hat ihren Sohn damals gestillt. Aber weil schon die Mutter schlecht ernährt war, genügte das für einen Säugling nicht. Von einer Cousine, die in einem Säuglingsheim arbeitete, bekam Margarete Andersen Milchpulver, um den Kleinen aufzupäppeln. Im Rosenbeet pflanzte sie Spinat, Kraut und Rote Rüben. Aus Kartoffelbrei und zerkleinertem Gemüse bestand die Säuglingsnahrung in der Nachkriegszeit, vermischt mit ein bisschen Pulvermilch: das Wirtschaftswunder war noch fern, der Traum vom Schlaraffenland war ein Küchenregal mit Schokolade und Kaffee.

Margarete Andersen dachte nach dem Krieg vor allem an ihr Kind, nicht an große politische Strukturen. Aber im Kleinen wurde sie jeden Tag an das politische Gewebe auch in der Provinz erinnert. Im Haus ihres Vaters gingen nun die Nachbarn, auch sehr entfernte Nachbarn, ein und aus. Sie brauchten etwas: ein gutes Wort von ihm. Sie hofften auf ein Zeugnis des erwiesenen Antifaschisten Miller, sie seien keine Nazis, sondern allenfalls Mitläufer gewesen. Sie mussten sich nicht verrenken für diese Bitte, ihr Selbstbild war frei von Zweifeln, ihr Wunsch nach reibungslosem Hinübergleiten in die neue Zeit frei von Schuldbewusstsein. Margarete Andersens Vater, dem der Ortsgruppenleiter einst zugerufen hatte, er sehe ihn schon am Birnbaum hängen, verbat sich Groll und Aufrechnung. Der zuvor Geschmähte und Gemiedene zeigte Größe, sprach sich aus gegen Hass und Vergeltung. »Mit denen, die wirklich Buße tun und einsehen, dass sie falsch gehandelt haben, muss man weiterleben. Es bleibt uns nichts anderes übrig«, zitiert Margarete Andersen ihren Vater. Es gab auch jene wirklich Belasteten im Ort, die ihm gerade diese Größe nicht verziehen. Die den Mann, der schon in der Weimarer Republik Demokrat gewesen war, im Frieden nie mehr grüßten.

Margarete Andersen kehrte schon 1946 in ihren Beruf zurück. Sie wurde gebraucht. Denn die Zahl der vom Nationalsozialismus unbelasteten Lehrer war klein. Jede freie Minute, die nicht für Schule, Kochen, Kinderbetreuung oder die in Mangelzeiten mühsame Lebensmittelbeschaffung verplant war, saß Margarete Andersen an ihren Holzschnitten. Ist es Zufall, dass sie ein Medium gewählt hat, das nur hell und dunkel, nur den übergangslosen Wechsel von Weiß zu Schwarz kennt? »Ich wurde ja auch von heute auf morgen in mein Leben als Witwe geworfen«, sagt Margarete Andersen dazu. Neben ihrem Beruf und ihrer Rolle als Mutter studierte sie selbst weiter Kunst. Kurz träumte sie von einem Leben als freie Künstlerin. »Aber das war natürlich Blödsinn. Damit konnte man ja keinen Pfennig verdienen«, sagt sie heute so nüchtern, als müsse sie der jungen Margarete noch einmal ihre Flausen austreiben. Denn die junge Margarete liebte die Kunst. Sie malte Hinterglasbilder für amerikanische Soldaten, mit Farben, die sie von ihrem Kunstprofessor bekam. Nur brachte diese Einzelfertigung viel zu wenig ein. Ihre Rente als Kriegerwitwe war gering. Ihr Vater drängte, sie müsse die nun anstehende sichere Anstellung als Lehrerin dem Risiko der Kunst vorziehen. Sogar ihr Professor riet der jungen Frau, weitere Scheine an der Hochschule zu machen, um in den gehobenen Schuldienst aufzusteigen. Als Margarete Andersen später auf dem Ministerium um eine Stelle an ihrem Wohnort vorsprach, um es als allein erziehende Mutter leichter zu haben, traf sie auf eine jener vielen deutschen Amtsgestalten, für die das Ende des Nationalsozialismus kaum mehr bedeutete, als dass sie nun keine Angst mehr haben mussten, bei ihrem täglichen Ausleben des Obrigkeitsstaatswahns von einer Bombe getroffen zu werden. Zynisch wies die Beamtin die Antragstellerin ab. »Sie haben ja ein Kind und haben gehabt, was Sie wollten!« Oder war hier gar keine kleine Schreibtischtyrannin am Werk? Sondern vielleicht eine Frau, die ihren Lebenspartner verloren hatte, noch bevor das erste Kind gezeugt war, und nun mit sengender Verbitterung auf jede blickte, die ein lebendes Zeugnis der Liebe aus dem männerverschlingenden Krieg gerettet hatte?

Eine Stelle an ihrem Wohnort bekam Margarete Andersen erst 1950. In dem Jahr, in dem sie einen großen Schritt tat, um die letzten Spuren eines Endes zu finden – des Lebensendes ihres geliebten Mannes. Mühsam schlängelte sich damals der VW-Käfer der Andersens über die Landstraßen Luxemburgs. Auf dem Rücksitz des Autos saßen Margarete Andersen, 30 Jahre war sie da, auf ihrem Schoß ihr fünfjähriger Sohn, vorne saßen Margaretes Eltern. Je näher sie ihrem Ziel kamen, desto enger wurde ihnen ums Herz. Sie hatten lange gesucht, hatten bei der Kriegsgräberfürsorge Erkundigungen eingeholt, hatten nicht aufgehört nachzubohren. Auf einer alten Generalstabskarte hatten sie zu Hause gefunden, was sie nun in der weniger leicht überblickbaren Landschaft suchten: das Örtchen Bastogne in Belgien. Hartnäckig befragte Margarete Andersens Mutter Passanten nach diesem Ziel. An einem Waldrand fanden sie schließlich die Gräber dreier deutscher Soldaten. Aber diese Gräber waren leer. Man hatte die Gefallenen bereits auf den Soldatenfriedhof in Sandweiler umgebettet, wurde ihnen erklärt. Zwei waren unter ihren Namen beigesetzt worden. Der dritte lag anonym, ihm hatte die Kugel die Erkennungsmarke zerfetzt. Aber es konnte nach menschlichem Ermessen nur Christoph Andersen sein. Von nun an lagen dort jedes Jahr an Christoph Andersens Geburtstag Blumen vor der Tafel, an der nun auch sein Name angebracht worden war. Ein Friedhofsgärtner brachte sie in Margaretes Namen.

Mutter und Sohn haben später gemeinsam künstlerisch gearbeitet. Die Plakate, die ihr Sohn gestaltete, illustrierte Margarete Andersen mit den Holzschnitten aus ihrer Werkstatt. Mutter und Sohn mögen jene Kunst, in der Schwarz und Weiß hart aufeinander prallen. In der die Lücke dem, was übrig bleibt, Sinn und Gestalt gibt.

»Das war wirklich Liebe!«

Die Liebe zu einem polnischen Zwangsarbeiter bringt die Magd Anna ins KZ, und ihr Dorf will davon lieber nichts gewusst haben

Das Dorf ist gewachsen in den letzten Jahrzehnten. Die Autobahn, die in den siebziger Jahren gebaut worden ist, führt direkt an der 1800-Seelen-Gemeinde vorbei. Neue Industrie am Ortseingang und in der Umgegend hat Menschen hierher gelockt: dies ist keine von der Landflucht ausgedünnte Gemeinde. Aber noch immer steht ein kleines, altmodisch bescheidenes Häuschen zwischen den viel größeren und prächtigeren Höfen und Neubauten, wie ein Symbol der Standhaftigkeit und des hartnäckigen Ausharrens. Neben der Tür ist das Schild mit dem Namen der Bewohnerin angebracht, hochkant, weil das Häuschen so klein ist, dass überall wenig Platz bleibt. Es ist ein Häuschen wie aus einem Kinderbuch, und auch die Bewohnerin scheint auf den ersten Blick einer tröstlichen Geschichte der Beständigkeit und Verwurzelung zuzugehören. Sie wohnt hier seit ihrer Geburt vor fast vierundachtzig Jahren. Wrzesinski lautet ihr Nachname, den das Schild nur hochkant präsentieren kann, der hier also buchstäblich nicht herpasst. Es ist kein Allgäuer Name.

Es gibt einen Mann hinter diesem Namen und wie das Schild stand auch er quer zur Dorfgeschichte. Wer sie hört, weiß, dass dieses Haus keiner Kinderbuchfantasie entstammt. Hinter dem polnischen Namen verbirgt sich eine sehr deutsche Geschichte. Sie handelt von einer großen und tiefen Liebe zwischen der Bauernmagd Anna und dem Zwangsarbeiter Henryk Wrzesinski, den alle nur Heinrich nannten. Aber diese Anrede machte ihn noch nicht zu einem Menschen wie alle anderen. Diese Liebe durfte nicht sein. Sie verstieß gegen die Gesetze des Nazistaates. Anna Wrzesinskis Geschichte ist eine von Unmenschlichkeit und blindem Gehorsam. Sie führt die Liebenden in mehrere Polizeigefängnisse und in die Konzentrationslager von Ravensbrück und Dachau. Sie handelt von schlimmsten Demütigungen, von physischen und psychischen Torturen, von der Folter des Lebens in der Todeszelle. Trotzdem ist es keine ganz und gar außergewöhnliche Geschichte. Aber es ist die Art deutsche Heimatgeschichte, die Dorfchroniken meist verschweigen. Von denen, die alles wissen und nichts sagen wollen, hört man bei der Suche nach der Wahrheit Sätze wie »Nun ist über alles endlich Gras gewachsen« oder »Man muss die Menschen auch einmal zur Ruhe kommen lassen«. Daraus spricht vor allem das eigene Bedürfnis nach Ruhe, der Unwille, Schuld und Verantwortung für den eigenen Ort geltend zu machen. Die Opfer von damals müssen einfach weiterleben mit ihnen, ihre Biographien sind geprägt von dem, was anderen kein Wort, keinen Gedanken und keine Reue wert scheint. Der dicke Mantel des Vergessens liegt nicht für alle über »den schweren Jahren«.

Anna Maria Wrzesinski, geborene Zick, macht den anderen das Vergessen schwer. Sie hat selber vieles am eigenen Leib durchgestanden. Nun müssen die anderen wenigstens die Erzählungen darüber aushalten, was ihr widerfahren ist. Jene, die Anna samt ihrer Geschichte bereits für erledigt hielten. Die erstaunt fragten: »Wie, du lebst noch?«, als sie abgemagert und völlig erschöpft nach dreizehn Monaten Haft im Konzentrationslager Ravensbrück wieder in ihrem Heimatdorf auftauchte. Als aus der Ravensbrücker Lagernummer 28209 wieder der Mensch Anna Zick wurde.

Sie wohnt noch immer in dem kleinen Häuschen, aus dem man sie damals davongeschleift hat. In dem sie einen schweren alten Ofen mit Holz anheizen muss, wenn die Tage kälter werden. Auf diesem Feuer kocht die Hausherrin dann auch. Sie besitzt eine elektrische Kaffeemaschine, aber die holt sie erst in die Küche, wenn sie sich tatsächlich einen Kaffee macht. Sonst wäre das Gerät nur im Wege. Es geht eng zu auf diesen paar Quadratmetern: Eine Bank, ein Tisch, ein Stuhl, eine Spüle, ein Küchenbüfett und der Herd mit seinem dicken Ofenrohr stehen hier dicht aufeinander. Eine steile Holztreppe führt hier herauf, in die kleine Wohnküche über der ehemaligen kleinen Schreinerwerkstatt ihres Vaters. Bescheidener kann man kaum leben.

Doch Anna Wrzesinski ist diese Wohnung lieb und teuer, eine Kraft gebende, wertvolle Erinnerung an ihren Vater. Der hielt zu seiner Tochter gegen alle politischen Stürme. Der einfache Mann hatte schon vorher Menschlichkeit gezeigt, als die Honoratioren des Orts stolz und drohend in ihren Naziuniformen umhergockelten. Er öffnete die Tür seiner Werkstatt für die polnischen Zwangsarbeiter im Dorf. Hier fanden sie einen Ort, an dem sie hin und wieder zusammenkommen konnten. Er blieb ein Menschenfreund, während andere die Menschlichkeit aus ihrem Leben ausblendeten. Der Vater von sechs leiblichen und einem angenommenen Kind hielt auch zu seiner Tochter, als die das uneheliche Kind eines polnischen Zwangsarbeiters zur Welt brachte. Die kleine Wohnung von Anna Wrzesinski steht für den Zusammenhalt einer Familie und die bedingungslose Liebe und Fürsorge des Familienoberhaupts. Die waren nicht in allen Familien selbstverständlich.

Die kleinen Zimmer baute der Vater für Tochter und Schwiegersohn aus, als die Menschen in Deutschland an Geschichten wie die von Anna und Heinrich nicht mehr erinnert werden wollten. Aber die beiden brauchten ein Zuhause. Sie hatten am 16. Juli 1945 in der katholischen Dorfkirche geheiratet. Die Nazis hatten viele solcher Paare mit ihren Henkern auseinander gerissen. Dieses hatte überdauert. Doch die Hochzeit kam einem Wunder gleich. Der Arzt hatte dem abgezehrten Bräutigam, den amerikanische Einheiten im Konzentrationslager Dachau befreit hatten, keine Überlebenschance eingeräumt. »Die Ärzte haben gesagt, ich soll mich bereithalten«, sagt Anna Wrzesinski. Die Mediziner redeten von Heinrichs Tod. Anna kämpfte stur um sein Leben und flößte ihm täglich Milch ein. Es war schon so vieles in ihrem Leben anders gekommen als erwartet. Warum sollte das Schicksal nicht auch einmal zum Guten von allen Vorhersagen abweichen?

Vielleicht ließen diese trotzige Zuversicht und ein unbändiger Wille, die bisherigen Qualen nicht umsonst durchgestanden zu haben, Heinrich genesen. Der Pfarrer sagte bei der Trauung Worte, die die Braut noch heute zitieren kann. »Es war wirklich Liebe«, predigte er. Keine zwei Jahre zuvor hatte der Gottesmann, wenn auch heimlich, die Tochter der beiden getauft. Die galt da noch in den Augen des Staates als minderwertige Frucht einer illegalen, volksverräterischen Beziehung. Und in den Augen der Kirche war sie ein Kind der Sünde.

Doch es war nicht so, dass im neuen Deutschland nach der Befreiung alle Sorgen zu Ende waren und besondere Rücksicht auf die schwer Misshandelten genommen wurde. Die zuvor verfemte Liebe brachte neue Probleme. Mit der Heirat wurde das Kind von Anna und Heinrich staatenlos. Denn Heinrich Wrzesinski hatte seine Staatsangehörigkeit verloren, Anna, ihrer Tochter und dem später geborenen Sohn wurden sie abbeziehungsweise gar nicht erst zuerkannt. »Ich wurde erst am 5. März 1968 wieder deutsch«, sagt Anna Wrzesinski. 23 Jahre lebte sie als Staatenlose in ihrem Heimatdorf, ganz offiziell als nicht zugehörig abgestempelt. Ein Vierteljahrhundert lang bestätigte ihr der Blick in den Pass, dass die Gesellschaft sie ausgestoßen hatte. Dieses Ausweispapier bezeugte noch Jahre nach dem Untergang des Vorgängerstaates, der sich die Quälereien für sie ausgedacht hatte, das Stigma ihrer Existenz. Hier hatte sie Brief und Siegel, dass es leichter war, als Nazibürgermeister oder NSDAP-Ortsgruppenleiter wieder in die Gemeinschaft aufgenommen zu werden denn als »Polenliebchen«. Eine, die sich mit einem Fremdarbeiter eingelassen hatte, so einer musste man auch nach dem Abhängen des Hitlerbildes noch lange nicht die Hand reichen.

Aber aus dem Ort wegzugehen, in dem sie und ihre beiden Kinder geboren worden waren, wäre für Anna so wenig wie für ihren Mann in Frage gekommen. Die Heimat lässt man sich nicht ein zweites Mal nehmen, sagt sie. »Hier bin ich daheim. Mit dem, was ich getan habe, kann ich mich sehen lassen. Ich habe nichts Unrechtes getan und mein Mann auch nicht.« Heinrich Wrzesinski hätte ohnehin nicht nach Polen zurückkehren können. Der Eiserne Vorhang trennte ihn vom Land seiner Väter. Erst viele Jahre später konnte er seine Geschwister dort wieder besuchen. Seine Mutter sah der gelernte Bäcker, den die Deutschen 1940 zusammen mit seiner Schwester als Arbeitskraft für die Landwirtschaft ins Deutsche Reich verschleppt hatten, nie wieder. Sie starb 1947, lange vor seinem Besuch in der alten Heimat. Ihre Schwiegertochter Anna hat sie nie kennen gelernt.

Wenn Anna Wrzesinski erzählt, sprechen auch ihre blaugrauen Augen. Manchmal füllen sie sich mit Tränen. Dann zieht sie ein Taschentuch aus dem weißen Pulloverärmel, schnäuzt sich kurz die Nase und steckt es schnell wieder zurück. Manchmal nehmen diese Augen beim Erzählen einen Ort in den Blick, den nur Anna Wrzesinski wirklich sehen kann. Diese Augen suchen nach Redlichkeit und Ehrlichkeit, sie mustern Menschen auf der Suche nach dem Guten. Auch jene, die Anna Wrzesinski Böses getan haben. Manchen ihrer Sätze beendet die Dreiundachtzigjährige mit einem »Jaja«. Dann haben die Augen tief im Innern wieder eines der Bilder gefunden, nach denen sie gesucht haben. Aber Anna Wrzesinski weiß auch, dass sich in der Behaglichkeit einer geheizten Stube nur schwer nachvollziehen lässt, was sie erlitten hat. Dass alles Erzählen und Zuhören nur vorsichtige Annäherung sein kann. Dennoch berichtet sie. Soll alles Erlebte der Vergessenheit anheim fallen? Sollen nur die erzählen, die angeblich von nichts gewusst haben? Sollen nur deren Geschichten überdauern? Anna Wrzesinski stellt ihre Erinnerungen gegen die Gedächtnisschwäche der anderen.

Vor zwei Jahren hat sie noch einen viel gewaltigeren Schritt getan. Nachdem sie ihren Hausarzt konsultiert hatte, ob ihr

Herz das wohl aushalten werde, ist sie mit ihrer Tochter und einem Filmteam noch einmal nach Ravensbrück gefahren. Anna Wrzesinski fand sich sofort zurecht, auch wenn die Baracken nicht mehr standen, die große Gaskammer abgetragen war. Manche Erinnerungen verflüchtigen sich ein Menschenleben lang nicht.

Die Frau mit den weiß gelockten, adrett frisierten Haaren, dem grauen Faltenrock und dem derben Schuhwerk ist alles andere als ein fanatischer Mensch. Als ihr Mann Heinrich noch lebte, hat er den Kindern von nebenan einmal aus seinem Leben erzählt. Sie kamen gern auf Besuch zu dem alten Mann. Sie hatten zusammen auf der Bank vor dem kleinen Haus gesessen, und Heinrich war Mal um Mal ins Reden gekommen. Seine jungen Gäste hatten aufmerksam zugehört, wenn er erklärte, warum er in Deutschland und nicht in Polen lebte. Heinrich erzählte, wie er seine Anna gefunden hatte und welch traurige Zeit sie zusammen durchgestanden hatten. Die Kinder erzählten es einer Lehrerin weiter. Aber als die einen Zeitzeugen für den Geschichtsunterricht suchte, hatte Heinrich Wrzesinski seinem Leben bereits ein Ende gesetzt. Er konnte nach Jahrzehnten die dauernden marternden Rückenschmerzen, eine Folge seiner KZ-Haft, nicht mehr ertragen. Jahrzehntelang hatte er sich tapfer gegen seine Lähmungserscheinungen gestemmt, hatte gegen die Diagnose der Ärzte aufbegehrt. Sie lautete: »partielle Querschnittslähmung«. Von zähem Willen angetrieben, hatte er sich Tag für Tag mit Krücken in die Küche in den ersten Stock geschleppt. Da war er schon hundert Prozent schwer beschädigt und hätte nicht mehr arbeiten müssen. Er wollte es allen ärztlichen Prognosen zum Trotz. Aufzugeben kam für ihn nicht in Frage. Das hatte er auch in den bittersten Nazitagen nicht getan. Aber irgendwann waren seine Tapferkeit und seine Widerstandskraft dann doch aufgebraucht. Das war im Jahr 1993. Seine Witwe Anna übernahm das Erzählen vor der Schulklasse und wuchs ohne viel Zögern in ihre neue Rolle hinein. Anna Wrzesinski hatte ihren

Mann verloren und damit einen wichtigen Gesprächspartner, der sie verstand wie niemand sonst. Nur sie beide wussten genau, was der andere erlitten hatte. »Wir sind ja jeden Tag darauf gekommen«, erinnert sie sich an das Leben zu zweit.

Je älter Heinrich geworden war, desto heftiger hatten ihn die Albträume heimgesucht. Jede Nacht verbrachte er wieder in der Todeszelle, bäumte sich wild auf, sprach fiebrig vor sich hin. Anna Wrzesinski konnte die Worte zwar nie verstehen. Aber sie begriff sehr wohl, warum es in ihrem Haus keine Schlüssel in den Schlössern geben durfte. Alle Türen mussten stets unverschlossen bleiben. Nach Todeszelle und Konzentrationslager wollte Heinrich in seinem Haus durch jede Tür gehen können, ohne sie erst aufschließen zu müssen. Und niemand sollte ihn je mehr einschließen können. Er wollte das Geräusch der Schließer im Gefängnis München-Stadelheim, die jeden Dienstag und Freitag kamen, um die zum Tode Verurteilten zur Hinrichtung zu holen, aus seinem Leben verbannen. Nicht einmal den leisesten Anklang an das metallische Kratzen und Scheppern konnte er ertragen. Und doch gelang es ihm auch in einer Wohnung ohne Schlüssel nicht, die Monate in der Todeszelle mit ihrer beständigen Angst vor dem Fallbeil hinter sich zu lassen. Alles, was er tun konnte, war, die Erinnerungen auf die Nacht zu verschieben. In seinen Träumen fielen sie regelmäßig wieder über ihn her. Von alldem und seinen Ursachen konnte Anna Wrzesinski der Lehrerin erzählen. »Ich bin ihr so dankbar«, sagt sie heute und schaut froh aus, obwohl sie Trauriges zu berichten hat. »Ich habe dadurch so viele Menschen kennen gelernt. Das ist gut für mich. Ich brauche das.«

Anna Wrzesinski ist nun schon oft mit pochendem Herzen vor Schulklassen getreten und hat von Heinrich, dem Knecht, erzählt, der zusammen mit seiner Schwester aus Polen nach Deutschland gebracht worden war. Nur für eine Saison, nur für ein paar Monate, hatte man ihnen beruhigend zugeredet. In Kempten kamen sie zusammen mit vielen anderen Zwangsarbeitern an. Ein Unrecht sahen die wenigsten Deutschen im Einsatz dieser modernen Sklaven. Die eigenen Männer waren im Krieg, Arbeitskräfte wurden dringend gebraucht. Was lag näher, als sie aus den überfallenen Ländern herbeizukarren?

Heinrich und seine Schwester wurden zwei verschiedenen Bauernhöfen zugeteilt. Die Sprache des Landes, in das man sie verschleppt hatte, beherrschte zu diesem Zeitpunkt keiner von ihnen. Trotzdem muss sich Henryk dem Sohn jenes Bauern, bei dem er arbeiten musste, verständlich gemacht haben. Denn der begriff die Notlage des jungen Polen, erbarmte sich und machte sich für ihn auf die Suche nach der verschollenen Schwester. Er fand sie auf einem Hof ganz in der Nähe von Annas Heimatdorf. Heinrich, wie er sich nun nennen lassen musste, machte sich auf, sie zu besuchen. Dabei gelang ihm gleich noch ein weiteres Kunststück der Kommunikation. Er überzeugte den Dienstherrn seiner Schwester, auch ihn aufzunehmen. Die Regelungen für Fremdarbeitszuteilung erlaubten das nicht. Doch Heinrich gab nicht auf und schaffte es, wenigstens auf einen Hof in der Nähe seiner Schwester übersiedeln zu dürfen. Es war der Hof, auf dem Anna als Magd arbeitete.

Einundzwanzig Jahre alt war sie, als Heinrich in ihr Leben trat. »Wir waren füreinander bestimmt«, sagt die Dreiundachtzigjährige über ein halbes Jahrhundert nach dieser Begegnung mit Nachdruck. Die Neugierde, das Gerücht, ein neuer Arbeiter habe beim Bauern angefangen, hatten sie an diesem Abend das Geschirrspülen unterbrechen lassen. Vom Wasserbecken auf dem Hof aus hatte sie in der Stube Geräusche gehört. Anna trocknete sich die Hände an ihrer Schürze ab, dann folgte sie den Stimmen aus der Stube. Beim Eintreten stand schon der Neuankömmling vor ihr. Ihre Blicke trafen sich. Worte brauchte es keine. »Es war gegenseitig«, sagt Anna Wrzesinski. Das Herz schlug von da an schneller, wenn sie den Knecht aus Polen traf. Ihre Hände zitterten, wenn sie miteinander arbeiteten. Sie war verliebt. Aber sie durfte es nicht sein, denn diese Liebe war strafbar. Obwohl Anna spürte, dass Heinrich empfand wie sie, schloss sie ihre Gefühle fest im Herzen ein. »Wir haben uns nicht zeigen dürfen, dass wir uns mögen.« In die Erinnerung an diese erste wunderbare Liebe mischt sich Wehmut. Denn die Erzählerin kann diese Zeit nicht ohne ihr furchtbares Ende denken.

Wie viel Selbstbeherrschung muss das Paar, das keines sein durfte, jeden Tag aufgebracht haben? Anna lernte den neuen Knecht an, arbeitete täglich mit ihm zusammen – und musste ihr Verliebtsein wie einen Makel verstecken. Beide zwangen sich, »aneinander vorbeizukommen«. Und trotzdem schöpfte der Bauer Verdacht. Allzu oft standen die beiden zusammen. Zu innig waren die Blicke, die sie sich zuwarfen. Zwar blieb vorerst alles im Reich von Misstrauen, Ahnung und Verdacht, sprach noch keiner eine Anklage aus. Aber das Schwert hing doch schon über Anna und Heinrich.

Denn es war die Zeit der so genannten Polenerlasse. Bereits am 10. September 1939 hatte Adolf Hitler laut einem Vermerk des Reichsführers SS, Heinrich Himmler, kurz nach dem deutschen Überfall auf Polen geregelt, wie der unrechtmäßige Kontakt zwischen Deutschen und ausländischen Zwangsarbeitern beziehungsweise Kriegsgefangenen zu ahnden sei. Darin heißt es, »dass in jedem Fall ein Kriegsgefangener, der sich mit einer deutschen Frau oder einem deutschen Mädel eingelassen hat, erschossen wird und dass die Frau beziehungsweise das Mädel in irgendeiner Form öffentlich angeprangert werden soll, und zwar durch Abschneiden der Haare und Unterbringung in einem Konzentrationslager. Bei der erzieherischen Auswirkung solcher Maßnahmen muss die Partei weitestgehend eingeschaltet werden.« Am 8. März 1940 wurde diese Anordnung zu einem umfangreichen Erlass des Reichssicherheitshauptamts.

In vielen Fällen hat schon der Hauch eines Verdachts genügt, um die Bestrafungsmaschinerie in Gang zu setzen. In anderen Städten sind bei ähnlichen Beziehungen wie der

Öffentliches Spektakel: Eine Frau wird geschoren

zwischen Anna und Heinrich brave Bürger und fanatische Nationalsozialisten gemeinsam auf die Straße gegangen und haben an einem Spektakel teilgenommen, das nicht nur kritische Beobachter an die öffentlichen Hexenverbrennungen des Mittelalters erinnerte, sondern bewusst an diesen Terror anknüpfte. Vor den Augen aller wurden den der Hurerei und Rassenschande bezichtigten Frauen die Haare vom Kopf geschoren. Das war eine öffentliche Vergewaltigung, ein Akt realer Entwürdigung, der aus der Frau ein geschlechtsloses Etwas machen sollte. Um die Demütigung noch weiterzutreiben, hängten die braunen Rassewächter ihren wehrlosen Opfern Schilder um den Hals. Auf denen stand »Polenliebchen« zu lesen, »Ich bin eine ehrlose Frau« oder »Ich habe mich mit einem Polen eingelassen«. Die so Verhöhnten und Gepeinigten wurden dann von einer aufgepeitschten Menge durch die Straßen ihres Wohnorts getrieben. Die Demütigung von Frauen und Mädchen sollte Strafe und Abschreckung zugleich sein. Wie zahlreiche Fotodokumente zeigen, waren die Täter durchaus stolz auf sich und scheuten keinesfalls das Auge einer Kamera.

Anna und Heinrich, die nicht zueinander finden durften, wussten um die Illegalität der aufwallenden Gefühle. Das nur in Gedanken kosende Paar hatte zumindest eine Ahnung, was passieren würde, verstieße es gegen das Gesetz. »Wir haben ausgehalten bis 1942«, sagt Anna Wrzesinski. »Aber einmal hat jeder Mensch eine schwache Stunde.« In diesen Momenten kapitulieren Vernunft und die Angst um die eigene Person vor dem Wunsch nach Nähe und Berührung. »Die schwache Stunde habe ich gehabt«, sagt Anna Wrzesinski, »dann ist es passiert.« Anna und Heinrich vergaßen alle Vorsicht und genossen einen Augenblick, in dem die Sorge um die Zukunft nichts galt.

Doch nach dieser Stunde lebten Anna und Heinrich nicht glücklicher, sondern in noch größerer Furcht als zuvor. Jede vorsichtige Berührung im Vorübergehen, jeder verstohlene Blick konnte das Ende bringen. Sie lebten eine Liebe ohne Perspektive. Angst und Beklemmung steigerten sich, als Anna bemerkte, dass sie schwanger war. Nun gab es kein Vertuschen, Verschweigen oder Leugnen mehr. In wenigen Monaten würde jeder sehen können, dass etwas geschehen war. Ihr Körper würde sie überführen. Und niemand würde der sittsamen Anna die Mär vom unbekannten, nur eine Nacht durch das Dorf marschierenden Soldatenliebhaber glauben.

Es kam zum Schwur auf Leben und Tod zwischen den Liebenden. Für sie gab es kein Weglaufen, kein Voneinanderlassen. »Wir haben verabredet, es kann kommen, was will, wir sagen die Wahrheit.« Keiner sollte den anderen verleugnen. »Wir waren mutig«, sagt Anna Wrzesinski mit belegter Stimme. Tränen steigen auf, wenn sie sich an diese Momente von Angst, aber auch bedingungsloser Nähe zurückerinnert. »Wir sagen die Wahrheit. Überall nur die Wahrheit. Denn mit der Lüge kommt man nicht weit.« Doch wie können zwei Aufrechte einem perfiden, auf Menschenverachtung errichteten System die Stirn bieten? Dies war kein Märchen mit einem ans Ende der Prüfung gestellten Lohn der lauteren Herzen. An einem Sonntag, denn nur der war arbeitsfrei, ging Anna zu ihren Eltern. »Ich wollte nicht, dass sie es von jemand anders erfahren.« Es war eine der schwersten Stunden im Leben der jungen Frau. Ein anderes Mädchen, das in der gleichen Situation wie sie gewesen war, war im Nachbarort von den Eltern verstoßen worden. Die Angst, ihr könne das Gleiche geschehen, beschwerte jeden ihrer Schritte.

An diesem Vormittag war nur Annas Mutter zu Hause. Die erschrak fürchterlich, als sie von der Schwangerschaft ihrer Tochter erfuhr, und brach in Tränen der Verzweiflung aus. »Dafür kann ich meiner Mutter nicht böse sein«, sagt Anna Wrzesinski heute. Als sie am Abend den Gang noch einmal machte, um nun auch dem Vater zu beichten, horchte sie zuvor an der Tür und hörte ihn im Gespräch mit der Mutter die erlösenden Worte sagen: »Das ist vor tausend Jahren schon vorgekommen. Das kommt in tausend Jahren wieder vor.« Als sie den Vater auch noch sagen hörte: »Die Annie kommt heim«, fiel eine drückende Last von der damals Zweiundzwanzigjährigen ab. Wenigstens von zu Hause drohte ihr kein Ungemach. Sie erinnert sich genau an das, was ihr Vater sagte, als sie sich in die Stube wagte: »Du sollst wissen, dass du einen braven Vater hast.« Wieder muss sie mit den Tränen kämpfen, wenn sie erzählt. Ihr Vater hielt zu ihr bis zu seinem letzten Atemzug, ein überzeugter Christ der Taten, nicht nur der Worte. Aber er bedrängte seine Tochter, ihm zu sagen, wer der Vater ihres Kindes sei. Anna Wrzesinski geriet in einen Loyalitätskonflikt. In ihrer Verzweiflung murmelte sie etwas von einem »unbekannten Soldaten«.

»Das glaub ich dir nicht«, verwarf der Tischler, der seine Kinder dazu erzogen hatte, nicht zu lügen, diese Erklärung.

»Ist es der Bauer?«, fragte die Mutter.

Schweigend standen sie eine Weile in der Stube. In Annas

Innerem, sagt sie, war alles in Aufruhr. »Nein«, brach es schließlich aus ihr heraus, »der Heinrich ist's.«

Für Annas Vater war der Pole kein Fremder. Der junge Mann saß schließlich öfter mit den anderen Zwangsarbeitern bei ihm in der Werkstatt. Auch er verstieß damit gegen die Vorschriften und riskierte einen Konflikt mit den Dorfnazis. Er kannte Heinrich als anständigen, fleißigen Mann. »Kein unrechter Kerl«, wie man auf dem Land sagt. Heinrich war sogar so arbeitsam gewesen, dass der Bauer, zu dem er zuvor abgestellt gewesen war, ihm einen Anzug hatte schneidern lassen. Gegen den Menschen Heinrich hatte Annas Vater nichts einzuwenden. Trotzdem musste er nun großes Unglück für sein Kind fürchten.

Annas Familie bemühte sich, so gut es ging, die Tochter dem wachsamen Auge der Dorfgemeinschaft zu entziehen. Der Alltag wurde eine Folge vermuteter Drohungen und realer Gefahren. Anna fiel auf, dass »der Bauer mit dem Polizisten geredet hatte«. Sie rechnete mit dem Schlimmsten und kündigte, um dem argwöhnischen Mann zu entkommen. Aber der Bauer ließ

Anna Wrzesinski als junge Frau

sie nicht gehen. Er wurde bei den Behörden vorstellig und pochte darauf, er brauche die Arbeitskraft seiner Magd Anna für die kriegswichtige Nahrungsmittelproduktion – und setzte sich durch. Anna durfte ihre Stelle nicht verlassen.

Heute glaubt Anna Wrzesinski, dass es eher Dummheit als Bosheit war, die ihren Arbeitgeber veranlasst hat, in der Gastwirtschaft zu erzählen, dass seine Magd schwanger sei. Und der Vater sei gewiss der Pole, der ebenfalls bei ihm arbeite. »Sie kriegt's vom Polen«, soll er damals gesagt haben. So laut, dass es dem Dorfpolizisten, der dort sein Feierabendbier trank, nicht entgehen konnte. Die Anschuldigung war damit öffentlich. »Der Polizist hat etwas unternehmen müssen«, sagt die alte Frau heute mit Nachsicht, einer von vielen Ansätzen, den anderen Gerechtigkeit widerfahren zu lassen. Dass die polnischen Zwangsarbeiter bei Annas Vater zusammenkamen, darüber hatte der Gendarm in gespielter Ahnungslosigkeit hinwegsehen können – weil ihn niemand offiziell darauf hingewiesen hatte.

»Er war sehr menschlich«, sagt Anna Wrzesinski über den Mann, der als Vertreter der Ordnungsmacht die Repressalienmaschinerie in Gang setzte. Jahre später hat sie sich sogar mit dem Bauern ausgesöhnt, der sie verraten hatte. Weinend seien sie beisammen gesessen. Wieder war es damals ihr Vater, der gesagt hatte: »Reicht euch die Hände.« Anna streckte ihre zur Versöhnung aus und ist froh darüber. Denn wenig später starb der Bauer durch eigene Hand, nach einer Familientragödie. Dass es nicht der lange Schatten ihrer Geschichte war, der in diesem Moment über ihn fiel, ist sich Anna Wrzesinski nach ihrer Aussöhnung gewiss. Sie ist überzeugt, dass jene, die sich ohne Reue schuldig gemacht haben, die großen wie die kleinen Eichmanns, ein »schweres Sterben haben«. Gerechtigkeit, erklärt sie, könne auch erst im Himmel hergestellt werden, aber niemand könne sich ihr entziehen. Vielleicht ist es dieses Gottvertrauen, das ihr geholfen hat, weiterzuleben und nicht zu zerbrechen.

Die irdische Gerechtigkeitspersiflage der Nazis ließ damals nicht lange auf sich warten. Eines Tages im Februar 1943 lief Annas Bäuerin auffällig nervös und ruhelos durch ihr Haus. Gebetsmühlenartig wiederholte sie die Frage, was heute wohl noch alles passieren würde. Auch ihrem Ehemann stand die Aufregung als Schweiß auf der Stirn. Er war kreideweiß und musste sich aufs Sofa legen, um wieder zu Kräften zu kommen. Es war die Angst der Kleinbürger vor den Folgen ihres Verrats. Anna wusste nun trotz der hilflosen Versuche, dem Tag einen Anschein von Normalität zu geben, was ihr bevorstand. Um halb elf kam der Polizist ins Haus.

Gemeinsam suchten Staatsgewalt und Bauer dann den polnischen Zwangsarbeiter Heinrich Wrzesinski. Niemand sagte, warum. Anna brauchte keine Erklärung. Es gelang Anna gerade noch, ihrem Geliebten einen letzten Blick zuzuwerfen. Dann konnte sie nur noch sehen, wie der Polizist ihn um die Hausecke abführte. Sie war im sechsten Monat schwanger. Die Welt wurde düster an diesem Februartag im Jahre 1943 für sie und blieb es für lange Zeit. Wie Anna Wrzesinski heute weiß, wurde ihr Geliebter noch den ganzen Tag über am Ort verhört. Tags darauf wurde er vom Dorfgendarmen ins Memminger Gefängnis transportiert. Annas Mutter traf die beiden zufällig am Bahnhof. Wieder wich der Polizist von seinen Vorschriften ab und ließ Annas Mutter mit dem Gefangenen sprechen. Heinrich legte ein großes Versprechen ab: »Wenn ich durchkomme«, sagte er in seinem mittlerweile gut verständlichen Deutsch, »wenn ich durchkomme, komme ich auf jeden Fall wieder.« Danach verschluckte ihn das Nazisystem, von dem man fürchten musste, dass es ihn nur als Leiche wieder ausspeien werde.

Apathisch versuchte Anna, weiter ihre Arbeit zu tun. Doch wer schon am Boden liegt, bekommt auch Tritte ab. Fast jeder, der ihr in den folgenden neun Tagen begegnete, schüttete Hohn und Spott über die Frau mit dem »Polackenbastard« aus. Die Menschen zerrissen sich das Maul. Sie waren dankbar, im vierten Jahr des Krieges nicht immer nur von Niederlagen im Osten hören zu müssen. Sondern einen überwindbaren Feind in ihrer Mitte zu finden.

Annas Schmerz wurde unerträglich. Sie versuchte, sich zu verstecken, blieb zu Hause bei ihren Eltern. Aber es gab kein Schlupfloch aus dieser Welt. Eine Woche lang ging sie nicht zur Arbeit. Sechs Arbeitstage wartete ihr Arbeitgeber vergeblich auf ihr Erscheinen. Dann kam das Unheil erneut in Gestalt des Dorfpolizisten ins Haus. Diesmal suchte er Anna Wrzesinski. Er überbrachte ein Schreiben der Staatsanwaltschaft Memmingen. Es enthielt die Drohung, Anna werde verhaftet werden, sollte sie nicht sofort wieder auf ihrer Arbeitsstelle erscheinen. »Ich habe die Spöttereien nicht mehr ertragen. Sie haben sich alle lustig gemacht über mich«, gestand sie dem Polizisten in aller Offenheit. Sie hatte nichts mehr zu verlieren. Der Diener des Systems unterlief auch diesmal seinen Auftrag. Mit einem ärztlichen Attest, riet er Anna, könne sie sich der Arbeitsverpflichtung möglicherweise entledigen. Die schwangere Frau beherzigte den Rat. Eine fremde junge Ärztin, die den alten Hausarzt in Memmingen vertrat, erkannte ihre Notlage und stellte ihr, ohne sie überhaupt zu untersuchen, die benötigte Bescheinigung über ihren angeschlagenen Gesundheitszustand aus. Einen Tag später gab Anna Wrzesinski sie auf dem Polizeiposten ab. Sie hatte ein wenig Zeit gewonnen.

Im Mai brachte sie eine gesunde Tochter zur Welt. Es war eine schnelle und unkomplizierte Geburt. Else wurde der Augenstern ihres Großvaters. Er überschüttete sie mit all seiner Liebe. Als versuche er ganz alleine und schon im Voraus wieder gutzumachen, was das Leben und die politischen Verhältnisse der jungen Mutter und ihrem Kind noch antun würden. Ohne lange Verzögerung meldete sich denn auch das Jugendamt mit einer Vorladung. Der Tischler sprach zusammen mit seiner Tochter bei der Behörde vor. Er fand deutliche Worte, als die Beamten die Frage nach dem Kindsvater stellten. »Andere wären froh, wenn sie überhaupt den Vater ihres Kindes wüssten«, wütete er. Und er hielt auch nicht vorsichtig verborgen, was er von der Behandlung seines Schwiegersohns in spe hielt. »Er tät schon Unterhalt zahlen, wenn er nicht in Stadelheim in der Todeszelle sitzen würde. Aber weil er eingesperrt ist, kann er keinen Unterhalt zahlen.« Annas Vater war nicht weit davon entfernt, sich um Kopf und Kragen zu reden. Denn alles, was er zur Verteidigung von Tochter, Enkelchen und dessen Vater vorbrachte, war zugleich eine Anklage gegen die Unmenschlichkeit des Regimes. Er schloss mit einem trotzigen Versprechen. »Ich bin der Großvater dieses Kindes. Ich habe sieben Kinder aufgezogen. Da wird auch das achte groß werden.«

Als im November 1943 ein Brief des Jugendamtes eintraf, Heinrich Wrzesinski habe die Vaterschaft anerkannt, keimte ob solch bürokratischer Normalität Hoffnung auf, der Verschleppte werde bald heimkehren dürfen. Aber das Gegenteil trat ein. Am 8. Dezember 1943 wurde auch Anna Wrzesinski abgeholt. »Ich habe gerade meinem Kind die Flasche gegeben, als der Polizist zur Tür hereinkam. Das war der Urlaubsvertreter vom Gendarmen. Der hat gleich gebrüllt: ›Ich habe den Befehl, Sie zu verhaften.‹« Anna hatte diesen Moment lange erwartet, aber sie war trotzdem hilflos. Sie klammerte sich an ihr Kind. Ihre Mutter lief weinend in der Stube auf und ab. Drei ihrer Söhne waren im Krieg, Heinrich im Gefängnis, und nun sollte auch noch ihre Tochter verhaftet werden. Der Polizist machte der Szene ein rasches Ende. Er entriss Anna ihr Kind und schleuderte den sieben Monate alten Säugling mit aller Wucht auf den Tisch. Anna spürte den Schmerz im eigenen Körper. »Wie einen Dreck hat er sie auf den Tisch geknallt. Da muss ein Kind ja schreien, wenn man es so hinhaut. Ein Kind …« Wieder kommen ihr die Tränen über diesen Akt der Barbarei.

Das Regime war bereit, die Missachtung seiner Vorschriften aufs Brutalste zu rächen – selbst an Säuglingen. Und es fand willige kleine Uniformträger, deren Gefühl der eigenen Wichtigkeit wohl im Maß ihres unmenschlichen Gebarens schwoll. Anna findet nur einen, aber anschaulichen Vergleich, um den Polizisten zu beschreiben: »Er war ein Satan.« Von ihrer Familie ließ er sie keinen langen Abschied nehmen. Er versuchte sogar zu verhindern, dass sie ihren Rosenkranz mit sich nahm. Er griff nach dem Symbol, das in seiner Welt keine Bedeutung haben sollte. Da mischte sich wieder der couragierte Vater ein. »Den Rosenkranz lässt du meinem Kind.« Für einen Moment vom Widerstand verunsichert, ließ er Anna die Gebetskette einstecken. Die schützte sie jedoch nicht davor, »wie ein Stück Vieh« behandelt zu werden. Sie konnte ihrem Vater noch zurufen: »Sei gut zu dem Kind, Vater«, dann wurde sie hinausgezerrt und hörte unter der Tür als letzten Trost die Antwort: »Du brauchst dir keine Sorgen zu machen. Lieber leg ich mein Handwerk nieder.«

Draußen trieb der Polizist die junge Frau wütend vor sich her. Hier, allein mit ihr, setzte er seinen Willen doch noch durch, mit einer absurd martialischen Machtdemonstration. Er zog seine Pistole und drohte Anna, sie auf der Stelle zu erschießen, wenn sie ihren Rosenkranz nicht hergebe. Er hatte bei aller Beschränkung eines Schinders sofort begriffen, dass es bei diesem Kranz nicht um ein sentimentales Andenken ging, sondern um ein Symbol des Sich-Entziehens, um ein Zeichen der Verweigerung. Anna musste sich fügen und es ausliefern. Sie hatte einen ersten Vorgeschmack auf ihre Hilf- und Rechtlosigkeit in der Schutzhaft bekommen. Sie war sich nicht sicher, ob sie jemals wieder heimkehren würde.

Mit einem normalen Personenzug fuhr der Bewacher mit seiner Gefangenen nach München. Unterwegs ließ er keine Chance aus, die Wehrlose zu schmähen und zu demütigen. Mit jedem Fahrgast, der den Zug bestieg, wollte er sich neu über Anna lustig machen. »Immer wieder sagte er, was er mit mir für einen schönen Tag verbringe«, erinnert sie sich. Während des Erzählens holt sie dabei ein Schlüsseletui hervor und zieht den Reißverschluss auf. Auf dem Tisch liegt der Rosenkranz. Ein stiller Zeuge für das Aufbäumen, das der gemeine Beamte mit seinem Hohn einst provoziert hat. Zu Fuß waren er und Anna vom Münchner Bahnhof zum Gestapogefängnis gelaufen. »Vor dem Tor hab ich gesagt, dass ich meinen Rosenkranz wiederhaben möchte. Sonst solle ihn der Teufel nehmen.« Warum ausgerechnet diese Drohung den brutalen Kerl schreckte, vermag heute niemand mehr zu sagen. Anna Wrzesinski betrat das Gestapogefängnis jedenfalls mit ihrem Rosenkranz in der Hand, ein kleiner Trost in einer trostlosen Zeit.

Als sie in eine Zelle gebracht worden war, in der bereits zwei Frauen saßen, brach sie in bittere Tränen aus. Alle Anspannung des Tages entlud sich. Das Geräusch der zuschlagenden Zellentür ließ keinen Zweifel zu. Sie war nun abgetrennt von allem Vertrauten. Auf einem Strohsack verbrachte sie die Nacht. Eine ihrer Zellengenossinnen betete das Vaterunser mit ihr. Gemeinsam suchten die Frauen Kraft. Anna wusste, dass ihr eine Vernehmung bevorstand, aber sie bangte, wie diese Vernehmung wohl ablaufen würde.

Wie bereitet man sich auf eine Inszenierung von Allmacht und Ohnmacht vor, deren einziger Sinn es ist, Widerstandswillen auszuloten und zu brechen? Auf ein Kräftemessen, bei dem die Rolle von Sieger und Besiegter im Voraus unverrückbar festgelegt sind? Gleich mehrere Male bekam Anna von ihren beiden Mitgefangenen erläutert, was auf sie zukommen würde. »Sie fragen immer das Gleiche. Sie wollen von den Frauen hören, dass sie vergewaltigt worden sind.« Mit diesem Drängen nach der erwünschten Wahrheit versuchte das System die Subversion in ihr Gegenteil zu verkehren. Die Liebe, die sich um die Hetze der Ideologen nicht gekümmert hatte, sollte nun die Richtigkeit der Ideologie bestätigen: der Fremdarbeiter war ein gewalttätiges, gefährliches, schamloses Vieh, eine deutsche Frau zu keinem freiwilligen Kontakt mit ihm bereit.

Anna Wrzesinski wurde nicht sofort zur Befragung gerufen.

Sie musste erst mit anschauen, wie andere Vernehmungen verliefen. Sie berichtet von einem Mann mit Lederpeitsche, der neben den Frauen stand, die gerade verhört wurden. Sagten sie nicht, was der Vernehmungsbeamte hören wollte, schlug er den Frauen mit der Peitsche ins Gesicht. Mehrfach musste Anna das mit ansehen, bevor sie selbst aufgerufen wurde. Aus den Augenwinkeln sah sie in ihrer Akte einen Brief, den sie an ihren Liebsten geschrieben hatte. Er war nie angekommen. Die Justiz hatte ihn abgefangen.

»Sie wollen also den Heinrich Wrzesinski heiraten?«, fragte der Vernehmende in schneidendem Tonfall.

»Ja. So wie ich es in meinem Brief geschrieben habe. Dass ich auf ihn warte und dass er eine Tochter hat.« Anna war mutig, aus schierer Verzweiflung. »An diesem Tag wäre es mir egal gewesen, wenn sie mich erschlagen hätten«, sagt sie.

Noch einmal setzte der Frager an. Noch schriller als beim ersten Mal klang seine Stimme. Anna Wrzesinski ahmt sie nach. »Wollen Sie ihn wirklich heiraten?«

»Ja.«

Das Wort stand lange im Raum. Es war mucksmäuschenstill. Anna wartete, dass die Peitsche nun in ihr Gesicht hieb, wie bei den anderen Frauen auch. »Ich hätte Schläge bekommen müssen.« Schon holte der Folterknecht aus. Anna sah es. Dann brach die Bewegung ab. Was immer es gewesen sein mag, was die Routine der Folter durchbrach, Anna Wrzesinski ist sich sicher: »Die Hand ist ihm von oben gehalten worden.« Anna Wrzesinski überstand ihr Verhör ohne körperliche Blessuren.

Eine Woche blieb sie in München. Sie arbeitete in der Kasinoküche der SS-Zentrale und erlebte dabei etwas, das Nazis zynisch als Ehre definiert hätten. Sie musste Heinrich Himmler, den Reichsführer SS, bedienen. Sollte sie nach ihren bisherigen Erlebnissen noch an der Verrottung des nationalsozialistischen Regimes gezweifelt haben, wurde sie dort von allen Zweifeln befreit. Fünfzig Gänse, die Bauern für die darbenden

Soldaten an der Front abgeliefert hatten, wurden in München von den Nazibonzen verspeist. Aber trotz Ekel und Wut hätte Anna Wrzesinski ihre Arbeit im Kasino gerne weiter getan. Sie ahnte, dass noch Schlimmeres auf sie wartete.

Zunächst begann eine Zeit des Weitergereichtwerdens. Im nächsten Gefängnis waren die Haftbedingungen katastrophal. Die Zelle war dreckig, düster und überfüllt mit Verzweifelten. Alle beteten, stöhnten oder fluchten. Viele waren schwer krank. Das Klosett in der Ecke war übergelaufen und unbenutzbar. Nach einer Viertelstunde fühlte sich auch Anna krank, und sie wurde es tatsächlich.

Ohne Rücksicht auf ihr Fieber wurde sie in einem Zellenwagen nach Salzburg transportiert. Sie konnte sich nicht auf den Beinen halten und fiel immer wieder hin. Von Salzburg ging die Fahrt weiter nach Wien. Drei Tage vor Heiligabend, es war eiskalt, kauerte sie auf einem offenen Pritschenwagen, der sie in das nächste Gefängnis transportierte. In Wien angekommen, reichte ihr ein Wachmann, wohl entgegen seiner Befehle, eine Tasse Kaffee und ein Aspirin. Er bettete sie auf eine Bank. Obwohl sie nicht mehr stehen konnte, musste sie wie alle anderen Gefangenen heiß und kalt duschen. Mit Schüttelfrost lag sie »wie ein Wurm auf dem Boden« ihrer Zelle und kam nicht mehr hoch. Zur Strafe wurde sie geschlagen, immer wieder geschlagen und mit Schuhen getreten. »Schlagt mich doch tot«, ging es ihr durch den Kopf. Erst am Abend kümmerte sich ein Arzt um sie.

Seine Diagnose lautete Scharlach. Das war ernst zu nehmen – nicht Annas, sondern der Infektionsgefahr wegen. Also wurde die Gefangene vorerst in eine lichtlose Einzelzelle geworfen, in der es wieder fürchterlich stank. Mit Anbruch des Tages wurde die Tür aufgerissen. Zwei Sanitäter brachten die Kranke ins Hospital, wo sie fünf Wochen bleiben durfte. Anna Wrzesinski empfand die Krankheit als Zeit des Aufatmens. Sie konnte sogar an ihre Mutter schreiben. Die behandelnde Ärztin versuchte, den Spitalaufenthalt in die Länge zu ziehen. Doch es kam der Tag, an dem sie wieder zur Gefangenen wurde. Ein busgroßes Polizeiauto fuhr von Arrest zu Arrest durch Wien und sammelte Häftlinge ein.

Am Ende war der Wagen so voll, dass kaum noch Luft zum Atmen blieb, aber keiner mehr Platz zum Umfallen hatte. Es ereigneten sich dramatische Szenen. »Aber die Herrschaften kannten kein Pardon«, erinnert sich Anna Wrzesinski voller Abscheu. Eine Szene, die ihr noch besonders lebendig vor Augen steht, illustriert auch ihre eigene Sehnsucht nach ihrer Tochter und die Sorge, was dem vom Polizisten schwer misshandelten Kind widerfahren sein mochte. Eine der Frauen im Polizeibus verlor völlig die Beherrschung. Sie schlug um sich, schien kurz davor, ganz in den Wahnsinn abzugleiten. Die Gestapo hatte sie von der Straße weg verhaftet. Ihre Kinder waren allein daheim, denn sie war nur ein paar Minuten außer Haus gegangen, um Brot einzukaufen. Niemand war über ihr Schicksal informiert, niemand war alarmiert, sich um die Kinder zu kümmern. Der Zusammenbruch der Verhafteten zeigte eine der schlimmsten Qualen der Schutzhaft: das Gefühl, auch die Liebsten ausgeliefert zu haben, die Ohnmachtserfahrung, nichts und niemanden mehr schützen zu können.

Die weiteren Stationen von Anna Wrzesinskis Leidensweg hießen Linz, Prag, Chemnitz, Dresden, Leipzig, Berlin. Endstation der Irrfahrt durch Zellen und Prügelkeller war das in Brandenburg gelegene Konzentrationslager Ravensbrück. Am 8. Februar 1944, zwei Monate nach ihrer Verhaftung, kam sie dort an. Sie bekam die Nummer 28 209, und man gab ihr rasch zu verstehen, dass sie fortan nur noch Nummer und kein Mensch mehr war. 92 000 Insassinnen überlebten ihren Aufenthalt in dem hauptsächlich für Frauen eingerichteten Konzentrationslager Ravensbrück nicht.

Häftling 28 209 wurde der Kopf kahl geschoren. Niemand sollte einen Rest von Würde behalten. Privatheit oder Intimität gab es hier nicht. Und so verschwand auch der Rosenkranz, um den Anna in München gekämpft hatte, in einem Spind.

»Aber er war um mich«, sagt sie heute. Sie musste ein dünnes Baumwollkleid anziehen und sich zusammen mit einer anderen Frau ihre Lagerstatt teilen. Die bestand aus einem Strohsack in der mittleren Etage eines dreistöckigen Bettes. Es war bedrückend eng und trotzdem beißend kalt. In der ersten oder der zweiten Nacht bemerkte Anna, dass die Decke, mit der sie sich zugedeckt hatte, immer feuchter wurde. Die Frau im Bettstock über ihr hatte eine Blasenentzündung und war zu krank, um sich auf den Eimer zu setzen, der der Baracke als Toilette diente. Am nächsten Morgen wurde Anna nach der Strohsackkontrolle in den Waschraum befohlen. An diesem kalten Februarmorgen musste sie sich als vermeintliche Bettnässerin nackt in eines der Becken am Boden setzen. Ganz langsam leerte eine Aufseherin drei große Eimer mit kaltem Wasser über ihren Kopf. Tropfen für Tropfen verteilte sich die Kälte über ihren Körper. Jede Berührung verursachte Schmerzen auf der Haut. Im Becken sammelte sich das Wasser und zog von unten die letzte Wärme aus dem Körper. Als die Prozedur zu Ende war, durfte Anna Wrzesinski sich nicht abtrocknen. Nur das dünne Baumwollkleid durfte sie anziehen. Es war im Nu durchnässt. Keine Unterwäsche, keine Socken, keine Handschuhe – nur ein Fetzen Stoff und Holzpantinen waren die spärliche Bekleidung, mit der Anna Wrzesinski mehrere Stunden lang draußen zum Appell unter eisig klarem Himmel im Schnee stehen musste.

Das Ziel dieser Aktionen war die Zerstörung des Menschen, und ob der Wille oder der Körper zuerst zerbrach, war den Peinigern eins. »Wie ich das ausgehalten habe, weiß ich selbst nicht«, sagt die Davongekommene. Die Tränen, die ihre Erzählung immer wieder begleiten, sind Zeugen von Wut und Schmerz, aber sie sagen nicht: »Ihr habt mich brechen können.« Sie gelten jenen, deren Kraft oder Glück oder Zähigkeit nicht so lange vorhielten wie die von Anna Wrzesinski. Diese Tränen stehen für die Pflicht der Überlebenden, den anderen ihren Platz in der Welt zu sichern, den Raum des Erinnerns.

»Meine Kopfhaut war erfroren. Es war, als würde der Blitz reinfahren«, sagt die Dreiundachtzigjährige heute. Der einzige Gedanke, der den Wunsch nach dem Tod in Bann hielt, war der Gedanke an ihr Kind. Heimweh und Qual wurden zu ihren täglichen Begleitern.

Nach drei Wochen gelangte Anna Wrzesinski in den so genannten Arbeitsblock. Das war in der Hierarchie der Verdammten ein wichtiger Aufstieg in die Ränge jener, die noch

Auch für das Konzentrationslager Ravensbrück galt der Leitsatz der Nazis: Vernichtung durch Arbeit. 92 000 Frauen starben dort

ein wenig Zukunft hatten. »Wenn man keine Arbeit hat, können sie mit einem machen, was sie wollen«, beschreibt Anna Wrzesinski das in jener Gegenwartsform, die zeigt, wie nah ihr die Erlebnisse sind und wie fern der Gedanke, das alles liege begraben in einer Zeit, die sich nie werde wiederholen können. Durch Arbeit bekam das Lagerleben wenigstens einen Rhythmus, ersetzte vorhersehbare Schinderei die bloße Willkür. Annas Arbeitsplatz lag im Bekleidungswerk II. Sie musste die verlausten, dreckigen, zerlumpten Uniformen von Frontsoldaten wieder auf Vordermann bringen, die Jacken, Hosen und Mäntel jener, die in Lazaretten gestorben waren und deren durchlöcherte Kleidung nun für den nächsten unglücklichen Halbwüchsigen oder Familienvater aufbereitet wurde, den Hitlers Kriegsmaschine nun an die Front befahl. Aber durch Annas Hände ging auch die Beute, die im Osten geraubt worden war. Betten, Steppdecken, Geschirr, Nähmaschinen, an deren Nadel manchmal noch ein halbfertiger, gerade zusammengehefteter Rock hing. Anna Wrzesinski sieht Berge von Plündererbeute vor sich. »Warum hat man den Leuten das alles geraubt?«, fragt sie. »Warum hat man die Leute so geschunden?« Anna Wrzesinski mag keinen Sinn in diesen Taten erkennen. Jene, die einmal einen Sinn darin sahen, mögen sich meist nicht daran erinnern.

Wer sich den kleinsten Fehler bei der Arbeit erlaubte, in wessen Baracke etwas den Augen der Aufseher missfiel, oder wer einfach nur Opfer einer mörderischen Laune der maßlos Mächtigen wurde, der wurde zu besonderen Strafeinsätzen hinaus ins Moor geschickt. Viele starben daran – an Lungenentzündungen, Infektionskrankheiten, Fieber, Entkräftung, der schieren perversen Sinnlosigkeit ihres Tuns. »Morgens um neun, das war die schlimmste Zeit, da sind die Leute zusammengefallen.« Wenn die Sonne vom Horizont aufstieg, gaben die Körper nach. Ihre Kraft hatte gereicht, noch eine Nacht, eine weitere Dunkelheit zu überstehen. Sie reichte jedoch kein bisschen länger, nicht für noch einen Tag. Sie verweigerten sich dem Ritual der Qual. Anna hat all das überstanden. Sie hat viel gebetet, nicht für sich selbst, sondern für ihre Peiniger. »Herr, vergib ihnen, denn sie wissen nicht, was sie tun.« Wer das kann, ist noch nicht gebrochen.

Es war ein Sonntag, an dem die Oberaufseherin aus Mangel an anderen Aufgaben auf eine besonders perfide Idee verfiel. »Wir standen zum Appell, und eine von uns hat gefehlt«, sagt

Anna Wrzesinski, und wie viele Überlebende ist sie sich bewusst, dass Worte nicht wirklich wiedergeben können, was sie gesehen und erduldet hat. Worte ermöglichen nur eine ungefähre Annäherung. Immer bleibt eine Kluft zwischen dem Geschehen und den Worten, die so viel klarer, sauberer, gefahrloser sind. Die Frauen standen »ohne Essen und ohne Austreten. Ohne Essen, das hält man aus. Ohne Austreten, das hält man nicht ewig aus, wenn alle Durchfall haben. Es ist nicht schön, wenn ich das erzähle. Aber es war so. Wir waren ja auch nur Menschen.« Anna Wrzesinski will nicht groß ausschmücken, was die Frauen in Ravensbrück erduldet haben, sie vertraut auf die Kraft der einfachen Worte. »Man hat uns die Würde genommen.« Die Frauen standen, bis es wieder dunkel wurde. Nicht alle hielten durch. Die Vermisste, derentwegen die Peinigung durchgeführt wurde, fand man am Abend. Sie lag tot in der Baracke, gestorben auf ihrem Strohsack, und war als Häufchen Haut und Knochen dem flüchtigen ersten Blick entgangen. »Gott sei Dank«, sagt Anna Wrzesinski, »was hätten sie wohl mit ihr gemacht, hätte sie noch gelebt?« Sie will es sich nicht ausmalen.

Wie schon im Münchner SS-Kasino erlebte sie auch hier nicht nur die Brutalität, sondern auch die schäbige Heuchelei der Nazis, die beständig vom gemeinsamen Opfer, vom eisernen Zusammenhalt und der hehren Volksgemeinschaft kläfften und dabei noch die eigenen Anhänger beständig anlogen. Die Wirklichkeit im Bekleidungswerk Ravensbrück sah nicht nur der ausgemergelten Sklavenarbeiter wegen anders aus als die Wochenschaubilder. Die Lieferungen des Winterhilfswerks, das überall im Land um Kleidungsspenden für die Soldaten warb und von den Menschen ihren Obolus fast erzwang, landeten wie die zerfetzte Kleidung der toten Soldaten in Ravensbrück. In vielen Jacken- und Hosentaschen steckten Briefe der Spender an die unbekannten Soldaten. »Das ist alles in der Lumpenpresse gelandet. Wie hat man die Leute angelogen!«

Am 12. Januar 1945, nach elf Monaten Schutzhaft, musste »Häftling 28 209 von Block 6« wie immer beim Morgenappell strammstehen. Aber am Ende des Tages gab Anna Schüssel und Holzlöffel und ihr kleines blaues Handtuch ab und setzte ihre Unterschrift unter ein Entlassungsprotokoll, in dem stand, dass sie mit niemandem über die Haftbedingungen sprechen werde. Anna, die damals ja noch ihren Mädchennamen Zick trug, bekam ihren Rosenkranz und das Geld zurück, das die Mutter ihr ins Gefängnis geschickt hatte. Der Tag, auf den sie nicht mehr zu hoffen gewagt hatte, war gekommen. Warum er überhaupt kam und warum es jener 12. Januar war? Sie hat auch diese Geste der Willkür nie ergründen können. Zweimal, wurde ihr später erzählt, habe der Bürgermeister ihres Ortes ein Gesuch um Freilassung eingereicht. Beide Male wurde es abgelehnt. Als Anna Wrzesinski endlich in die Freiheit entlassen wurde, befanden sich 46 070 weibliche und 7858 männliche Häftlinge im Konzentrationslager Ravensbrück. Sie wurden von 1000 SS-Männern und 546 Aufseherinnen bewacht.

»Achtzehn Frauen sind an diesem Tag rausgekommen. Aber wir durften keine Freude zeigen«, beschreibt die Überlebende den Moment der vorläufigen Verschonung. Doch zu exzessiver Fröhlichkeit war sowieso keine der Frauen mehr in der Lage. »Wenn man heimkommt, bricht man zusammen«, erklärt Anna Wrzesinski mit der gleichen Selbstverständlichkeit und Gewissheit, mit der andere Frauen in ihrem Alter von gewöhnlichen Familienkrisen erzählen. Bis zu diesem Moment des Heimkommens musste jede der Entlassenen mit ihren wenigen Kräften haushalten. Wie kleine Vögel seien sie gewesen, die das erste Mal ihr Nest verlassen. Kraft-, schutz- und orientierungslos. Anna Wrzesinski nutzt ein poetisches Bild für einen Schwächezustand jenseits präziser Beschreibbarkeit. In Begleitung einiger Aufseher fuhren die Entlassenen zunächst zum Bahnhof in Fürstenberg. Dann geschah, was sinnbildlich für die spätere bundesrepublikanische Nachkriegsgeschichte stehen kann. Mit einem Mal waren die Aufseher nicht mehr zu sehen, verschwunden, als hätte es sie nie gegeben, als seien da nur ein paar leere Uniformen in der Gegend herumgestanden, ein Spuk, den nun der Sturmwind der Geschichte hinweggeblasen hatte. Keine der Geschundenen hat den Moment des Verschwindens bemerkt. Unauffällig hatten die Wärter die Frauen sich selbst überlassen. So wie sie knapp vier Monate später in ihre Nachkriegsexistenzen abtauchen würden. Als sei alles nur ein böser Traum gewesen. Sie hatten nicht ihre Opfer, sie hatten sich selbst freigelassen.

Stettiner Bahnhof, Anhalter Bahnhof, Fürth, Nürnberg: Anna Wrzesinski kann die Stationen der Freiheit noch genau aufzählen wie die Stationen der Verschleppung. Sie schlug sich durch bis Memmingen, wo sie als Allererstes Heinrichs Schwester suchen wollte. Aber als sie vor dem Haus stand, in dem die verschleppte Polin arbeiten musste, versagte ihre Kraft. Die Lagerapathie übermannte sie nach einer kurzen Phase der Entspannung. Anna Wrzesinski brachte es schlicht nicht fertig, das fremde Haus zu betreten. Es gelang der an Kommandos und Todesangst Gewöhnten einfach nicht mehr, aus freien Stücken einen Fuß über die Schwelle zu setzen. Ziellos streifte sie durch den Ort und kam endlich zu dem Entschluss, nach Hause zu laufen. »Aber meine Füße waren so dick.« Ihr Verstand sagte klar, du musst die letzten Kilometer zurück nach Hause schaffen. Ihr Körper aber war zu zerschunden. Anna Wrzesinski stand kurz vor dem völligen Zusammenbruch.

Auf der Suche nach einer Rast- und Unterschlupfmöglichkeit fiel ihr ein Ort ins Auge, den man mit anderem als völliger Ermattung in Verbindung bringt. »Ich bin ins Kino gegangen. Ich weiß nicht, warum ich das getan hab.« Vielleicht, weil sie dort im Dunkeln nur Betrachterin sein konnte statt Betrachtete. Weil sie nicht reagieren und keine Entscheidung treffen musste, sondern einfach nur dasitzen und vor sich hin starren konnte.

Als der Film zu Ende war, setzte sie sich in die Bahnhofswirtschaft und wartete auf den Zug. Seine Verspätung störte sie nicht. Wenn sie etwas gelernt hatte im letzten Jahr, dann war das apathische Geduld und Schicksalsergebenheit. Die Lektion, dass alle Lebenspläne innerhalb einer Sekunde zerschlagen werden konnten, hatte sie verinnerlicht. Welche Bedeutung hatte da schon eine Verschiebung des Zugfahrplans.

Der Zielbahnhof lag im Nachbarort ihres Heimatdorfs. Dort traf die endlich Angekommene gleich auf eine Frau aus ihrem Ort. »Bist du's oder bist du's nicht?«, fragte die mit vor Entsetzen geweiteten Augen.

»Doch, ich bin's schon.«

»Wie, du lebst noch?«

»Du siehst doch, dass ich leb.«

Schon in diesem Dialog kündete sich an, dass nicht nur Freude und Erleichterung, sondern auch ein wenig erschreckter Unwille auf die Heimgekehrte warteten – der Unmut, an das erinnert zu werden, was angeblich keiner je gewollt hatte.

Anna Wrzesinskis Kräfte reichten bis an die Haustür ihrer Eltern. Sie konnte noch anklopfen und die Frage ihrer Mutter, »Wer ist da?«, beantworten. Dann stand ihr Vater in der Tür, stützte sie, und die Mutter lief schnell mit Annas Tochter herbei. »Das ist deine Mama«, konnte sie dem einundzwanzig Monate alten Kind noch sagen. Diese Hauruck-Gegenüberstellung galt mehr Anna als dem Kind. Es war der komprimierte Trost und Lebensmut, der einer gespenstisch zurück ins Leben Wankenden zugeführt werden sollte: Das ist deine Tochter, es geht ihr gut, sie hat alles überstanden, wir haben dich nicht vergessen, du wirst noch gebraucht. Anna nahm es auf – und brach zusammen.

Sie war nun zu Hause, aber noch nicht wieder daheim. Erst musste auch Heinrich den Weg zurück zu ihr finden. Die Freiheit bestand aus bangem Warten. Sie wusste über Heinrichs Schicksal nur, dass er nach Dachau transportiert worden war. Niemand im Dorf konnte sich so gut vorstellen wie sie, was das bedeuten mochte. Wie gering die Chancen waren, Heinrich wiederzusehen.

Damit nicht noch ein weiterer Mensch dieses Schicksal der Dauerfolter und des Lagertodes erleiden musste, nahm die Familie in diesen Tagen ein großes Risiko auf sich. Sie versteckte einen Flüchtling. Felix war eines Tages aufgetaucht, mit den Kräften völlig am Ende und ohne Plan. Auf dem Transport aus einem aufgelösten Lager nach Dachau war dem Häftling die Flucht gelungen.

Felix war Jude und kam wie Heinrich aus Polen. Aber daran wird der Tischler Zick nicht gedacht haben, als er dem Verfolgten seine Tür öffnete. Er sah nur, in welch erbärmlichem Zustand der junge Mann war. Sein Gesicht war zerschlagen, sein Körper zerfressen von Läusen. Zitternd kam er aus dem Wald gelaufen, gezeichnet von Hunger, Folter, Todesangst. Der Letzte, an den er sich eigentlich hätte wenden dürfen, war Annas Vater. In dessen kleinem Häuschen war mittlerweile die Gendarmerie einquartiert worden. Aber der hierher versetzte Polizist hatte seine eigene leidvolle Erfahrung mit den Nazis gemacht. Sein Sohn hatte sich in jugendlichem Eifer bei der SS gemeldet. Als er die grausamen Befehle dort nicht ausführen konnte, war er selbst zum Häftling geworden. Nun schaute sein Vater weg, wo es ging, wenn einer mit den Regeln der Nazis kollidierte. Doch was er nun zusammen mit dem Tischler wagte, zeigt, wie viel mehr als passiven Widerstand die Mutigen leisten konnten. Tischler und Schutzmann hielten zusammen. Und wagten es, den geflohenen Juden Felix zu verstecken.

Anna bereitete ihm ein Bad in der Waschküche. Sie wunderte es nicht, dass ihm die Kraft fehlte, in den Waschzuber zu steigen. Wie ein Kind nahm Anna den federleichten Mann auf den Arm und setzte ihn ins Wasser. Seine Haut war so zerschunden, dass sie ihn nur ganz behutsam abtupfen konnte. Alles andere hätte ihn bis auf die Knochen aufgerissen. Anna, die ihm sagte, was sie selbst hinter sich hatte, konnte er von seinem Erlebten erzählen. Sie verstand, warum er nach den Mahlzeiten auch noch voll Heißhunger den Hühnern das Futter aus dem Trog stahl. Felix' Elend gab Anna eine genaue Vorstellung, in welchem Zustand sich wohl ihr Heinrich befinden würde – falls er noch am Leben war.

Als die amerikanischen Panzer und Lastwagen auch ins Allgäu rollten, als die Macht der Nazis über Leben und Tod beendet war, als Felix vor das Haus treten konnte, begann für Anna eine ganz neue Phase des Wartens, eine von noch größerer Dringlichkeit. Zuvor war jeder Tag ohne Nachricht ein weiterer Tag Schinderei für Heinrich. Nun war jeder Tag ohne Nachricht ein Schritt näher an die bangende Gewissheit, dass der Heimweg mittlerweile geschafft sein müsste, dass Heinrich vielleicht nie mehr kommen würde. Als der Nachbarsjunge mit der Nachricht gelaufen kam, eine Todesliste von Dachau sei in Umlauf, hatte Anna nicht die Kraft nachzuschauen. Sie hatte sich so lange Gewissheit gewünscht, jetzt fürchtete sie sich vor ihr.

»Ich hab nicht mehr können«, sagt sie wieder so einfach wie möglich. Es war der 18. Mai 1945. Doch Anna musste auch nicht mehr nachschauen. Am selben Tag kam Heinrichs Schwester aus Memmingen mit der Nachricht: »Annie, der Heinrich ist da!« Die Schwester war gekommen, um seinen Anzug zu holen. In ihm wollte er seiner Liebsten gegenübertreten.

Doch am nächsten Tag ließ Heinrich auf sich warten. Als Anna es nicht mehr aushielt, fuhren sie und Felix ihm auf notdürftig geflickten Fahrrädern entgegen. Alles war knapp in diesen Nachkriegsmonaten, und schon ein intakter Radschlauch wurde als Kostbarkeit empfunden. Die beiden Radler trafen ihr Ziel auf einem Weg außerhalb Memmingens, einen fast im Koma dahinschleichenden Schatten von Mann, der seine Anna nicht erkannte. Vielleicht war er auch zu schwach, um auf irgendetwas anderes zu achten als darauf, nicht zu stürzen. Einen Schritt vor den anderen zu setzen forderte seine ganze

Kraft. Aber Anna erkannte Heinrich. Sie erkannte ihn als einen Todgeweihten, noch bevor der Arzt diese Diagnose stellte. Sie setzten Heinrich aufs Fahrrad, schoben ihn ein Stück, dann ruhten sie gemeinsam im Straßengraben aus. Es war ein langer und mühsamer Heimweg. Nicht überall wurde ihnen geholfen. Als sie an einem Bauernhof anklopften und um eine Tasse Milch für den Geschwächten baten, schickte man sie fort. Sie zogen weiter, bis ein anderer Bauer ihnen dann die dringend benötigte Tasse Milch reichte.

Heinrich hat wider alle medizinischen Prognosen überlebt. Aber auch im Nachkriegsdeutschland versuchte man, ihn und Anna weiter zu zermürben. Als 1949 ihr Sohn geboren wurde, machten manche Menschen noch immer dieselben Bemerkungen wie vor 1945. »Jetzt ist schon wieder so ein Polendepp auf die Welt gekommen«, haben sie gesagt. Anna Wrzesinski wird noch heute wütend, wenn sie zurückdenkt. »Meine Kinder waren keine Affen und keine Deppen«, sagt sie mit jenem Grimm, mit dem Mütter die ihren schützen. Annas Kinder haben Schutz gebraucht. In der Schule hatten sie es nicht leicht. Beide hatten ein Augenleiden geerbt, das ihre Sehkraft stark einschränkte. Mit dicken Brillengläsern durch die Welt zu laufen sondert einen aus unter Gleichaltrigen, macht einen zur Zielscheibe von Spott. Gleichzeitig auch noch ein »Polenkind« zu sein in der abgelegenen, in Stammbäumen und Sippschaftshaufen, in Blutlinien und Erbfehden denkenden Provinz, kann die Kindheit zur Tortur machen.

»Die Polen haben die Untermenschen sein müssen«, hat Anna Wrzesinski über eine andere Ära deutscher Herrlichkeit gesagt. Und dass »das Volk total verhetzt« war. Doch so lange lag diese Ära nicht zurück, als ihre Kinder staatenlos im neuen Staat aufwuchsen, zurückgewiesen von jenen, die teils schon zuvor hinter Amtsschreibtischen gesessen, Rassentafeln erstellt, gelbe Sterne verteilt und Fahrpläne für Viehwaggons voller Menschen erstellt hatten. Plapperten die Kinder in der Schule nach, was sie zu Hause noch immer hörten? Oder brauchen die Mechanismen der Ausgrenzung gar keine Anregung durch die Eltern, nur das Fehlen von Widerstand zu Hause? Die Dörfler behielten ihre Objekte des Spotts und der Verachtung, das half ihnen, sich selbst zu definieren. Und wer von ihnen anständig gewesen war, als die Nazis regiert hatten, der blieb es auch jetzt. Anna Wrzesinski war nicht überrascht.

Heinrich blieb ein fleißiger Arbeiter. Zusammen mit Anna heuerte er in einer Molkerei an, dann wechselte er zu einem noch größeren Arbeitgeber, dessen Stechuhr viele ehemalige Knechte und Knechtssöhne und später auch Bauernsöhne bedienten. Heinrich blieb dort bis zur Rente. Er war bekannt für seine Korrektheit. »Wenn wir lauter solche Arbeiter hätten«, zitiert Anna das Lob seines Chefs, »dann bräuchten wir keine Kontrolle.« Für seine Haft im Konzentrationslager erhielt er vom Staat Entschädigung: einmalig fünfhundert Mark. Anna Wrzesinski bekam gar keine Entschädigung. »Ich sei nicht aus politischen Gründen inhaftiert gewesen«, erinnert sie sich an die Ablehnungsbegründung aus den fünfziger Jahren. Anna Wrzesinski und ihr Mann haben versucht, gegen die zynische Logik der bundesrepublikanischen Behörden zu kämpfen, aber sie sind abgeschmettert worden. So fragt sie sich, warum sie denn im KZ gewesen war, wenn nicht auf Grund politischer Willkür. Fragt sich, ob der neue Staat ernstlich darauf beharren will, ein Kind von einem Polen zu bekommen, das sei eben ein ganz normales Verbrechen gewesen, wie Raub oder Mord, und das Lager in der Uckermark ein ganz normaler Ort des Strafvollzugs für solch ein Kapitalverbrechen, und das alles ein normaler Akt der Rechtspflege, an dem die Bundesrepublik nachträglich nichts Falsches finden mochte. Vielleicht hätten diese beiden ausgegrenzten kleinen Leute vom Land, die man so traumatisiert hatte, sogar die Kraft gefunden, gegen diesen wirtschaftswundersatten neuen Staat der alten Eliten zu prozessieren. Aber sie hatten kein Geld, nachdem sie in erster Instanz verloren hatten.

Anna und Heinrich Wrzesinski

Heinrich Wrzesinski wollte seine Kraft anders einsetzen. Er wollte durch harte Arbeit, das Wegbeißen seiner Schmerzen, den Kampf gegen die immer dramatischeren Langzeitfolgen seiner Haft allen Deutschen zeigen, dass er so gut war wie sie und vielleicht besser als mancher von ihnen. Am Schluss hat er doch in eine gnädige Nacht ohne Lagerträume fliehen müssen. »Ich gönn ihm seinen Frieden«, sagt Anna Wrzesinski. Sie selbst findet den ihren im Erzählen, in der Begegnung mit denen, die ihre Geschichte hören wollen. Im Erzählen ist ihr Heinrich ganz nah. Im Erzählen einer deutschen Geschichte.

Vier Leben und die Todesmaschinerie

Nach der Befreiung des Konzentrationslagers Auschwitz mussten fasst genau neunzehn Jahre ins Land gehen, bis vor dem Schwurgericht in Frankfurt am Main am 20. Dezember 1963 der »Erste Frankfurter Auschwitz-Prozess« begann. 20 SS-Verbrecher waren angeklagt. Der Prozess dauerte bis zum 20. August 1965 – und er machte Auschwitz zu einer historischen Größe.

> *Seit dem Auschwitz-Prozess steht der Name dieses Konzentrations- und Vernichtungslagers unverrückbar als Symbol für die von den Nationalsozialisten geplante und ausgeführte Ermordung der Juden, der Sinti und Roma, der Zeugen Jehova, Homosexueller, »Krimineller«, »Asozialer« und überhaupt aller, die als minderwertig und lebensunwert aus der so genannten deutschen Volksgemeinschaft eliminiert werden sollten,*

so schreibt Irmtrud Wojak vom Fritz-Bauer-Institut, das nach dem damals federführenden Staatsanwalt Fritz Bauer benannt ist. Die Deutschen konnten sich nun nicht mehr vor der Tatsache verstecken, dass allein in Auschwitz 965 000 Juden, 75 000 Polen, 21 000 Sinti und Roma, 15 000 sowjetische Kriegsgefangene und 15 000 andere Häftlinge ermordet worden waren. Viele von ihnen mussten Sklavendienste leisten, von denen deutsche Unternehmen profitierten. Einige der Haupttäter wurden verurteilt. Das Gros der in den KZs Beschäftigten aber kehrte in ein normales Zivilleben zurück. Man verschwieg tunlichst seine Teilnahme am Völkermord. Und die, die als so genannte Mitläufer vor der Geschichte standen, waren bemüht, ihren Anteil am Naziregime klein zu reden. Nur die wenigsten übernahmen aktiv Verantwortung für das, was geschehen war.

Und es schwiegen auch die Opfer. Viele der Überlebenden wanderten aus, um zu vergessen, die Bleibenden schwiegen oft aus Scham. Offenbar war für die meisten ein Weiterleben nur möglich, indem sie die Jahre in permanenter Todesnähe fest in sich verschlossen.

Zu einem Thema, über das eine breite Öffentlichkeit jenseits akademischer Zirkel sprach, wurde Auschwitz, die anderen NS-Lager und der Völkermord an sechs Millionen Menschen aber erst, als das deutsche Fernsehen 1979 die US-amerikanische Familienserie *Holocaust* über das Schicksal der Familie Weiß ausstrahlte. Seitdem läuft eine fortdauernde Debatte um den Stellenwert der Verbrechen des Nationalsozialismus für das Selbstverständnis der Deutschen. Über zehn Jahre dauerte die Diskussion um die über 2700 Stelen, die unweit des Reichstags als Holocaust-Denkmal, als »Denkmal für die ermordeten Juden Europas«, an dieses einmalige – und mit nichts vergleichbare – Verbrechen in der deutschen Geschichte erinnern sollen.

»Wir wären froh gewesen, wenn wir nur die Bomben gehabt hätten.«

Ein jüdischer Überlebender versucht die Vergangenheit auszublenden

Nach dem Gespräch ruft seine Frau an. Sie erreicht ihn im Auto auf dem Mobiltelefon. Es ist kurz vor 18 Uhr, und es herrscht Stoßverkehr in München. David Krajewski* steckt im Stau. Er solle jetzt heimkommen, sagt sie. Nein, nichts sei passiert, aber es sei Zeit. Sie ist in Sorge um ihn. Es ist ein Frühlingstag im Jahr 2003. Noch sind in München keine Anschlagspläne der Neonaziszene aufgedeckt worden. Noch weiß niemand, dass der gerade im Entstehen befindliche Neubau der jüdischen Gemeinde, zu der auch David Krajewski gehört, Ziel eines rechtsradikalen Anschlags werden soll. Nächste Woche wird David Krajewski zum 59. Mal Geburtstag feiern, aber nicht seinen ersten, beim Standesamt verzeichneten, sondern seinen zweiten, der in den Geschichtsbüchern steht. Der 8. Mai 1945 ist der Tag seiner Befreiung und Wiedergeburt. Seine Kinder werden anrufen und ihm gratulieren. Sie wissen um die Bedeutung dieses Datums.

Heute aber hat der 78-Jährige das in all der Zeit seit damals Unvorstellbare getan. Er hat über seine Erfahrungen gesprochen. »Was soll man erzählen? Was soll man reden?«, hatte er abgewehrt. Und sich dann selbst mit Argumenten, es doch zu tun, ermuntert: »Aber die Täter haben kein Patent auf die Sprache gehabt.« Mit pochendem Herzen hat er dann von dem berichtet, worüber er seinen Kindern und Enkeln nie Zeugnis ablegen wollte. Weil er weiß, dass er Unerzählbares erlebt hat. Allenfalls zeigen konnte er ihnen Bilder und Orte. David Krajewski ist Jude. Zwei Cousins und er haben als Einzige seiner Familie den Krieg und den Holocaust überlebt.

»Ich lebe mit der Vergangenheit«, sagt er. Ohne viele Worte hat er sich vor einigen Jahren mit seinem Sohn und einem Freund, der das Vernichtungslager Auschwitz-Birkenau überlebt hat, auf die Reise nach Polen gemacht. Warum sie das taten, mussten sie sich gegenseitig nicht erklären. Sie wollten das Grab von David Krajewskis Vater finden. Der damals über Sechzigjährige war auf der Suche nach einem Ort für eine Trauer, über die er ungern Worte verliert. Ruhe hat er auf dieser Reise nicht gefunden. Aber den Ort, wo sein Vater begraben liegt.

Muss er verstummen, weil im heutigen Deutschland fast niemand in seinen Kategorien denken kann? Weil das menschliche Vorstellungsvermögen überfordert ist, wenn es vertraute Worte hört, aber nicht das imaginiert, was David Krajewski widerfahren ist? Aber sollen seine Peiniger, die ihn in seiner Jugend gequält haben, die Oberhand über sein Leben behalten, indem sie ihn zum Stummsein verdammen?

Ruth Klüger, die 1931 in Wien geborene Literaturwissenschaftlerin, die selbst in Theresienstadt und Auschwitz war, hat diesen Konflikt in ihrer Autobiographie *weiter leben* beschrieben. *Über eure Kriegserlebnisse dürft und könnt ihr sprechen, liebe Freunde, ich über meine nicht. Meine Kindheit fällt in das schwarze Loch dieser Diskrepanz.* Es zieme sich nicht, beim Abendessen mit Freunden nach einer Kindheitserfahrung gefragt, von einer Fahrt im Viehwaggon ins Konzentrationslager zu erzählen, hat sie provokant festgestellt. Sind die Schilderungen dieser extremen Erlebnisse wirklich nicht salonfähig? Muss schweigen, wer solches erlebt hat? Menschen derselben Generation waren sie

und der Sprache mächtig, doch der alte Krieg hat die Brücken zwischen uns gesprengt, und wir hocken auf den Pfeilern, die in unsere neuen Häuser ragen. Doch wenn es gar keine Brücke gibt von meinen Erinnerungen zu euren, warum schreib ich das hier überhaupt? Menschen, die in engen Räumen Todesangst erlebt haben, besitzen von daher eine Brücke zum Verständnis für so einen Transport, wie ich ihn beschreibe. So wie ich von meinem Transport her eine Art Verständnis für den Tod in den Gaskammern habe. Oder doch meine, ein solches Verständnis zu haben. Ist denn menschliches Nachdenken über menschliche Zustände jemals etwas anderes als ein Ableiten von dem, was man kennt, zu dem, was man erkennen, als verwandt erkennen kann. Ohne Vergleiche kommt man nicht aus.

Sonst, so schließt Ruth Klüger, könne man die Sache nur ad acta legen als ein Trauma, das sich der Einfühlung entzieht. David Krajewski definiert das, an einem schmucklosen Schreibtisch sitzend, so: »Wir sind alle als Kinder geboren, aber wir jüdischen Kinder wären froh gewesen, wenn wir nur die Bomben gehabt hätten.« Noch immer zieht es den Achtundsiebzigjährigen jeden Tag in sein Büro in der Münchner Innenstadt, wo er mit seinem Sohn zusammenarbeitet. »Ich könnte nicht zu Hause sein. Ich bin ruhelos«, sagt er. Diese Ruhelosigkeit hat ihn im Nachkriegsdeutschland nie mehr verlassen. Aber es würde auch niemand auf die Idee kommen, den Mann, der in seinem grauen Anzug und dem modisch geschnittenen grauen Haar höchsten wie sechzig aussieht, aufs Altenteil schicken zu wollen.

Sein erstes Leben begann 1925 im polnisch-schlesischen Będzin, an der deutsch-polnischen Grenze. Seine Familie war arm, sein Vater Arbeiter in dieser industriell geprägten Gegend. Der Lohn, den er in der Farbenfabrik verdiente, reichte gerade, um seine Frau, den älteren Sohn David, die Tochter Esther und den kurz vor dem Krieg geborenen Jüngsten zu ernähren. »Es ging uns nicht sehr gut«, sagt Krajewski mit tiefer Stimme, von der man nie genau weiß, ob sie Traurigkeit verrät. Am 1. September 1939 gab Hitler das Kommando für den deutschen Überfall auf Polen. Schon zwei Tage später, am

3. September, kam der Krieg in David Krajewskis Heimatstadt an. Die Angst war ihm vorausgeeilt. Die Menschen haben gespürt, dass es ein schlimmes Ende nehmen würde. Kurz zuvor war Davids Vater zum polnischen Militär eingezogen und wenig später bei Kampfhandlungen erschossen worden. Erst 1940 kam die Benachrichtigungskarte, dass er gefallen sei. Die Bürokratie hatte viel länger gebraucht als der Tod. Die weinende Mutter versuchte ihren Kindern die Wahrheit zu verschweigen. »Aber wir haben es gewusst«, sagt David Krajewski.

Schon 1939 war keiner mehr da, der Geld für den Unterhalt der Familie verdienen konnte. Davids Mutter war nach dem Weggang des Vaters hilflos und von der Situation restlos überfordert. David hatte gerade die Schule beendet, er war 14 Jahre alt und unsicher, was aus ihm werden sollte. Er war ein Kind, das wenig wusste von der Welt, aber spürte, dass sie sich dramatisch veränderte. Seine heute zehn und acht Jahre alten Enkel, sagt er, seien reifer als er damals. Radio oder Zeitung, um Gedanken von anderswo zu tanken, gab es in dem Arbeiterhaushalt nicht.

Noch in der ersten Nacht nach Ankunft der deutschen Wehrmacht ging die Synagoge am Ort in Flammen auf. Die Menschen hatten sich gerade darin versammelt. Wer wegrennen wollte, wurde erschossen. »Das war das Erste, was wir erlebt haben«, sagt Krajewski, wenn er von diesem wilden, spontanen Massaker erzählt. Von Stund an durften die überlebenden jüdischen Bürger nicht mehr alle Wege benutzen. Ab November 1939 mussten sie an ihrer Kleidung einen Davidstern tragen. Wie Karrenvieh wurden sie als Arbeitskräfte requiriert, auch David musste Frondienste leisten. Unterdessen verlor seine Familie die alte Wohnung. David, seine Geschwister und seine Mutter mussten aus ihrem überwiegend von Christen bewohnten Viertel in ein abgeschottetes Wohnviertel wegziehen. Die Versorgung war schlecht, und sie litten Hunger. Um zu überleben, verkaufte Davids Mutter die eigenen

Lebensmittelmarken für Butter und Fleisch, um mehr Brot und Mehl kaufen zu können. Sie hatte eine Weile sogar Glück im Elend, wenn man die kleinen Nischen der Duldung im braunen Vernichtungssystem denn Glücksfall nennen darf. Davids Mutter fand eine Arbeit, nicht nur eine, die Juden annehmen durften, sondern eine, die als so wichtig galt, dass sie sich in vorübergehender Sicherheit wiegen konnte, nicht deportiert zu werden. Sie nähte für die Deutschen.

»Es hieß, diese Leute würden nicht weggeschickt«, erinnert sich ihr Sohn. Ältere und Familien mit vielen Kindern wurden dagegen in Lager abtransportiert. Zu weiterer Zwangsarbeit, wie es hieß. Die Menschen durchschauten die Lüge rasch. »Das hat sich herumgesprochen, das hat man gewusst. Wir wussten, dass es Auschwitz gab und dass dort Menschen vergast und verbrannt wurden. Aber wir konnten uns nicht vorstellen, dass man ein ganzes Volk ermordet.« David nähte nicht. Er gehörte zu jenen, die sich zum Abtransport versammeln sollten, auf einem der drei Fußballplätze der Stadt. »Es hat geheißen, wer nicht kommt, bekommt keine Aufenthaltsgenehmigung«, erinnert sich Krajewski. Er stand damals vor zwei unbeantwortbaren Fragen. Was würde geschehen, wenn er blieb? Und was, wenn er hinging? Er näherte sich schließlich dem Fußballplatz, der schon von Polizei oder SS – »das weiß ich nicht mehr so genau« – umstellt war. Aus der Ferne beobachtete er das Geschehen. Dort wurden die Familien selektiert. Aufgeteilt in jene Menschen, die zum Arbeiten und Weiterleben bestimmt waren. Und in jene, die für die Nazis keinen Wert mehr hatten. Letztere wurden zusammengepfercht, in einem Kinderheim und in anderen Gebäuden der jüdischen Gemeinde. Manche stürzten sich aus den Fenstern, um ihrem Leben wenigstens selbst ein Ende zu bereiten. Die Ordnungshüter des braunen Regimes transportierten die Leichen geschäftsmäßig zusammen mit den noch lebenden Kindern und Alten in Lastzügen ab.

David Krajewski beobachtete die unvorstellbaren Veränderungen mitten in seiner Heimatstadt, die öffentliche Erklärung, dass Menschen nicht mehr Menschen seien. Panische Angst beherrschte sein Denken und Fühlen. »Der Wunsch war zu überleben. Überzeugt war ich nicht, dass das möglich sei«, sagt David Krajewski, während sein Atmen schneller wird. Immer wieder greift er nervös nach Visitenkarten, die auf seinem Schreibtisch liegen, oder öffnet den Reißverschluss einer Schreibmappe. Die Hände brauchen etwas zum Greifen. Er korrigiert sich. »Nein. Doch. Ich habe es geglaubt. Sonst hätte ich nicht überlebt. Wer den Glauben verloren hat, ist schneller gestorben.«

Das Jahr 1942 ging zu Ende, vielleicht war es auch schon 1943. David Krajewski hat dafür keine Anhaltspunkte mehr. Es waren die Mörder, die damals die Hoheit über den Kalender hatten, die genau Buch führten über die Vernichtung der Juden. David Krajewskis Zeit in den Zwangsarbeitslagern begann. Unter Tränen verabschiedete er sich von seiner Mutter. Sie wünschte ihm, was überall auf der Welt Mütter ihren Söhnen wünschen, wenn sie spüren, dass es ein Abschied für immer ist. Als die Nazis das Ghetto auslöschten, in dem sie mit dem kleinen Bruder lebte, war ihr älterer Sohn nicht mehr in Będzin, die Schwester schon ermordet. In einem der Lager berichtete ein Mitinsasse David vom Untergang des Ghettos seiner Heimatstadt. David Krajewski war so mit einem Schlag allein, wie er es früher nicht hätte denken können: er hatte zu nichts und niemand mehr eine tiefere Bindung. Alle Menschen, denen er sich zugehörig gefühlt hatte, waren als »Ungeziefer« ausgelöscht worden.

Im einem der Zwangsarbeitslager, die David Krajewski in den nächsten Jahren erlebte, gelang einem Mann, der auch aus Będzin stammte, die Flucht. Tags zuvor hatte er den verzweifelten David noch getröstet. Von seinen Plänen hat er ihm nichts verraten. Nach nur einem Tag brachten ihn die Wachen zurück ins Lager. Die Insassen mussten auf dem Appellplatz antreten. Vor den Augen aller wurde der wieder Eingefangene erschossen. »Zur Feier des Tages«, wie David Krajewski sagt, gab es für die Gefangenen Suppe. Eine zynische Siegesfeier derer, die sich allmächtig fühlten. Auf dem Weg zu dem Kessel, aus dem geschöpft wurde, musste jeder Lagerinsasse an dem Erschossenen vorbei. Alle verstanden: Wer fliehen wollte, floh in den Tod.

Zeitweise scharrte und hämmerte David in einem Kohlebergwerk um sein Leben. Jeder Tag, den er überlebte, war dem Hunger abgetrotzt. Vielleicht, überlegt er heute oft, war es sein unverdientes Glück, dass er der Jüngste und Kleinste war. Die schweren Arbeiten bekamen jene zugeteilt, die noch vergleichsweise kräftig waren. Es muss, grübelt er, schließlich einen Grund geben, dass gerade er die Torturen überlebt hat. Nur die, die noch am Leben sind, vermögen zu erzählen. Aber sie plagt das schlechte Gewissen gegenüber den Toten. Die können nicht mehr berichten, an wie vielen seidenen Fäden das Schicksal hing. Und sie können den Überlebenden nicht die Last nehmen, nicht versichern, dass in einer Welt der geplanten Vernichtung nicht die Opfer schuld sind an dem, was geschieht. Sondern die Täter. Doch sich gegen diese Gedanken zu wehren kostet Kraft. Manchmal ist dann das Schweigen die einfachere, kräfteschonende Überlebensstrategie.

Eine andere Zwangsarbeit, die David Krajewski verrichten musste, war die in einer Ziegelei. In deren Nähe lag ein großer Gutshof. Eines Tages schien eine der Wachen einem Anflug von Menschlichkeit zu erliegen. Der Mann gestattete David, schnell zum Hof zu rennen. Der hatte gehört, was das bedeutete. Dort bekam man manchmal etwas Butter und ein paar Eier zugesteckt, unvorstellbare Schätze. Doch der Wachmann, der ihn aus der Reihe der Ziegelschlepper hatte ausscheren lassen, nahm ihm bei seiner Rückkehr die wenigen kostbaren Nahrungsmittel wieder ab. Das Opfer musste dort betteln, wo man dem Täter nichts gegeben hätte. David Krajewski lernte dazu. Als ihn das nächste Mal einer zum Hof eilen ließ, bat er um Kartoffeln. Mit denen konnte auf die Schnelle keiner etwas anfangen. Der Wachmann mochte sie nicht einfach roh und im Stehen essen. David hatte die Hoffnung, seine wenig brauchbare Ausbeute behalten zu dürfen. Aber er stand auch in Gefahr, wegen ihrer misshandelt oder erschossen zu werden. Mit finsterer Miene wurde er mitsamt seinen Kartoffeln zurück ins Glied gestoßen. Er hatte einen Etappensieg über den Hunger errungen.

Lager um Lager er- und überlebte David Krajewski. Sein Zeitgefühl hatte sich völlig aufgelöst. »Jeder Tag dort war wie ein Jahr.« In einem der Lager saß ein Mann, der gelernter Zuckerbäcker war. Nach dem Appell erzählte er den Mithäftlingen, was er in seinem früheren Leben gebacken hatte. Da saßen sie dann und aßen sich in Gedanken satt. In der Wirklichkeit gab es Wassersuppe und einen Kanten Brot, den man sich gut einteilen musste und den man sich nicht stehlen lassen durfte. Wer eine Ration Brot verlor, war dem Tod einen großen Schritt näher.

Davids Verwandlung vom Mensch mit Namen in ein Skelett mit Nummer hatte im damaligen Schmiedeberg im Riesengebirge begonnen. Dort schikanierte ein besonders sadistischer Wachmann die Häftlinge, ein invalider Veteran des Ersten Weltkriegs. Mit der Peitsche schlug er Häftlinge beim Appell auf den Arm. Wenn es staubte, wenn also die Kleidung dreckig war, was immer der Fall war, da sie auf dem Bau arbeiteten, ordnete er als Strafe 20 Hiebe auf den Rücken an. In diesem Zentrum der Barbarei herrschten militärischer Drill und perfide Willkür. So mussten David und seine Leidensgenossen etwa ihre Kleidung geometrisch exakt auf die Pritsche legen, auf der sie nachts auch schliefen. Von 130 Männern, die mit David zusammen ins Lager gekommen waren, überlebten 70.

Die Zähen und Widerstandsfähigen und die schlicht Glücklicheren wurden im September 1944 von Schmiedeberg in ein Konzentrationslager im schlesischen Waldenburg gebracht. Auch hier waren Demütigungen an der Tagesordnung: Die

Häftlinge mussten sich nackt ausziehen, damit man kontrollieren konnte, ob sie in Mund oder After noch Reste irgendeines Besitzes versteckt hielten. Dann rasierte man ihnen einen Streifen Glatze – eine Läusestraße, wie sie selbst sagten – und verpasste ihnen die gestreifte Häftlingskleidung, einen Mantel und Holzschuhe. Wer auf der Baustelle arbeiten musste, zog sich im Winter einen aufgetrennten Sack wie einen Pullover unter die dünne Jacke. Heimlich. Denn auch das wurde bestraft.

»Am 8. Mai wurde ich befreit.« David Krajewski ist am Ende seines ersten Lebens angelangt, am Beginn seines zweiten. Mit großen Schritten ist er durch seine Jugend geeilt, die er als vor der Zeit gealterter Mann beendet hatte. Ende und Wiedergeburt waren so banal wie ergreifend. Ein übrig gebliebener Oberscharführer schloss das Tor des Konzentrationslagers am Morgen ab. Im Weggehen warf er den Schlüssel über den Zaun, als ginge es darum, sich von einer Firma, für die er gerade noch gearbeitet hatte, zu verabschieden. Der nationalsozialistische Staat, sein Arbeitgeber, war Bankrott gegangen, die eigene Zuständigkeit erloschen, alle Verantwortlichkeit ließ er problemlos fahren, als habe diese Zeit nichts mehr mit ihm zu tun, nur noch mit dem Schlüssel. Er setzte sich auf sein Motorrad und verschwand. Die Gefangenen selbst öffneten zögerlich, misstrauisch, eine Falle vermutend das Tor. Sie sahen den gleichen Himmel, unter dem die Menschen, die jenseits des Lagers gelebt hatten, angstvoll die Landstraßen entlangschauten, voll Furcht vor den heranrückenden russischen Truppen. *Da draußen war Polen oder Deutschland, Oberschlesien, wie immer benannt, Heimat für die Menschen, an denen wir vorbeifuhren, Ort, an dem sie sich wohl fühlten. Das von mir Erlebte hatte die da draußen nicht einmal berührt,* schreibt Ruth Klüger zu dieser schier unglaublichen Gleichzeitigkeit von Geschichte. Eine Parallelität, die vielen heute die Chance gibt, das, was sie nicht selbst erlebt haben, für gänzlich unmöglich und nie geschehen zu halten.

Zwei Stunden nachdem David und seine Kameraden erstmals selbst das Tor in den Angeln bewegt hatten, kamen russische Soldaten zum Lager. Sie brachten Schokolade und Wurst. Sie brachten damit für viele den Tod. Die Entkräfteten starben Stunden nach ihrer Befreiung, weil ihr Körper die Nahrung nicht mehr vertrug und weil kein Arzt in der Nähe war, der hätte warnen können.

David Krajewski entging den tödlichen Geschenken. Er ging erst nach Bayern. Viele der so genannten displaced persons, der Menschen, denen der Rassen- und Eroberungswahn der nationalsozialistischen Herrscher und ihrer Helfer Heimat und Familie genommen hatte, kamen in Süddeutschland in der amerikanischen Besatzungszone unter. Und viele verließen Deutschland schnell wieder. So wie David Krajewski 1948. Er ging wie 140 000 Holocaustüberlebende und Entwurzelte von Bayern nach Israel, um als Soldat für dieses neue Land zu kämpfen. Nur etwa 20 000 überlebende Juden, so schätzt man, blieben in Deutschland, dem Land der Täter.

David Krajewski kehrte nach zwei Jahren nach Deutschland zurück, mit gemischten Gefühlen. Aber hier hatte er, bevor er ging, seine Frau kennen gelernt. Die beiden heirateten, nachdem er zurückgekehrt war. David Krajewski wurde deutscher Staatsbürger. Seiner Frau zuliebe hat er es auf sich genommen, in einem Land zu leben, dessen Frieden er lange misstraut hat. Er ist ein angesehener Geschäftsmann geworden, hat zum wirtschaftlichen Aufschwung von Nachkriegsdeutschland beigetragen, sein Büro ist eine gute Adresse. Doch obwohl er einen Aufstieg in höchste gesellschaftliche Kreise vollzogen hat, lauert das Erbe der Vergangenheit an jeder Ecke.

Filme und Bücher über den Holocaust meidet er. »Dann ist die Nacht vorbei.« Er verbietet sich den Gedanken an die eigene Geschichte. In Gesprächen mit Freunden und Bekannten versucht er, das Thema auszuklammern. »Das ist schwierig, aber man muss es meistern.« Er will nicht jeden Morgen im Bewusstsein erwachen, was ihm widerfahren ist. Ein Weiterleben im Land der Täter wäre dann unmöglich. »Man kann damit nicht leben. Man muss es verdrängen«, sagt er. Er wird jetzt nach Hause fahren. Seine Frau ist schon viel zu lange in Sorge um ihn.

»Ich werde erst vergessen, wenn ich die Augen zumache.«

Ein Sinto hat Auschwitz überlebt und erzählt von den absurden bürokratischen Folgen

Wenn ihn die Leute heute immer wieder mal fragen, warum er denn so kümmerlich wenig Rente bekomme, muss Franz Rosenbach für seine Erklärung ein wenig weiter ausholen als andere Menschen. Und er liefert dann Gründe, mit denen seine Zuhörer nicht gerechnet haben und von denen sie vielleicht lieber nichts hören würden. Die Neugierde vieler auf Zeitgeschichte ist höchst selektiv. Die letzten Stunden im Führerbunker interessieren mehr als die mehrfach geknickten Biographien der Naziopfer.

Der Mann mit der kleinen Rente erzählt den Fragenden, die eigentlich nach einem Eingeständnis persönlichen Versagens, mangelnder Disziplin, dürftigen Fleißes und fehlender Voraussicht forschen, wie er nach dem Krieg das schwer zerstörte Nürnberg wieder mit aufgebaut hat. Wie er alte Ziegelsteine von Mörtelresten gereinigt und neu zu Mauern aufeinander gesetzt hat. 80 Pfennig Stundenlohn gab es dafür. Franz Rosenbach hat in der Folge viele solcher Anstellungen für ähnlich wenig Geld akzeptiert. Er musste schließlich eine Familie versorgen, und jede noch so harte, noch so unterbezahlte Arbeit war ein Beweis, dass es voranging, mit ihm und dem Land, in dem er lebte. Aber für ihn ging es nicht aufwärts, als es dem Land schon wieder richtig gut ging. Gute Arbeit für schlechtes Geld, die Verweigerung der Festanstellung, der Dienst als Tagelöhner für Firmen, die, wie sich hinterher herausstellte, nie korrekt Buch führten und nie Sozialabgaben für jene abführten, die ihre Gewinne errackerten, blieb für Franz Rosenbach auch im boomenden Wirtschaftswunderland, das rasch unter die reichsten Nationen der Welt aufstieg, die Normalität.

Denn Franz Rosenbach war ein bequem zu Beschummelnder, ein leicht ruhig zu Haltender. Er gehörte nicht dazu. Er besaß keinen deutschen Pass. Es gab keine Botschaft und kein Konsulat, die sich je für ihn eingesetzt hätten. Er war staatenlos. Und er hatte, wenn es hart auf hart ging, Angst vor diesem Staat und seinen Menschen. Franz Rosenbach, Angehöriger der verfolgten Minderheit der Sinti und Roma, war im KZ. Er lebt nur noch, weil den Nazis die Zeit nicht mehr gereicht hatte, auch ihn noch umzubringen.

Gegen Ende seines Erwerbslebens hat er den Kampf mit der deutschen Bürokratie doch noch ernstlich aufgenommen. Die stand lange auf dem Standpunkt, es sei doch Franz Rosenbachs Problem und nicht das ihre, dass seine Papiere, seine Familie, seine Bürgen in den Bränden des Krieges und den Todeslagern der Nazis ausgelöscht worden seien. Die Papiere, die der Internationale Suchdienst des Roten Kreuzes noch hatte beschaffen können, erklärte sie kurzerhand für nicht ausreichend, eine damalige deutsche Staatsangehörigkeit beweisen zu können. Doch der ehemalige Hilfsarbeiter hat nicht nachgegeben, und 1991 hat er nach sechsundvierzig Jahren Staatenlosigkeit wieder einen deutschen Pass bekommen. Einhundert Mark hat der deutsche Staat dem KZ-Überlebenden für dieses Papier in Rechnung gestellt, und noch einmal so viel für seine Frau und für jedes seiner neun Kinder. Franz Rosenbach, dem wenig Geld zur Verfügung steht, hat widerspruchslos bezahlt. Er hat ein Leben lang die Macht von Papieren, Stempeln, amtlichen Vermerken zu spüren bekommen. Er hatte ein ganz neues Leben führen können, als seine beschränkte Aufenthaltserlaubnis endlich zur unbefristeten umgewandelt worden war und er endlich eine reguläre Arbeitsgenehmigung erhielt. Franz Rosenbach hat sich von den Hilfsarbeiten verabschiedet, er hat sich selbstständig gemacht. Die Vollbeschäftigung, wie er das nennt, hat ihn vom Grübeln und Nachdenken über sein eigenes Elend abgehalten. In seiner letzten Berufswahl kann man einen grimmigen Sarkasmus sehen: Der

Auschwitzüberlebende Franz Rosenbach hat Lebensversicherungen verkauft.

Franz Rosenbachs Mutter wurde in Magdeburg geboren. Die Familie bewohnte im österreichischen Sigatz eine Wohnung – mit Schlafzimmer, Wohnzimmer und Küche. Eine ganz normale Wohnung eben. Franz Rosenbach hebt diese Tatsache bewusst hervor. Denn einem Sinto wie ihm unterstellen viele noch immer, es sei ihm durch Tradition, wenn nicht durch ominöse Gene des Wandertriebs, unmöglich, an einem festen Ort zu wohnen. Franz Rosenbach ist von Kindheit an sesshaft. Nürnberg ist seine Heimatstadt geworden – auch wenn es freudigere Umarmungen gibt zwischen zwei, die sich kennen lernen und miteinander anfreunden müssen, als die zwischen ihm und der Gemeinschaft, in der er 60 Jahre seines Lebens verbracht hat.

Es war nicht selbstverständlich für ihn, in Deutschland zu bleiben. Eigentlich wollte er dem ganzen alten Kontinent nach dem Krieg den Rücken kehren und über Bremen nach Kanada auswandern. »Ich hatte schon die Papiere. Ich wollte weg. Wollte nichts mehr wissen. Neu anfangen. Ich wollte die Erinnerungen zurücklassen. Ich hatte schon die Papiere für den Transport.« Er wählt denselben Begriff, mit dem er auch von seiner Deportation erzählt. Dass er die zivile Welt misstrauisch mit den Begriffen einer verrohten Ära belegt, fällt ihm gar nicht mehr auf. Transport, das ist eben das, was einen von einem Ort zum anderen bringt. Wobei der Aufbruch nie wirklich freiwillig, sondern immer erzwungen ist, wenn nicht von uniformierten Menschenjägern, dann von der Erinnerung an sie. Damals aber hat er im letzten Moment Angst bekommen vor dem unbekannten neuen Land, den fremden Verhältnissen, der Einsamkeit und anfänglichen Sprachlosigkeit. Heute, das ist die Bilanz all der Jahrzehnte in Deutschland, bereut er es, damals nicht den Mut zum Aufbruch gefunden zu haben. »Ich hätte viel auf die Beine stellen können als arbeitsamer Mensch. Aber es war meine eigene Entscheidung, nicht zu gehen.«

Nach Verwandten, nach anderen Menschen seiner Familie, die wie er die Vernichtungslager überlebt haben könnten, hat Franz Rosenbach nach seiner Befreiung als Erstes gesucht. Fast seine ganze Familie jedoch, die Mutter, der Vater, die Schwester, Onkel, Tanten, Cousins und Cousinen, sind tot. »Ich wollte schauen, ob jemand zurückgekommen ist aus den Konzentrationslagern, aber leider ist keiner zurückgekommen«, beschreibt er knapp seine vergebliche Reise nach Österreich, wo die Rosenbachs gelebt hatten, bevor sie verhaftet und deportiert worden waren. Die Nazis hatten nicht nur die Menschen auf Nimmerwiedersehen verschleppt, sie hatten auch versucht, die Spuren ihrer Existenz zu löschen. Alles, was der Familie einmal gehört hatte, so erzählten Franz die ehemaligen Nachbarn, war 1943 an das Winterhilfswerk der Nationalsozialisten verteilt worden. Franz Rosenbach war nun ein Mensch ohne Wurzeln, einer, dessen Vergangenheit nur noch im eigenen Kopf dokumentiert war. Er besaß kein Foto mehr von früher. Keine Erbstücke, an dem das Herz des einen oder anderen gehangen hatte und um die sich Familienanekdoten gesponnen haben mochten. Nicht einmal einen alten Löffel, den immer wieder reihum die Hände der anderen berührt hatten. Schon gar keine Dokumente. Alles, was einmal den seinen gehört hatte, war vernichtet oder als Beute unter die Mörder verteilt. Je raffgieriger die Nazis vorgegangen waren, desto weniger Lebensspuren der Opfer wiesen zurück auf ihre Tat.

Franz Rosenbach ging von Österreich zurück nach Deutschland. Er zweifelte keinen Moment an seinem Recht dazu, schließlich war er vor seiner Verschleppung deutscher Staatsbürger gewesen. Und was immer er sich eventuell an Schwierigkeiten mit einer misstrauischen Bürokratie ausgemalt haben mochte – dass er, der den Todeslagern entkommen war, von Staatsdienern, die sich gerade erst ihre Nazinsignien von den Uniformen gepult hatten, wieder in Haft genommen werden könnte, gehörte nicht dazu. Er sollte sich täuschen. Franz Rosenbach erinnert sich noch genau an das kurze Gespräch, das sich entspann, als er sich ganz ordnungsgemäß in Nürnberg anzumelden versuchte.

»Wo sind Ihre Papiere?«, fragte ihn der Beamte.

»Ich habe keine.«

»Warum nicht?«

»Ich war im KZ.«

»Ja, haben Sie denn keinen Entlassungsschein?«

»Nein, ich habe keine Papiere.«

Ein Nachdenken, warum der Mann vor ihm ohne Papiere dastand, schien dem Beamten überflüssig. Er war sich gewiss, wie man mit Zigeunern, wie man damals sagte und womit man auch »kriminelle Landstreicher« meinte, umzugehen hatte. Er rief die Polizei und ließ Franz Rosenbach aus der Amtsstube heraus verhaften. Vierzehn Tage saß der KZ-Überlebende ein – wegen illegalen Grenzübertritts. Franz Rosenbachs Hoffnung, man werde begreifen, was er durchgemacht hatte, und ihm dafür – wenn auch nur ein wenig – Rücksicht entgegenbringen, zerplatzte. Auf Überlebende war nicht nur niemand vorbereitet, sie wurden nur widerwillig zur Kenntnis genommen. Tote waren leichter zu verbuchen. Tote stellten keine Rückgabeforderungen, standen nicht wie Abgesandte des Jenseits vor denen, die sie an die Menschenschlächter verraten und dann bestohlen hatten. Tote forderten weder Wiedergutmachung noch Hilfe noch irgendeine Teilhabe an der neuen Gemeinschaft.

Aber es war nicht nur ein oberflächliches Unbehagen angesichts der Gegenwart eines KZ-Zeugen, auf das Franz Rosenbach hier stieß. Es war ein tief sitzendes Ressentiment. Denn sollte nicht stimmen, was die alliierten Umerziehungsbeauftragten und einige ausgezehrte Heimkehrer da von Konzentrations- und Vernichtungslagern erzählten – und viele Deutsche wollten nicht wahrhaben, was da zu Tage kam –, dann war einer wie Rosenbach schlicht ein Betrüger. Hatte es die industrialisierte Menschenvernichtung aber gegeben, dann war sie mit deutscher Gründlichkeit und bürokratischer Pedanterie ins

Werk gesetzt worden: Jeder Todestransport hatte seine Listen, jede Lagerbaracke ihre Appelle, jede Gaskammer ihre Strichliste mit Ermordeten, für die in einem Akt zynischer doppelter Buchführung erfundene Todesursachen zu den Akten genommen wurden. Wenn es deutsche Todeslager gab, dann gab es dort auch deutsche Ordnung und deutsche Entlassungspapiere. Wer keine vorweisen konnte, musste also ebenfalls ein Betrüger sein.

Franz Rosenbach hatte zwei Jahre Auschwitz-Birkenau und Buchenwald überlebt. Dann wurde er von seinen Peinigern auf einen der Todesmärsche getrieben. Ein Elendstrupp von 600 Gestalten machte sich auf. Am Ende blieb noch eine Gruppe von fünf oder sechs Personen übrig. Die anderen waren vor Entkräftung tot umgefallen oder von den SS-Leuten, die sich selbst nach und nach davonstahlen, in letzter Machtausübung wie tollwütige Tiere erschossen worden, wenn sie vor Erschöpfung zusammenbrachen. »Davongelaufen, erschossen, Genickschuss, Straßengraben. So ist es gegangen.« All das hatte Franz Rosenbach mit angesehen und überlebt. Gegen Ende des Vernichtungsmarsches hatten sich auch die letzten SS-Männer davongemacht, auf in ein neues Leben und manchmal auch in eine neue Identität. Die Bewachung der letzten noch lebenden Gefangenen hatten sie einem alten Volkssturmmann aufgetragen, der nicht wusste, was er mit den ausgezehrten Gestalten vor sich anfangen sollte. Als ihn die Nachricht von der Kapitulation erreichte, drehte er sich um, rückte seinen Karabiner zurecht und sprach die für Franz Rosenbach ewig unvergesslichen Worte: »Kinder, ihr könnt jetzt heimgehen.« Das klang fast fürsorglich und fürchterlich verharmlosend. Als ging es wirklich nur um die Auflösung einer Festgesellschaft. Als sei ein Kindergeburtstagsspiel zu Ende gegangen und alle dürften ihre Masken ablegen und in die vertraute, unveränderte Normalität zurückkehren. Für Franz Rosenbach und seine Leidensgefährten stand das alte Leben aber nie mehr aus der Asche ihrer Lieben und den Wunden ihrer Seelen auf.

Selbst damals, im Moment der Befreiung, war die Schwindel erregende Hoffnung mit lähmender Angst durchsetzt. Rosenbach war überzeugt, der kleine Trupp Abgemagerter werde aus der Deckung des gegenüberliegenden Waldes von kalten Augen beobachtet, und ein Schritt zur Seite oder eine Geste zuviel werde gestiefelte Männer herbeistürzen lassen, die sie alle reihum erschossen.

Aus der beheizten Behaglichkeit deutscher Amtsstuben heraus ist Franz Rosenbach jahrzehntelang ein unausgesprochener Vorwurf gemacht worden: dass er in diesem Moment nicht den Volkssturmmann gebeten hat, ob man nicht irgendwohin gehen könne, wo ein letzter Rest des SS-Reichs noch intakt sein könnte. Damit er dort die Chance haben könnte, einen der schwarz uniformierten Schlächter um einen Entlassungsschein aus dem Totenreich der Lager zu bitten. Für die Selbstgerechtigkeit der Bürokratie gibt es manchmal weder Worte noch Vergleiche.

Franz Rosenbach hat damals nicht einmal Gelegenheit bekommen, sich irgendeinen Plan zur Überwindung seiner Angst auszudenken. Denn ein Teil seiner Horrorvision wurde wahr, bevor er versuchen konnte, als freier Mann nach Jahren wieder auch nur einen Schritt in eine selbst gewählte Richtung zu tun. Aus dem Wald kamen tatsächlich zwei noch voll uniformierte SS-Männer. Nur waren diese letzten Getreuen ihres da schon zu einem Rußklumpen im Berliner Trümmerberg verwandelten Führers nicht in Sachen Endlösung, sondern in Sachen Endsieg unterwegs. Das hat Rosenbach das Leben gerettet, hat ihm aber auch eine besonders zynische Episode dieses Zivilisationszusammenbruchs, eine weitere Variante frecher Menschenverachtung ins Gedächtnis gebrannt. Die SS-Männer übergaben den abgemagerten und zerlumpten KZ-Häftlingen eine Panzerfaust. Und befahlen ihnen, mit dieser Waffe auf das nächste »feindliche« Fahrzeug zu schießen. Die zu Ungeziefer Erklärten, die mehrfach nur knapp dem Tod entronnen waren und noch immer eher dem Jenseits angehörten als dem Reich der Lebenden, sollten nun die Sache ihrer Peiniger verteidigen, sollten für die Ideologie der Herrenmenschen als dankbarer Abschaum selbst noch ein paar Morde begehen.

Die SS-Schergen haben sich dann davongemacht, ohne noch einmal zurückzuschauen, ob die Zerlumpten und Abgehärmten sich tatsächlich in den Hinterhalt legten oder ob sie einfach stehen blieben, das Metallrohr der Panzerfaust wie eine gefangene und nun nicht mehr loszulassende Schlange hinter dem Sprengkopf umklammernd. Vielleicht war dieser letzte Kampfbefehl nur ein böser Scherz, eine Prise Totenkopfhumor zweier Männer, die bald darauf mit ihren Uniformen auch ihre Erinnerungen abstreifen würden. Franz Rosenbach weiß nicht, wie nahe er auch in dieser Situation dem Erschlagen- oder Erschossenwerden gekommen ist. Er weiß nur, dass es kein unvertrautes Gefühl der Todesnähe war. Zu oft schon hatte der Tod Franz Rosenbachs Lebensweg gekreuzt. Wäre er nicht »durch Gott und meine Engel beschützt« gewesen, sagt er, hätte er sich ihm mehrmals ergeben müssen. Franz Rosenbachs Erklärung für sein Überleben mag für manche eitel, für andere naiv klingen. Aber gibt es eine rationale Erklärung, die nicht ebenso hilflos wirkt beim Versuch zu begründen, warum gerade dieser überlebt – aber viele andere nicht? Einmal stand Franz Rosenbach schon nackt ausgezogen vor der Gaskammer, als es eine unerklärliche Verschiebung in den Dienstplänen der Lagerherren gab. »Alles retour«, kam plötzlich ein Befehl. Tage später sah Rosenbach, was ihn erwartet hätte. Da musste er helfen, die im Tod aneinander Geklammerten aus den Kammern zu tragen. Das Überleben folgt keiner Logik. Für Franz Rosenbach waren es Gott und seine Engel, die ihn beiseite zogen.

Den Trost von Gott und seinen hilfreichen Engeln braucht der Mann, der dem Völkermord entkam, auch heute noch sehr oft. Mitten im Alltag überfallen ihn Erinnerungen, ausgelöst von Kleinigkeiten, die seinen Mitbürgern gar nicht auffallen. Mitten in der belebten Nürnberger Innenstadt kann er sich in

Auschwitz wiederfinden. Es kommt ohne Vorwarnung – dieses Gefühl, dass keine Zeit vergangen ist zwischen dem Jetzt und dem Gestern. Unlängst hörte Franz Rosenbach die Geräusche einer Baustelle hinter seinem Haus. Für andere mag das eine kleine Lästigkeit des Stadtlebens sein. Franz Rosenbach hat es die Luft abgeschnürt. Für ihn klang das Hämmern, die Monotonie des Schlagens auf Eisen, wie der tägliche Rhythmus im Abschnitt BIIe in Auschwitz-Birkenau, im so genannten »Zigeunerlager«. Das meint einen Bereich des Vernichtungslagers, für den die Buchhaltung der Mörder etwa 22 600 Menschen verzeichnet. Nur 3000 von ihnen überlebten.

Geräusche und Bilder werden kein bisschen weniger furchtbar, nur weil er die Halluzinationen schon kennt. Im Gegenteil. Jetzt im Alter läuft der Film in seinem inneren Kino immer häufiger ab. »Es war ein Geräusch wie im Steinbruch.« Franz Rosenbach redet noch einmal von der Baustelle hinter seiner Wohnung. »Ich habe versucht, die Erinnerung daran wegzudrücken. Es zu vergessen. Aber ganz vergessen können werde ich es wohl nie. Ich werde erst vergessen, wenn ich die Augen zumache.« Franz Rosenbach spricht heute ohne Angst vom Tod. Manchmal klingt es, als habe das Versprechen vom Ende aller Erinnerungen etwas Verlockendes. Was der alte Mann dann sagt, klingt abgeklärt, nach der Erfahrung eines Menschen, dem das Leben viele Lektionen aufgezwungen hat. »Wenn's so weit ist, na ja, dann nehmen wir Abschied von der Erde. Es wird gut sein. Wir lassen die bösartigen Sachen hinter uns und werden rein«, sagt er. Und dann formuliert er eine große Hoffnung. »Danach ist es gut. Weil man weg ist, ist es gut. Dann ist für mich die ganze Geschichte zu Ende.« Das Leben, auch das Überleben, war anstrengend, sagen diese Worte. Überlebt zu haben, das war nur der Anfang vom täglichen Weiterlebenmüssen.

Auch wenn Franz Rosenbach in Schulen geht und dort vom Holocaust erzählt, auch wenn er immer wieder seine Lebensgeschichte erzählt hat, damit sie den Nachgeborenen erhalten bleibt, auch wenn er sagt: »Vielleicht leb ich ja noch ein paar Jahre und kann meinen Leidensweg noch so manchem erzählen« – trotz all dieser Aktivitäten wird sein Schmerz nicht kleiner oder weniger heftig. »Man versucht als ehemaliger Verfolgter die Erlebnisse zu verdrängen. Aber man kann sie nicht verdrängen. Es gibt keinen Ort dafür. Es gibt auch keine Kammer, in die man es sperren kann. Es bricht immer aus.« Tiefe Resignation liegt in diesem Bekenntnis.

Im jahrelangen Prozess des Erzählens hat Franz Rosenbach Worte für das gefunden, was er sagen will. Er muss nicht mehr um jeden Satz mit sich ringen. Aber die Frage bleibt: Gibt es überhaupt zureichende Worte für das, was er den Nachgeborenen vermitteln will? Es ist nicht nur seine sudetendeutsch-österreichische Herkunft, die ihn immer wieder an Sätze ein fast verzweifeltes »Verstehn S' mich« anhängen lässt. Franz Rosenbach weiß, dass jede Verständigung über seine Erlebnisse nur eine Annäherung sein kann. Ihn trägt jedes Wort zurück ins Zentrum der Grausamkeiten, so dass ihm »der Klotz«, wie er es beschreibt, »wieder auf den Kopf fällt«. Für ihn gibt es kein Entkommen. Das Gedächtnis der Opfer funktioniert anders als das der Täter. Die Psychiatrie der unmittelbaren Nachkriegszeit kennt keinen Fall eines Mitschuldigen am Völkermord, der sich in Behandlung begeben musste. Franz Rosenbach jedoch schläft mit seiner Lebensgeschichte ein. Wenn er aufwacht, wartet sie bereits auf ihn. Wenn er Pech hat, laufen ihre schrecklichsten Momente in seinen Träumen ab. In den ersten Jahren nach dem Todeslager war das regelmäßig so. Er verbüßt lebenslänglich in Auschwitz, ganz gleich, ob er schweigt oder spricht. Das Reden macht es nur ein klein wenig einfacher. Doch schon das Wort »Auschwitzüberlebender« nimmt manchem Gegenüber die Luft zum Atmen. Auch das kann zur Last werden für den, der von keinem anderen Leben berichten kann. Denn er hat nur dieses eine.

Es gibt auch schöne Träume in Franz Rosenbachs Leben. Sie

Nur dieses eine Bild ist geblieben: Franz Rosenbach und seine Mutter

sind selten. Sie gehen fast unter zwischen den Erinnerungen des Grauens, die jetzt im Alter immer öfter kommen. Schöne Träume sind kostbar. Gestern Nacht erst hat er einen von denen gehabt, die er gerne erzählen mag. Es war ein Traum von seinen Eltern. Es sind Bilder vor ihm aufgestiegen aus der Zeit, als er selbst noch ein kleiner Junge war. Als Vater, Mutter und die drei Schwestern noch lebten. Als der Vater noch zur Arbeit ging und die Mutter ihre vier Kinder versorgte. Als in der Welt der Rosenbachs die einzige Sorge war, dass aus den Kindern auch anständige Menschen würden, die für sich selbst aufkommen könnten. Auch in dieser Sorge um die Zukunft unterschieden sie sich in nichts von anderen Familien ihrer Zeit. »Wir waren alle beieinander, und es war wunderbar«, sagt Franz Rosenbach. Er muss weit zurückgehen, um das von seiner Familie behaupten zu können. Der letzte Abend im Kreis der Schwestern und der Eltern müsste fünfundsechzig, wenn nicht gar siebzig Jahre zurückliegen. Franz Rosenbach genießt es sichtlich, im Traum eine Welt vor dem Lager zu betreten. Aber sein Ton verliert alle Sanftheit, wenn er den nächsten Satz anschließt. »Und dann wirst du wach, und dann ist wieder der Erste, und du musst Miete zahlen und die Versicherung.«

Das Erwachen ist grausam. Es entlässt den Siebenundsiebzigjährigen wieder in eine Welt, in der es außer der Erinnerung in seinem Innern nicht einmal Fotografien von seinen Eltern gibt. Nur ein einziges Bild von ihm und seiner Mutter hat überlebt. Er hat sich von ihm getrennt. Er hat es fortgegeben. Es hängt nun in Heidelberg im Dokumentations- und Kulturzentrum Deutscher Sinti und Roma. Es zeigt einen Jungen in Trachtenjacke. Er lächelt nicht. Auch die Frau mit der karierten Bluse und dem dunklen langen Rock tut das nicht. Sie sitzt, ihr Sohn steht seitlich neben ihr. Ernst schauen die beiden. Das Foto, datiert der Katalog der Ausstellung, sei kurz vor der Deportation der beiden aufgenommen worden.

Die Lage im Deutschen Reich war zu diesem Zeitpunkt für Sinti und Roma schon äußerst bedrückend. Seit 1936 in Berlin im Reichsgesundheitsamt die »Rassehygienische und bevölkerungsbiologische Forschungsstelle« unter Leitung von Dr. Robert Ritter eingerichtet worden war, hatten sich auch für Sinti und Roma die Lebensbedingungen zunehmend verschlechtert. Wie die Juden wurden sie im Gefolge der Nürnberger Gesetze als »fremdrassig« beziehungsweise »fremdblütig« definiert und systematisch entrechtet. Im Dezember 1938 beauftragte Heinrich Himmler die »Forschungsstelle«, Sinti und Roma im gesamten Reichsgebiet zu erfassen. Mit Unterstützung staatlicher und kirchlicher Stellen wurden genealogische und anthropologische Untersuchungen an Sinti und Roma durchgeführt. Die Naziforscher zwangen die Menschen, alle ihre Verwandtschaftsverhältnisse preiszugeben, und vermaßen die Körper wie Werkstücke. Allein im Kopfbereich wurden bis zu vierundzwanzig Details vermessen. Tausende von Fotos sollten die pseudowissenschaftlichen Theorien der Rasseforscher untermauern. So und in Fortsetzung dieser pervertierten Forschungsarbeit in den KZs entstanden etwa 24 000 so genannte Rassegutachten, die den Völkermord vorbereiteten. Im »Anthropologischen Anzeiger« schrieb schon im August 1938 Adolf Würth von der »Rassehygienischen Forschungsstelle«: »Die Zigeunerfrage ist für uns heute eine Rassenfrage. So wie der nationalsozialistische Staat die Judenfrage gelöst hat, so wird er auch die Zigeunerfrage grundsätzlich lösen müssen. Der Anfang ist schon gemacht. Die rassenbiologische Zigeunerforschung ist die unbedingte Voraussetzung für eine endgültige Lösung der Zigeunerfrage. Diese Lösung dient dem großen Ziel, das Blut des deutschen Volkes vor dem Eindringen fremdrassigen Erbgutes zu schützen und zu verhindern, dass die weitverbreitete und gefährliche Mischlingspopulation sich immer stärker vermehrt.«

Am 16. Dezember 1942 erließ der Leiter des Reichssicherheitshauptamtes, Heinrich Himmler, den Befehl, alle »Zigeuner« und »Zigeunermischlinge« ins Konzentrationslager zu deportieren. Der Befehl betraf Sinti und Roma aus Deutschland, Österreich, Belgien, dem besetzten Frankreich, aus den Niederlanden und Böhmen und Mähren. Am 29. Januar 1943 erließ das Reichskriminalpolizeiamt die Ausführungsbestimmungen zum Deportationsbefehl. Als Deportationsziel wurde Auschwitz-Birkenau bestimmt.

Auch Franz Rosenbach war allmählich aus dem normalen Leben hinausgedrängt worden. Wie andere Sinti- und Romakinder verwies man ihn von der Schule. Er wurde nur noch unregelmäßig zu Hause und bei Bekannten unterrichtet. Darum fehlte ihm im Nachkriegsdeutschland der Schulabschluss – ein bequemer Blickfang für all jene, die nach Bestätigung ihrer bruchlos weiter gepflegten Vorurteile über Zigeunerfaulenzer suchten. Und eine Möglichkeit, Rosenbach zur billigen Arbeitskraft zu machen. Dabei hatte er sich in den Jahren offener staatlicher Diskriminierung verzweifelt bemüht, eine Ausbildungsstelle zu finden und irgendwie seinem Traum näher zu kommen, Lokomotivführer zu werden. Er fand sogar Arbeit bei der Reichsbahn und einen mutigen Ausbildungsleiter, der bereit war, dem Geächteten ohne Schulabschluss eine Lehrstelle bei der nächsten Ausbildungsrunde zu reservieren. Aber im April 1943 erschienen zwei Männer mit langen Ledermänteln auf der Reichsbahn-Dienststelle, wo der Beinahe-Lehrling bei Gleisbauarbeiten half. Er sollte seinen künftigen Beruf vom Schwellennagel auf lernen. Aber die Vertreter der Gestapo hielten sich nicht mit Ausbildungsfragen auf. »Sie bekommen eine andere Arbeit«, beschieden sie dem Heranwachsenden. Das waren die gleichen Worte, mit denen ihre Kollegen 1942 Franz' Vater abgefertigt hatten, als der abgeholt wurde. Nach dieser Lüge wurde er erst ins Wiener Polizeigefängnis gebracht und von dort aus nach Auschwitz deportiert.

Franz' Mutter zeigte damals jenen Mut, den die Nachgeborenen über den Bildern der Wehrlosen und Gedemütigten oft vergessen. Cäcilie Rosenbach fuhr selbst zum Wiener Gefängnis, wo sie ihren Mann nicht sehen durfte, aber in Erfahrung brachte, dass er als Sinto umgehend in ein Konzentrationslager weitertransportiert werden sollte. Das KZ war ein Ort, der von einem Kreis aus Schweigen und Schrecken umgeben war, ein Ort, dem sich keiner zu nähern wagen sollte, den die Machthaber nicht dorthin befahlen. Franz' Mutter wartete den vermuteten Transporttag ihres Mannes ab, packte einen Koffer voll mit Kleidung und der eigentlich daheim kaum zu entbehrenden Nahrung und fuhr nach Auschwitz, um diese Sachen dort ihrem Mann zu übergeben. Ihr Sohn erzählt mit Stolz und Fassungslosigkeit, dass sie zwar bis ins Lager vordrang, man ihr aber nur den Koffer abnahm und sie für drei Tage im Polizeigefängnis Auschwitz festsetzte. Ihr Mann war zu diesem Zeitpunkt schon tot. Kurz nach seiner Ankunft in Auschwitz hatten ihn seine Mörder erschlagen. Cäcilie Rosenbach klammerte sich bei der Heimreise an die schwache Hoffnung, man werde ihrem Mann den Koffer zukommen lassen. Aber sie ahnte schon das Schlimmste für sich und ihren Sohn.

Ihre düstersten Befürchtungen wurden schon bald Wirklichkeit. Cäcilie und Franz Rosenbach wurden nur eine Woche später selbst ins »Zigeunerlager« deportiert. Als Cäcilia Rosenbach der Kopf kahl geschoren wurde, wollte ihr Sohn ihren kunstvoll geflochtenen Zopf für sich retten. Die SS-Aufseher prügelten ihn bis zur Besinnungslosigkeit, schlugen ihm immer wieder den Schädel an die Wand. Er war, erfuhr Franz Rosenbach, kein gedemütigter Mensch mehr. Er war in den Augen seiner Peiniger nur noch etwas, das für seine Anmaßung, sich auf eine Stufe mit Menschen zu stellen, bestraft und dann getötet werden sollte.

Franz Rosenbach beschreibt das Lager so: »Keiner kann sich die Grausamkeit der Taten vorstellen, die ich dort erlebt habe. Da findet man keine Worte für. Da fragt man sich nur, wie Menschen mit Menschen so etwas machen können. Den Männern war das ein Spaß. Die jungen SS-Männer sind nachts reingekommen und haben sich die Mädchen rausgeholt. Am nächsten Morgen haben sie dort gelegen, den Hals aufgeschnitten. Vor jedem Block lagen bergeweise Tote. Sie lagen wie ein Scheiterhaufen aus Menschen. In den Blöcken selbst waren fünfhundert bis sechshundert Personen, Frauen und Kinder, ein Schreien, ein Lamentieren. ›Mama, Hunger‹ – ›kann dir nichts geben‹. Sanitäranlagen waren schon gerichtet, aber wir durften sie nicht benutzen. Es hat gestunken. In jedem Block war ein großes Fass, Durchmesser ein Meter fünfzig. Da gingen Frauen, Männer und Kinder alle drauf. Die Ratten und Maden sind durcheinander gelaufen. In der Früh gab es Kaffee aus Eichenlaub. Frühstück, ein Brot vielleicht, ein Kommissbrot für zehn Personen, jeder hat eine Scheibe bekommen. Ich war im Kanalbau Schächte ausheben, zwei Meter tief, eins fünfzig breit. Und mittags sind wir dann rausgeholt worden und haben eine Wassersuppe gekriegt. Ab und zu waren mal Steckrüben drin. Aber es war abgekochtes klares Wasser. Aber wenn man schon Tage nichts mehr im Magen hatte, war man direkt froh, heißes Wasser im Magen zu haben. Und wenn man sich nicht anständig hingestellt hat, hat man gleich noch ein paar gekriegt mit dem Stock und ›Essen hast du schon gehabt, du kriegst nichts mehr‹. Zweimal haben sie mich gehalten, die Toten aus der Gaskammer herauszutragen. Aber sie konnten nicht verbrannt werden, weil die Öfen noch nicht fertig waren. Da wurden alle auf einen Haufen geschmissen und mit Benzin übergossen. Oben sind die schwarzen Raben geflogen und haben sich das verbrannte Fleisch geholt. Die Fetzen sind geflogen. Wie dann die Krematorien fertig waren, sind die Tag und Nacht gegangen. Oben ist die Stichflamme aus dem Kamin herausgeschlagen. Bis zwei Meter hoch. Vom Stammlager hat man zum Waldrand hinsehen können, wo die Krematorien gebaut waren. Da hat man hinschauen können, bei Tag und bei Nacht. Verstehn S' mich? Wenn der Wind am Himmel den Druck in das Lager geworfen hat, dann haben Sie es direkt gerochen. Den süßlichen Geruch der Verbrennung. Das ist fürchterlich.«

Doch Franz Rosenbach wollte sich nicht ergeben. Er kämpfte, um auf den Beinen zu bleiben, er hielt aus, er lebte mit dem Tod, er überdauerte das Lager selbst. Als die Front nahe auf Auschwitz zurückte, wurde er weiterverschleppt nach Buchenwald. Von dort kam der Siebzehnjährige weiter nach Mittelbau-Dora. Dort baute man fieberhaft an einer Wunderwaffe, mit der der Krieg gewonnen werden sollte. Der Raketeningenieur Wernher von Braun, der nach dem Krieg für die amerikanische Weltraumbehörde NASA arbeiten und seine visionäre Kraft auf die Mondlandung lenken sollte, hatte KZ-Häftlinge angefordert, um seine unterirdischen Arbeiten an seiner V2-Rakete schneller vorantreiben zu können. Hitler setzte all seine Hoffnungen darauf, von Braun werde ihm eine Waffe liefern, mit der er aus der Ferne doch noch englische Städte verwüsten konnte. Die Häftlinge mussten tiefe Stollen in den Berg treiben. Sie schliefen in der Freischicht auf Steinen und standen bei der Arbeit im Wasser, das sich unter der Erde sammelte. KZ-Häftlinge waren eine erneuerbare Ressource. Es gab, so hofften die Planer, beliebigen Nachschub an Wegwerfmenschen. Anders als an Materialien, die man für Sicherung und Grundversorgung von Arbeitskräften hätte aufwenden müssen. Als Franz Rosenbach nach sechs Wochen wieder ans Tageslicht kam, war er fast blind. Das Licht verbrannte ihm beinahe die Augen. Er lernte: Jedes Lager hatte seine eigene Methode. Und es musste auch eine Methode der wenigen alles Überstehenden geben, diese Lager zu ertragen. Aber Franz Rosenbach kann sie nicht anders erklären: Gott und seine Engel, sagt er, nur Gott und seine Engel hätten ihn aufrecht gehalten.

Während Franz Rosenbach noch von Mittelbau-Dora erzählt hat, ist sein Neffe auf Besuch vorbeigekommen. Erich Schneeberger ist hauptberuflich Sinti- und Roma-Vertreter im Freistaat Bayern. Fast sechzig Jahre nach dem Zusammenbruch des Nazistaates kämpft er noch immer um Entschädigungszahlungen an Menschen, die die letzte Rate des Blutgelds, wie Franz Rosenbach das Zwangsarbeitergeld nennt, nicht mehr erleben werden. Auch bei ihnen war die Lagerhaft nicht zu Ende, als sie die Lager verlassen durften. Mehr als einer von ihnen hat erleben müssen, dass ebenjener Arzt, der einst medizinische Untersuchungen an ihnen vorgenommen und ihr Rassegutachten erstellt hatte, nun in der Bundesrepublik ihre durch die Verfolgung verursachten körperlichen Beschwerden einschätzen und attestieren sollte. So konnten die ehemaligen »Zigeunersachbearbeiter« und »Rasseforscher« nicht nur die Auszahlung von Entschädigungszahlungen verhindern. Sie konnten auch ihre eigene Verantwortung vertuschen. Für die meisten von ihnen hatte die energische Teilnahme an der Vorbereitung und Rechtfertigung des Völkermords keine Konsequenzen.

1956 fiel ein ungeheuerliches Bundesgerichtsurteil, das nicht nur die direkt Betroffenen als Schikane und als »zweite Verfolgung« bezeichnen. Das Urteil gibt jenen bundesdeutschen Behörden Recht, die gleich nach dem Krieg eine rassistische Verfolgung der Sinti und Roma in Abrede gestellt hatten. Zwangsmaßnahmen gegen diese spezielle Bevölkerungsgruppe, befand ein Gericht des neuen, auf Menschenrechte und Menschenwürde verpflichteten Staates, seien »sicherheitspolitisch« und »kriminalpräventiv« begründet gewesen. Sprich: weil Sinti und Roma per se kriminell waren, blieb den nationalsozialistischen Machthabern gar nichts anderes übrig, als gegen sie vorzugehen. Diese Auffassung tritt auch im Verfahren gegen den Leiter der »Rassehygienischen und bevölkerungsbiologischen Forschungsstelle« Robert Ritter zu Tage. Die Staatsanwaltschaft Frankfurt beschloss 1950 die Einstellung ihres Verfahrens, mangels glaubhafter Zeugen für seine Verbrechen. Denn: »Es handelt sich um die grundsätzliche Frage, ob und wieweit Aussagen von Zigeunern zur Grundlage richterlicher Überzeugungen gemacht werden können. Zahlreiche Wissenschaftler haben lange vor 1933 die Anschauung vertreten, dass Zigeuneraussagen grundsätzlich für die richterliche Überzeugungsbildung ausscheiden müssen. Diese Beurteilung stimmt übrigens auch mit der Auffassung des Zentralamts für Kriminalidentifizierung und -statistik in München überein.«

Franz Rosenbach hat solche Entscheidungen und Schmähungen damals hilflos über sich ergehen lassen, als Fortsetzung dessen, was ihm angetan worden war. Heute schweigt er nicht mehr. Weil es ihn sonst zerreißen würde. Er engagiert sich im Bayrischen Landesverband der Deutschen Sinti und Roma. An den Wänden von dessen sonst eher schmucklosem Büro, in das Franz Rosenbach noch immer regelmäßig für ein paar Stunden die Woche hereinschaut, hängen viele Fotos. Sie zeigen Politiker. Die Bundesfamilienministerin etwa ist dort mit Franz Rosenbach zu sehen. Viele Vertreter der bayrischen Landesregierung haben ihm mittlerweile die Hand geschüttelt. Aber diese Verständigung auf politischer Ebene kann nicht darüber hinwegtäuschen, welches Bild sich bei den meisten Bürgern über die Erinnerung an Verbrechen an den Sinti und Roma gelegt hat: der Folklorekitsch fröhlicher, leichtlebiger Vagabunden, die nächtelang um die Lagerfeuer zwischen ihren

Wohnwagen tanzen. Dieses Bild suggeriert nicht nur Sorglosigkeit. Es vermittelt auch, Sinti und Roma seien Streuner, die sich gerade eben für kurze Zeit ins Land geschmuggelt haben. Das Bild schottet sich ab gegen das Bewusstsein, dass diese Menschen seit sechshundert Jahren dort leben, wo heute Deutschland ist. Einer wie Franz Rosenbach, das spürt er jeden Tag, gehört in den Augen seiner Mitmenschen noch immer nicht dazu.

»Kinder haften für ihre Eltern.«

Ein Nachfahre der Krematorienlieferanten für Auschwitz übernimmt Verantwortung

»Eltern haften für ihre Kinder.« Dieses Warnschild hängt an vielen Orten. Man nimmt es als Abschreckung kaum noch wahr. Die Haftungswarnung prangt auch auf einem Schild an einem zweiflügeligen Tor hinter einer Kleingärtneranlage in Erfurt. Die Laubenkolonie liegt mitten in der Stadt und umgibt als grüne Schutzzone ein Gelände, das in Dornröschenschlaf gefallen scheint. Einfache Passanten oder neu Hinzugezogene können nicht ahnen, welchen grusligen Scherz mit der Geschichte sich dieses Schild erlaubt. Hinter Erdbeerbeeten und Stachelbeerbüschen, jenseits akkurat gemähter Rasenflächen und kleiner adretter Gartenhäuschen beginnt die umzäunte Wildnis. Die Wege sind zugewachsen und führen den Eindringling nur sehr widerwillig zu einem bungalowartigen Gebäude, das in den zwanziger Jahren des vorigen Jahrhunderts zur Avantgarde gehört und Fortschrittsgeist ausgestrahlt haben muss. Rauschende Feste sollen hier gefeiert worden sein. Der Hausherr, so erzählt man sich, soll mit Erich Kästner befreundet gewesen sein. Wenn ihm nach Feiern war, soll er eine Frauenkapelle aus dem Bahnhofshotel in seinen Salon beordert haben. Ein Feingeist, dem Leben zugewandt, ein begüterter, für manche Mitmenschen durchaus frivoler Junggeselle. Ein Genussmensch, der auf großem Fuß lebte, ein elegantes Auto fuhr und ein Verhältnis mit einer seiner Sekretärinnen pflegte. Obendrein aber Mitglied der NSDAP war. Am 30. Mai 1945 ordnete er seine Angelegenheiten, bat zum Diktat und ließ niederschreiben, wer welche Manschettenknöpfe, welche Anzüge und welche Schuhe bekommen solle, wenn er einmal nicht mehr am Leben sei. Warum das bald sein werde, ließ er ebenfalls zu Papier bringen: er glaube nicht, seine und seines Bruders Unschuld beweisen zu können. In der Nacht vom 30. auf den 31. Mai ging er hinaus in seinen Garten, schluckte eine tödliche Dosis Gift und entzog sich so seiner Verurteilung.

Der Mann hinter dem Eisentor war einmal ein respektierter Arbeitgeber in Erfurt. Seit ein paar Jahren hat sein Name in der Stadt einen bitteren Beiklang. In der Villa wohnte Ludwig Topf, der sehr ungleiche Bruder von Ernst-Wolfgang Topf. Ernst-Wolfgang war Familienvater und Buchhalter, Ludwig ein Lebemann. Ihre Firma aber führten sie gemeinsam, die Firma J. A. Topf & Söhne, die im August 1938 sechzigstes Betriebsjubiläum feierte. Der Firmengründer war Bierbrauer gewesen, sein Betrieb anfangs spezialisiert auf die Bedürfnisse der Branche. Er hatte modernste Dampfkesselanlagen entwickelt und gebaut sowie die Einrichtung kompletter Mälzereien übernommen. Später kam noch der Silobau dazu. Im Rahmen einer zum Reichspatent angemeldeten Baureihe hatte sich das Unternehmen auch zum ausgewiesenen Spezialisten für Einmauerungsgarnituren entwickelt. Dazu zählten gasdichte Fenster und Türen.

In den dreißiger Jahren warb das Unternehmen selbstsicher mit dem Slogan »Topf in aller Welt«. In den vierziger Jahren wurde Heinrich Himmlers Reichssicherheitshauptamt Kunde. Die Behörde braute kein Bier, sie war zuständig für Massenmord im großindustriellen Maßstab. Sie brauchte verlässliche Anlagen für ihr Projekt Endlösung, die Ausrottung der europäischen Juden. Die Geschäfte mit dem Reichssicherheitshauptamt waren keine wirtschaftliche Notwendigkeit. Sie machten nur drei Prozent des Gesamtumsatzes des Topf'schen Unternehmens aus. Aber sie sind der entscheidende Posten in der Bilanz. Topf & Söhne belieferten die Todeslager Dachau, Buchenwald und Auschwitz.

Seit eine angeheiratete Nachfahrin der Familie Erbansprüche angemeldet hat und seit es wegen der neu aufgedeckten Firmenhistorie eine Initiative gibt, die Erfurt auf der Landkarte der Erinnerungsorte an die nationalsozialistischen Verbrechen für immer einzeichnen möchte, ist von den lange vergessenen Topfs wieder öfter die Rede am Ort. In der thüringischen Stadt, meinen Historiker und Erinnerungsforscher, ließe sich exemplarisch und am konkreten Beispiel aufzeigen, wie ganz normale Deutsche ihren Teil zum Gelingen des Holocaust beitrugen, Ingenieure, Boten, Buchhalter. Unverdächtige Menschen mit unverdächtigen Berufen. Aber es gibt auch die, die nicht möchten, dass eine fürchterliche Erfindung Teil der erinnerten Stadtgeschichte wird.

Beim Reichspatentamt Berlin war am 27. Oktober 1942 ein Schreiben des Ingenieurs Fritz Sander eingegangen, dessen nüchterne Sprache auch jedem anderen industriellen Prozess dienen könnte. Sander bat um Patentierung eines »Kontinuierlich arbeitenden Leichenverbrennungsofens für Massenbetrieb« und schrieb in seiner Anlage zum Antrag:

> *In den durch den Krieg und seine Folgen bedingten Sammellagern der besetzten Ostgebiete mit ihrer unvermeidbar hohen Sterblichkeit ist die Erdbestattung der großen Menge verstorbener Lagerinsassen nicht durchführbar. Einerseits aus Mangel an Platz und Personal, andererseits wegen der Gefahr, die der näheren und weiteren Umgebung durch die Erdbestattung der vielfach an Infektionskrankheiten Verstorbenen unmittelbar und mittelbar droht.*
>
> *Es besteht daher der Zwang, die ständig anfallende große Anzahl von Leichen durch Einäscherung schnell, sicher und hygienisch einwandfrei zu beseitigen. (...) Es kann also nicht jeweils nur eine Leiche eingeäschert und der Einäscherungsprozess kann nicht ohne Nach- und Zusatzöfen durchgeführt werden. Vielmehr müssen fortlaufend gleichzeitig mehrere Leichen gemeinsam eingeäschert werden und während der Gesamtdauer des Einäscherungsprozesses müssen die Flammen und Feuergase*

auf die einzuäschernden Leichen unmittelbar einwirken. Eine Scheidung der Asche der mehreren gleichzeitig Eingeäscherten kann nicht erfolgen, die Leichenasche kann nur gemeinsam verwahrt werden. Man kann somit bei den Vorrichtungen, die zur vorgeschilderten Beseitigung der Leichen dienen, nicht von einer »Einäscherung« sprechen, sondern es handelt sich tatsächlich um eine Leichenverbrennung, wie dies auch in der Bezeichnung des zum Patent angemeldeten Gegenstandes zum Ausdruck kommt.

Fritz Sander schrieb diese Zeilen keine fünfundzwanzig Kilometer von Weimar entfernt, dem Ort, den man für die Wiege der deutschen Kultur hielt. Was mag er gedacht haben, als er diese Maschine zum Patent anmeldete? Er schreibt vom Zwang zur Beseitigung großer Leichenmengen. Hielt er das wirklich für eine unvermeidliche Folge des Krieges, etwas, das ohne persönliche Verantwortung von Menschen zustande kam, etwas, das einem ominösen düsteren »Schicksal« geschuldet war? Einsatzort der Leichenverbrennungsanlagen war neben Dachau und Buchenwald Auschwitz-Birkenau. Haben er und seine Kollegen sich zu diesem Zeitpunkt nie die Frage gestellt, wie groß und andauernd eine Seuche im Lager Auschwitz-Birkenau sein musste, um Planung, Bau und Betrieb einer permanenten Verbrennungsanlage zu rechtfertigen? Dass also bereits Art und Umfang ihres Ingenieursauftrags den Beweis lieferten, dass es sich nicht um plötzliche Seuchenausbrüche, um vereinzelte Katastrophen jenseits menschlicher Kontrolle, handeln konnte? Fritz Sander scheint es sich verboten zu haben, über das rein technische Problem auf seinem Reißbrett hinauszudenken. Er hat seine Pflicht getan. »Solche Menschen«, sagt der Historiker Michael S. Cullen, »Menschen, die ›nur ihre Pflicht tun‹, wie Eichmann (für mich besteht kein Unterschied zwischen Fritz Sander und Adolf Eichmann), Technokraten des Todes, solche Menschen bereiten mir Bauchgrimmen.«

Die Ingenieure der Firma Topf & Söhne hätten viele Anlässe gehabt, ihr Tun in Frage zu stellen. So hatten sie den Auftrag, das Gebläse für den so genannten Leichenkeller für besondere Belastungen auszulegen: es sollte aus einem nicht korrodierbaren Material bestehen. Es wurde also anderes als die erwartbare trockene Luft abgesogen. Die Luft war versetzt mit einem aggressiven chemischen Produkt. Auf Geheiß der Bauleitung begann Fritz Sander darüber hinaus, sich um ein Anzeigegerät für die Messung von Blausäureresten im Krematorium II zu kümmern. Selbst wenn Sander versucht haben sollte, sich ganz auf die technische Natur seines Auftrags zu beschränken und nicht über die Größenordnung der beabsichtigten Leichenverbrennung nachzudenken: spätestens hier musste ein Ingenieur die Lügen in der Auftragsbeschreibung erkennen. Im Leichenraum eines Krematoriums gibt es keine Blausäure, die man messen müsste. Es kann einem Ingenieur kaum entgangen sein, wo ein solcher Messvorgang nötig war: in einer Gaskammer.

Der französische Historiker Jean-Claude Pressac hat das lange unbeachtete und unzugängliche Firmenarchiv von Topf & Söhne ausgewertet und minutiös nachgewiesen, wie eine biedere Erfurter Privatfirma die Tötungsmaschine der Nationalsozialisten perfektionierte. Der Kunde meldete immer wieder neue Wünsche und Verbesserungsvorschläge an. Topf besserte nach. Als die Montagearbeiten weit genug vorangeschritten waren, sandte die Bauleitung in Auschwitz am 26. Februar 1943 ein Telegramm nach Erfurt, in dem sie um sofortige Zusendung von zehn Gasprüfern für das Krematorium II bat. Am 10. März 1943 testeten die Ingenieure Schultze und Messing etwa sechzehn Stunden lang die Be- und Entlüftung der Gaskammer von Krematorium II. Offensichtlich, schlussfolgert Pressac, funktionierte die Anlage noch nicht einwandfrei, da Messing dort am 11. weitere elf und am 13. noch einmal fünfzehn Stunden arbeitete. In der Nacht vom 13. auf den 14. März 1943 wurde das neue Tötungsinstrument dann in Betrieb genommen. 1492 Frauen, Kinder und Alte aus dem Krakauer Ghetto wurden in dieser Nacht getötet. Am Morgen danach arbeitete Messing dann wieder an der Entlüftung. Offiziell hieß sein Arbeitsplatz immer noch »Leichenkeller«, denn in der geheuchelten offiziellen Auftragsvergabe war ja stets nur die Rede davon, dass hier die Opfer der Seuchen im Lager zusammengetragen wurden. Doch dem Ingenieur Messing unterlief ein vielsagender Fehler. In seiner wöchentlichen Arbeitsplatzbescheinigung nennt er den angeblichen »Leichenkeller« nun ganz wahrheitsgemäß »Auskleidekeller«. Tote kleiden sich nicht aus, und die Kleidung Seuchentoter wird aus hygienischen Gründen mit verbrannt. Spätestens vor Ort haben die Fachleute von Topf & Söhne gesehen und begriffen, welche Apparatur sie in Auschwitz-Birkenau installierten.

Mit Ende des nationalsozialistischen Regimes versuchte die Firmenleitung später, die Spuren ihrer Geschäftsbeziehung zu tilgen. Erst nachdem er die meisten Verträge mit der SS-Bauleitung in Auschwitz vernichtet hatte, setzte sich Ernst-Wolfgang Topf Ende 1945 in den Westen ab. Es war ihm also klar, dass andere das Handeln von Topf & Söhne nicht als wertfreie Erfüllung eines Auftrags sehen würden, für dessen Art und Folgen allein der Auftraggeber verantwortlich zeichnete. Weiterführen wollte er seine Firma in Wiesbaden allerdings trotzdem. Sie war schließlich über Jahrzehnte erfolgreich gewesen – den Holocaust sah Ernst-Wolfgang lediglich als kleine Betriebsstörung. Warum ein Handwerk aufgeben, das sich bewährt hatte? Über einen Ingenieur seiner Firma hat er sogar das Leichenverbrennungsverfahren der Topfs wieder zum Patent angemeldet. Es hat ihm nichts mehr genutzt. In den Sechzigerjahren ging seine Firma Pleite.

Seine in Erfurt zurückgelassene alte Firma war da längst wieder in Betrieb. Sie hieß nun VEB Maschinenfabrik Nikos Belojannis, benannt nach einem griechischen Kommunisten und Widerstandskämpfer. Nach der Wende wurde daraus bis zum Konkurs im Jahre 1994 der »VEB EMS«, der Erfurter

Mälzerei- und Speicherbau. Auch im Sozialismus wollte sich niemand an die Firma J. A. Topf & Söhne und ihre Zusammenarbeit mit den Nationalsozialisten erinnern. Das Kapitel galt als erledigt, nachdem die führenden Ingenieure und der Betriebsleiter von sowjetischen Gerichten zu langjährigen Haftstrafen verurteilt worden waren. 1994 hat es die Stadt Erfurt unterlassen, das ihr angebotene Firmenarchiv in ihr Archiv zu übernehmen.

Ludwig Topfs Villa nahe der Kleingartenkolonnie diente zu DDR-Zeiten als Betriebskantine und Kindergarten. Heute ist sie in keinem guten Zustand. Alle Scheiben sind eingeschlagen, die Wände beschmiert. Jemand hat Feuer gelegt. Die wertvollen Holzverschalungen sind größtenteils verkohlt. Alles, was sich hier zertrümmern oder herausreißen lässt, haben Randalierer zerstört. Ähnlich sieht es auf dem Firmengelände am Sorbenweg aus. Die autonome Szene hat das Stück Industriebrache in Besitz genommen. Auch hier sind die Scheiben eingeschlagen, die Vorhänge wehen durch die offenen Fensterlöcher nach draußen. Die Wände sind über und über mit Graffiti besprüht. Der Vandalismus scheint nicht nur geduldet, sondern erwünscht. Je schlimmer die Gebäude verrotten, diese Zeugen der Verquickung von profitorientierter Industrie und fanatischen Völkermördern, desto unvermeidlicher scheint der Abriss. Wer sich in Erfurt für die Radikalsanierung ausspricht, weist gern darauf hin, das Gelände sei gefährlich, nämlich gewiss mit Altlasten kontaminiert. Sie meinen nicht jene Altlast, die mit Bodenanalysen nicht zu ermitteln ist.

»Eltern haften für ihre Kinder« – in Erfurt hat man Angst vor der Umwendung dieser Aussage. Einigen Kindern und Enkeln scheint ungeheuerlich, dass man sie verantwortlich machen wolle für das, was einst »angeblich« – dieses Wort ist ihnen wichtig – hier geschah. Sie verwechseln absichtlich Haftung und Verantwortung. Sie wollen nichts wissen von der Verpflichtung, nicht nur Immobilienwerte und sonstiges Vermögen von der Vorgängergeneration zu übernehmen, sondern auch die Verantwortung für Opfer von Verbrechen und die Sorge um die mahnende Aufbewahrung der verbliebenen Zeugnisse.

Aber das gilt nicht für alle, die mit der Stadt Erfurt oder gar mit der ehemaligen Firma Topf & Söhne verbunden sind. Hartmut Topf ist siebzig Jahre alt und kein Zauderer. Wenn ihn etwas beschäftigt, dann packt er es an. Gerade ist der Mann mit den widerspenstigen grauen Haaren von einer großen Fahrt auf den Balkan zurückgekommen, hat das Puppentheater-Festival in Erfurt besucht und geht nun im Kopf schon wieder die Dinge durch, die in Berlin auf ihn warten. Aber von Erfurt kommt er in letzter Zeit trotz all der produktiven Unrast nicht los. Sein Urgroßvater ist der Gründer jener Firma, über die jetzt so viel und bitter diskutiert wird und deren sich gleich mehrere Ausstellungsprojekte annehmen. Sein Großvater aber ist aus dem Unternehmen wieder ausgestiegen, das von dessen Brüdern und ihren Söhnen weitergeführt wurde. Hartmut Topf ist also kein direkter Nachkomme von Ludwig und Ernst-Wolfgang Topf. Er wuchs mit seiner Familie im brandenburgischen Falkensee auf, im Havelland, ganz in der Nähe von Berlin. Erfurt kannte der Junge nur von gelegentlichen Besuchen bei der Verwandtschaft. Eng waren die Beziehungen zu den meisten Verwandten nicht. Aber er teilt seinen Nachnamen und einen Teil der Familiengeschichte mit den Geschäftsfreunden Himmlers. Das reiche, um sich einzumischen, hat er sich 1997 gesagt, als neue Erbansprüche am ehemaligen Firmenvermögen erhoben wurden. Er verschickte einen Rundbrief innerhalb der Familie und bekam von allen signalisiert, er spreche auch in ihrem Namen. Daraufhin meldete sich Hartmut Topf mit seiner Position auch öffentlich zu Wort. Falls aus den Resten des Unternehmens noch Geld zu holen sei, dann habe das nicht den Topfs zuzufließen, sondern der Erinnerungsarbeit an die Gräuel der Nazizeit.

Denn das Areal zwischen Sorbenweg, Saalfelder und Rudolfstädter Straße ist ein Täterort, kein Tatort, ein Ort deutscher Widersprüche. Aus dem großen Zeichensaal im zweiten Stock, wo die Tötungsanlagen perfektioniert wurden, kann man bei klarem Wetter bis hinüber auf den Weimarer Ettersberg schauen. Es war ein Ort für feingeistige Ingenieure, für Herren von Kultur. Hartmut Topf läuft durch den Raum, durch den noch immer Schriftstücke flattern, die von den zuletzt hier Beschäftigten zurückgelassen wurden. Er deutet auf einen bewaldeten Hügel am Horizont. Auch das Konzentrationslager Buchenwald lag in Sichtweite jener, die für diese Folterstätte die Krematorienöfen entwarfen und fertigten. Gemordet wurde dort drüben. Hier wurde millimetergenau gezeichnet.

Dass in seiner Familie bei Erzählungen von früher, bei Geschichten über das, was Väter und Großväter geleistet hatten, wesentliche Teile fehlten, und dass diese ausgelassenen Passagen alles veränderten, was er zu wissen glaubte, das wurde Hartmut Topf im Alter von dreizehn Jahren klar. Nicht bei einem Gespräch zu Hause, sondern bei einem Besuch im Kino. Der Name Topf, das war für ihn bisher immer nur Anlass zu größtem Stolz gewesen. Zwar hatte sein Vater nichts mehr mit den hohen Schornsteinen zu tun, die die Firma Topf & Söhne überall im Land errichtet hatte. Aber Topf stand auf diesen rußig stolzen Stelen der Industriekultur zu lesen. Das reichte für ein wenig kindliche Überheblichkeit, für ein Gefühl von Vorsprung, den er vor den anderen hatte. In Erfurt, so erzählte ihm die Mutter immer wieder, stehe diese Firma mit Weltruf, deren Feuerungsanlagen die modernsten überhaupt seien. Hartmut war die Querverbindung zu dem Ort blitzgescheiter Erfinder recht. Er hatte schon damals ein Interesse an Stammbäumen, das sich gehalten und entwickelt hat. Heute kennt er die Verzweigung der Sippe Topf von der angeheirateten jüdischen Verwandtschaft in Brasilien bis zurück zum Erfurter Vetter und der Tochter der Tante, in die er als Kind unsterblich verliebt war.

Doch der Kinobesuch nahm ihm das Vertrauen in die Makellosigkeit des Namens Topf. Die Wochenschau vor dem Hauptfilm zeigte alliierte Filmaufnahmen aus den befreiten KZs, Leichenberge, düstere Baracken und makabre Öfen. Bereits die Bilder der Leichen entsetzten den Jungen, der begriff, dass dies gar nichts mehr mit den schrecklichen Folgen eines Krieges zu tun hatte. Noch schockierender aber war, was ein Kameraschwenk auf einen der Krematoriumsöfen auf die Leinwand brachte. Dort stand sein Name. Das T und das F waren etwas größer als die anderen Buchstaben. Die oberen Striche bildeten ein Dach. Dies war ohne jeden Zweifel das Firmenzeichen von Topf & Söhne. Unter diesem stilisierten gemeinsamen Dach hatte er sich bis jetzt wohl und geborgen gefühlt. Und doch war seine Verbindung mit etwas unsagbar Schrecklichem nicht von der Hand zu weisen. Den Heranwachsenden durchfuhr viel früher als andere seiner Generation die Erkenntnis: »Das geht mich an!« Aber sein Nachfragen in der Familie und bei befreundeten Nachbarn brachte ihm keine Antworten, »nur hilflose, unwissende Kommentare«.

Hatte Hartmut Topf eigene Erinnerungen an die Ausgrenzung und Verfolgung jener Menschen, deren letzter Anspruch auf einen Platz in dieser Welt von den Nazis in den Öfen der Firma Topf ausgelöscht werden sollte? »Nicht viele«, sagt der Mann, der mit Menschen schnell ins Gespräch kommt. »Den gelben Stern bekam man als Kind schon mit. Ich musste während des Krieges eine Weile zweimal die Woche zur Behandlung in die Charité. Da sah ich Menschen mit dem gelben Stern. Dass Juden dieses und jenes nicht durften, das wusste man auch. Aber insgesamt war das kein Thema bei uns in der Vorstadt von Berlin.«

Seinen Vater konnte Hartmut Topf nicht mehr zur Familiengeschichte befragen und dazu, ob und wann man eine Arbeit nicht mehr nur als zu erledigenden Auftrag ansehen sollte. Er hatte ihn verloren, schon zum zweiten Mal, diesmal endgültig. Bereits zu Kriegsende hatte er sich als Halbwaise gewähnt. Am 20. April 1945 hatten die Nazis Hartmuts Vater noch zum Volkssturm eingezogen. Die Familie erhielt in den folgenden Wochen kein Lebenszeichen von ihm. Man vermutete ihn schon in der Schar der vielen namenlosen Toten, vielleicht von einer Granate oder Bombe bis zur Unkenntlichkeit zerrissen. Hartmut suchte nach einem Notgrab seines Vaters irgendwo in der Umgebung, denn es hieß, er sei vielleicht gar nicht weit gekommen, sondern gleich getötet und eilends verscharrt worden. Der Sohn fand viele Gräber, aber keines mit dem Namen seines Vaters. Doch ein paar Monate später stand der Totgeglaubte abgemagert, krank, mit Wasser in den Beinen, vor der Tür. Er war in russische Gefangenschaft geraten und hatte ohne Kontaktmöglichkeit nach draußen auf eine Entscheidung über seine Zukunft gewartet. So wie er es erzählte, war er eines unerwarteten Gnadenakts teilhaftig geworden. Die Russen hatten ihn für den Abtransport in ein Straflager ausgewählt, mit der Begründung: »Du Ingenieur«. Dem Beschuldigten war nur eine Entgegnung eingefallen: »Ich Familie.« Daraufhin sei er nach Hause entlassen worden.

Für eine Weile schien die Welt für Hartmut nun wieder in Ordnung. Die Familie versuchte zum alten Leben zurückzufinden, wartete nun auf die Rückkehr von Onkel Hans, der nebenan sein Haus hatte, verletzt vom Volkssturm zurückgekehrt und dann von russischen Offizieren abgeholt worden war. Stein-Topf und Holz-Topf hatte man die beiden Brüder in der Nachbarschaft genannt, weil der eine ein Haus aus Stein, der andere eines aus Holz bewohnte. Beide waren sie Mitglied der NSDAP gewesen. Der Onkel mit Leidenschaft, wie Hartmut Topf sich erinnert, der Vater »nur dem Parteiabzeichen nach«. Politisch, so glaubt er heute, seien sie weit auseinander gelegen. »Mein Vater war im besten Sinn ein Sozialarbeiter für die Nachbarschaft.« Sein Amt als Luftschutzwart etwa habe er sehr ernst genommen, sei oft erst als Letzter in den Bunker gekommen und »ein freundlicher Vater« gewesen. Ein musischer Vater auch, der als junger Ingenieur bei Siemens an der Sechzehn-Millimeter-Filmtechnologie gearbeitet habe und in seiner Freizeit Klavier spielte. »Mein Vater war aktiver Wandervogel in Thüringen. An Militaria war er überhaupt nicht interessiert. Er war eigentlich Zivilist durch und durch.«

Hartmut Topfs Blick auf den Vater spiegelt dessen damalige Selbsteinschätzung. Überzeugt, eigentlich ein friedfertiger Mann gewesen zu sein, ein gewissenhafter Block- und Luftschutzwart, aber kein Helfershelfer der Nazis, auch wenn er deren Parteibuch besaß, war Hartmuts Vater frei von Furcht und Sorge. So ging er denn auch eines Abends im Jahr 1947 ohne große Unruhe, ohne besondere Verabschiedung von der Familie ins ehemalige Hitlerjugend-Heim. Dorthin war er am Morgen einbestellt worden. Hartmut Topf traf seinen Vater auf der Straße, wo der seine Begleitung ablehnte: »Geh nach Hause«, wies er seinen Sohn. Es waren die letzten Worte, die Hartmut je von ihm hören sollte. Der Vater kam weder in der Nacht noch am nächsten Morgen zurück nach Hause. Als Hartmut zum ehemaligen HJ-Heim radelte und nach ihm suchte, erfuhr er nur, am Vorabend seien sehr viele Männer da gewesen, die alle von russischen Soldaten auf Lastwagen weggebracht worden seien. Später hieß es, die Männer seien im ehemaligen Rathaus gesehen worden. Aber weiter ließ sich die Spur vorerst nicht verfolgen. Es gab nur Gerüchte, keine Gewissheiten.

Der erste Kassiber kam dann aus dem Lager Sachsenhausen, dem ehemaligen KZ, das seit 1945 der sowjetischen Geheimpolizei als »Speziallager« diente. Auf einen kleinen Zettel hatte der Vater gekritzelt: »Versucht, mir einen Pullover zu schicken. Und einen Bleistift. Ich bin in Sachsenhausen.« Als Angehörige anderer Familien in der gleichen Situation erzählten, sie hätten ihre Männer, Väter, Brüder in Sachsenhausen bei der Feldarbeit gesehen, fuhren auch die Topfs nach Oranienburg. »Wir hatten kein Glück. Wir haben unsere beiden Männer nicht mehr gesehen.« Vater und Onkel starben beide noch im selben Jahr, wie ihre Angehörigen nicht lange darauf von einem ehemaligen Wehrmachtsoffizier erfuhren, der ebenfalls in Sachsenhausen interniert worden war. Die offiziellen Kanäle brauchten für die Weitergabe der Todesnachricht mehr Zeit – ganze Jahrzehnte. Irgendwann in den sechziger Jahren kam die Nachricht vom Tod der Brüder Topf mit amtlichem Stempel. Ein weiteres Vierteljahrhundert dauerte es, bis die Hinterbliebenen Genaueres über die Todesumstände erfuhren: Lungenentzündung und Herzversagen, konnte der Suchdienst des Deutschen Roten Kreuzes ermitteln, als er nach dem Fall des Eisernen Vorhangs Zugang zu den Moskauer Archiven erhielt.

Aber für Hartmut Topf blieben noch viele andere Fragen zum Leben seines Vaters offen, nicht nur die nach seinem Tod. Der um jede Antwort Gebrachte haderte mit beiden, mit dem Vater, der ihm kein Wort zum Namensschild Topf an den Öfen von Auschwitz hinterlassen hatte, und mit den sowjetischen Machthabern, die ihm diesen Vater geraubt hatten. »Er war eben in dieser Nazipartei. Das war das, was mich geärgert hat«, sagt der heute Siebzigjährige, der damals nicht wusste, wohin mit diesem Ärger. Mit seiner frisch auf Sozialismus getrimmten Umwelt geriet er immer öfter aneinander, weil er illegale Westzeitungen schmuggelte oder bei der FDJ aus pubertärem Provokationswillen im Wechsel »Heil Hitler« und »Heil Stalin« skandierte. »Ich hielt mich gern für schwer erziehbar«, sagt er. 1950 schließlich floh er mit geliehenen fünf Mark in den Westteil Berlins, nach Spandau.

Bei Siemens in Hannover machte Hartmut Topf eine Lehre, dem Betrieb, für den auch sein Vater einst gearbeitet hatte. 1956 ging er nach West-Berlin zurück, kam über Umwegen zum Film und dann zum Rundfunk. Er heiratete, zog seinen Sohn nach der Scheidung alleine groß und achtete auf andere Erziehungsideale als jene, die er zu spüren bekommen hatte. Er fühlt sich der Achtundsechziger-Bewegung zugehörig. Aber im Innern führte der Mann, der nach außen sicher in seinen Werten und Meinungen wirkte, eine nie mehr zu beendende Gespensterdiskussion mit dem Vater. Nachts im Traum befragte er ihn über seine Zugehörigkeit zum Naziregime und klagte ihn an. Tags fand er Entschuldigungen und Argumente, dass der Vater nur ein Papiernazi gewesen sei, einer, der dem Regime nur so weit entgegengekommen war, wie es sein eigenes Überleben erfordert hatte. Hartmut Topf nahm den Vater vorauseilend in Schutz vor Angriffen, die nie kamen. Aber der Sohn hat sich natürlich auch die Frage gestellt, was wohl geschehen wäre, wenn der Vater gar nicht gestorben, sondern doch noch einmal heimgekehrt wäre und sich als überzeugter Nationalsozialist herausgestellt hätte. Fürchterlich wäre das gewesen. Aber der Vater kehrte kein zweites Mal von den Toten zurück. In den Diskussionen, die nur in Hartmut Topfs Träumen abliefen, schloss der Sohn irgendwann Frieden mit seinem Vater. Im Traum konnte der alte Topf ein bloßer Mitläufer bleiben, musste sich nicht den bohrenden Fragen seines Nachwuchses stellen wie manch überlebender Vater.

Mehrmals schon war Hartmut Topf in Sachsenhausen an der Gedenkstätte für die Opfer des Terrors. Hier hat der Mann, der für die Umwandlung des alten Topf-Areals in eine Aufklärungsstätte über die stillen Mittäter des Holocaust kämpft, seines Vaters gedacht, der im NKWD-Sonderlager umkam. Damit steht er gebeugten Hauptes still mittendrin in einer bedeutsamen Debatte: Darf man den Opfern der Nazis und der Kommunisten an einem gemeinsamen Ort gedenken? »Ich will nicht aufrechnen. Das kann man ja auch gar nicht«, sagt Hartmut Topf. Auch will er die Rechenspiele jener nicht nachvollziehen, die versuchen, durch die bloße Zählung von Toten den Verbrechen der Nationalsozialisten die Einmaligkeit abzusprechen. Erinnerungsarbeit ist manchmal sehr widersprüchlich.

Hartmut Topf mag sich nicht zum Richter aufspielen. Nicht über seinen Vater und auch nicht über seine Großonkel Ludwig und Ernst-Wolfgang. »Ich habe die Zeit nicht erlebt.« Er möchte nicht urteilen, sondern Fragen stellen. Waren sie eifrige Komplizen? Was haben sie gewusst? Wovon waren sie überzeugt? Er will seine Verwandten nicht zu Monstern stilisieren. Das hieße, sie dem Erklärbaren zu entziehen. Aber er will die beiden Firmenchefs, ihre Ingenieure und anderen Mitarbeiter auch nicht reinwaschen. Ihre Verstrickung in den Massenmord der Nazis »haben sie selber verschuldet. Sie haben die Beseitigungsinstrumente für Mord bereitgestellt und dann die Gaskammern. Da gibt's dann kein Entrinnen mehr. Das ist wie in der griechischen Tragödie.« Hartmut Topf, so nahe an dieser Geschichte, so lang mit ihr befasst, weiß noch immer nicht genau, wie viel Verantwortung er den Mittätern zusprechen soll. Darum setzt er sich dafür ein, dass das Firmenareal im Erfurter Sorbenweg 7 bis 9 Denkmal wird. Damit nicht vergessen werden kann, dass es eine Mitverantwortung der scheinbar Biederen wirklich gab. Das Thüringische Landesamt für Denkmalpflege hat für einzelne Gebäude auf dem Firmengelände inzwischen Denkmalschutz bewilligt.

»Ich fühle mich nicht schuldig. Aber ich fühle mich befleckt.«

Eine Gymnasiallehrerin aus Auschwitz versucht, sich vor der Weltgeschichte zu verstecken

Elfriede Kern* ging, ohne sich von jemandem zu verabschieden. Und die frühere Berlinerin, die der Arbeit wegen in einen kleinen Ort 60 Kilometer von Krakau gezogen war, ging für immer. Alle, denen sie »Leb wohl« hätte sagen wollen, waren bereits vor ihr ohne Angabe einer neuen Adresse verschwunden. Sie hatten sich über Weihnachten 1944 abgesetzt. »Warum sollte ich dort noch einmal hinfahren? Mich zieht es dort nicht hin«, konstatiert sie heute voller Abwehr. Man versteht das, wenn man hört, von welchem Bahnhof Elfriede Kern den Zug um 17.50 Uhr nahm, den »letzten Zug«, wie es in vielen Geschichten von Krieg und Vertreibung heißt. Weil die Erinnerung das Gefühl des Gerade-noch-Davonkommens immer in den Fahrplan verlegt. Heute heißt der Bahnhof in Polen Oświęcim. Damals hieß der Ort Auschwitz.

Als Elfriede Kern floh, war die russische Front auf zwei Kilometer an die Stadt herangerückt. Die letzten zwei Monate war das Grollen der Artillerie ohne Unterlass bis in den Ort gedrungen und hatte für die einen drohend, für die anderen Hoffnung bringend das Ende verkündet. Es muss der 22. Januar 1945 gewesen sein, schätzt sie heute, und die Temperatur lag bei minus 30 Grad. Fünf Tage später befreiten Einheiten der russischen Armee das Konzentrationslager Auschwitz-Birkenau. Sie fanden in dem riesigen Komplex nur wenige Überlebende. Erbittert hatten Hitlers Truppen den Schauplatz der Naziverbrechen verteidigt, 231 sowjetische Soldaten hatten beim Vorstoß auf das Vernichtungslager ihr Leben lassen müssen. Während die Rote Armee heranrückte, stellten

Himmlers Getreue widerwillig ihre Mordaktionen ein, rissen Gaskammer und Krematorien ab und trieben alle noch gehfähigen Insassen des Lagers vor sich in Richtung Westen, um sie anderswo zu ermorden. Die berüchtigten Todesmärsche hatten begonnen. Für Elfriede Kern war ein Wegschauen nicht mehr möglich. Auf dem Weg zum Bahnhof konnte sie lange die Straße nicht überqueren, »wegen dieses traurigen letzten Ausmarsches der letzten Häftlinge. Niemals vorher und niemals nachher habe ich so furchtbar Trauriges gesehen!« Dieser nicht enden wollende Menschenstrom, in dem es schwerfiel, einzelne Gesichter wahrzunehmen, war der unleugbare Beweis, dass die Wirklichkeit des Lagers noch viel schlimmer war, als es sich Elfriede Kern in ihren schlaflosen Nächten ausgemalt hatte. Nun bekam sie eine Gewissheit, die nie mehr aus ihrem Leben weichen sollte und das Weiterleben beschwerte.

Als sie an diesem Januartag am Bahnhof ankam, um in den Zug mit dem vorbestellten Platz zu steigen, hielt eine junge Polin sie auf. Die Frau flehte die fliehende Deutsche an: »Nehmen Sie mich mit. Ich habe den Deutschen gedient, und dafür wollen mich meine eigenen Landsleute jetzt totschlagen. Retten Sie mich, ich will Ihnen immer dienen.« Das Mädchen ließ sich in einem Akt der Unterwerfung vor Elfriede Kern auf die Knie fallen. Im Kopf der um Hilfe Gebetenen tanzten die Gedanken wilder umher als die gereizten Menschen ringsum, die sich gegenseitig über den engen Bahnsteig stießen. Konnte sie eine Polin mit ins Reich bringen? Nein. Oder doch? Unmöglich. Das ging nicht. Was war dieses Reich noch? Elfriede Kern hatte so lange treu seine Befehle erfüllt. Sie zögerte, auf den letzten Metern aufzubegehren gegen Realität und Ideologie zugleich. Und sie wollte sich auch nicht selbst in Gefahr bringen. Sie wollte vernünftig bleiben, sich keine Exzentrik leisten, nicht auffallen. »Es tut mir so Leid! Ich kann nicht. Es ist unmöglich«, flüsterte sie der Flehenden zu. Stunden später saß sie übermüdet und heulend im Zug, der in den Westen fuhr, gewiss, einen weiteren Verrat begangen zu haben. Doch mit jeder Träne legte sie auch Distanz zwischen sich und die Front und die unaufhaltsamen Sieger, die sie jetzt fürchtete. »Der Krieg war verloren, und eine neue schlimme Zeit brach über uns herein. Würden wir sie überleben?«, erinnert sie sich heute an ihre Gedanken auf dieser Reise, die sie zurück zu ihren Eltern bringen sollte.

Wenn man heute bei Elfriede Kern läutet, dann öffnet eine junge Frau die Wohnungstür. Sie lächelt verlegen, aber sehr freundlich. Fast ein bisschen zu unterwürfig. Mit jeder Frage, die auf sie einströmt, wird ihr Lächeln noch ein bisschen breiter und noch ein wenig verlegener. Sie sagt kein Wort. Zwar nickt sie heftig, aber weiter als bis zu den Worten »Ja, ja« gehen ihre Deutschkenntnisse offenbar nicht. Die nette Szene wirkt ein wenig gespenstisch, als sei die bittende junge Polin vom Bahnsteig in Auschwitz durch Zeit und Raum hierher versetzt und löse ihr Versprechen ein, Dienerin zu werden. Die Freundliche deutet den Gang entlang, geht schnell voran, um den Weg zu zeigen, und öffnet schließlich eine Tür. Dahinter sitzt Elfriede Kern in einem Sessel und legt die Tageszeitung auf den mit einem weißen Deckchen geschmückten Beistelltisch. Das Zimmer wirkt gediegen, solide, ein Ort selbstsicherer Bürgerlichkeit: ein antiker Sekretär, ein Vitrinenschrank mit Büchern, der Esstisch und die dazugehörigen Stühle, schwere Stilmöbel. Die junge Frau lächelt auch Elfriede Kern zu. Die alte Dame ergreift ihre Hand, drückt sie kurz mit beiden Händen und sagt »danke«. Auffällig warm, wie man zu Menschen spricht, die das Wort nicht verstehen, weshalb der Ton das Gesagte vermitteln soll.

In dem Danke klingt aber auch noch immer mit, dass Elfriede Kern bis zu ihrer Pensionierung Lehrerin war. Es ist das Danke einer Autoritätsperson – so hat sie wohl mit einer Schülerin gesprochen, wenn sie mit einer Leistung besonders zufrieden war. Für die Lehrerin Kern war Pflichterfüllung oberstes Gebot. Ein Lob von ihr wog schwer. Man bekam es nicht so ohne weiteres. Sie gehörte zu jenen, die noch vor der Klasse standen und den Lehrplan einhielten, als draußen die Welt bereits in Trümmer ging. Eine, die zäh auf Regeln beharrte. Ein Fräulein alten Stils, mit einer Leidenschaft fürs Reisen, wie sie für Erdkundelehrerinnen nicht ganz unüblich ist.

In diesen Tagen versagt ihr die Hüfte den Dienst. Elfriede Kern ist gestürzt und lag lange im Krankenhaus. Noch immer braucht sie eine Gehhilfe, um sich bewegen zu können. Einen kleinen Wagen schiebt sie dann vor sich her, wenn sie ihre Gäste persönlich an der Wohnungstür verabschieden möchte. Man merkt ihr an, wie bitter sie diese Behinderung spürt, wie sehr sie unter der Bewegungseinschränkung leidet. Die alte Dame ist ein Naturmensch, ein fast erschreckend robuster: einst ging sie mit ihrem Vater noch im Teltowkanal schwimmen, als die Häuser um sie herum im Feuer der Brandbomben blakten. Das hat etwas burschikos Unbekümmertes, aber auch etwas rücksichtslos Eigenwilliges. Wenn sie heute die Gardine zurückschiebt und aus dem Fenster schaut, sieht sie den Wald, durch den sie so gerne spazieren würde. Jeden Tag, so hofft sie, wird sie wieder ein paar Schritte und Minuten mehr gehen können. Mit Hilfe der jungen Frau, die sie nicht verstehen kann, die sich aber alle Mühe gibt, der alten Dame ihre Wünsche und Bedürfnisse von den Lippen abzulesen.

Die junge Helferin ist tatsächlich Polin. Ihr Lohn ist niedriger als jener deutscher Krankenschwestern. Viele ihrer Landsleute arbeiten in Deutschland in der Altenpflege. In einer kleinen, idyllisch gelegenen Schwarzwaldgemeinde haben Elfriede Kern und sie sich getroffen. Immer wenn die polnische Helferin das Zimmer betritt, um ein Glas Orangensaft oder einen Kuchen zu bringen, senkt Elfriede Kern sofort die Stimme, wechselt das Thema, unterbricht gar das Gespräch. »Nein«, erklärt sie, und noch einmal: »Nein.« Das werde sie ihr nie erzählen. »Das bleibt versiegelt. Das ist für sie zu schrecklich. Nein! Denn sie muss ja davon gehört haben.«

Es – das ist Elfriede Kerns Leben in Auschwitz. Wie soll Elfriede Kern der jungen Frau erklären, was sie dort gemacht hat und wie sie dort gelebt hat, wo sie es doch selbst noch jeden Tag mit sich bespricht, um es zu verstehen. Da ist es leichter, der jungen Frau gegenüber zu schweigen. »Da bekomme ich diese nette kleine Krankenschwester. Und es geht sehr gut mit ihr. Sie ist sehr lieb. Wir mögen uns sehr, obwohl wir uns erst ein paar Tage kennen.« Dabei würde es die Einundneunzigjährige gerne belassen. Sie weiß, wie auch Deutsche zusammenzucken, wenn sie erzählt, dass sie in Auschwitz gearbeitet hat. Elfriede Kern hat von September 1943 bis Januar 1945 am deutschen Gymnasium in Auschwitz unterrichtet.

»Ich habe es ja nur von einem kleinen Winkel beobachten können«, sagt Elfriede Kern heute über das Zentrum des nationalsozialistischen Völkermords, das Symbol allen Mordens. Aber näher als Elfriede Kern konnte wohl kein unbeteiligter Zivilist dem Grauen kommen. Elfriede Kern sagt: »Das ist eine Last. Ich fühle mich nicht schuldig. Das wäre verkehrt. Aber ich fühle mich befleckt.«

Der 28. August 1943 war der Schicksalstag im Leben von Elfriede Kern. Zwei Tage zuvor war die elterliche Wohnung am Steglitzer Stadtpark ausgebombt worden. In die Aufräumarbeiten platzte der Postbote. Er brachte ein Telegramm, die Antwort auf ihr Versetzungsgesuch. Sein Inhalt: »Sie haben sich pünktlich am 1. September beim Bürgermeister von Auschwitz zum Dienstantritt am dortigen Gymnasium zu melden.« Elfriede Kern hatte Berlin den Rücken kehren wollen. Sie mochte die Großstadt nicht. Sie lebte nur in Berlin, weil der Vater hier an ein Ministerium versetzt worden war. Parteimitglied wurde sie nie. Sie nahm es den braunen Machthabern noch immer übel, dass die Bündische Jugendbewegung, in der sie Mitglied war, in den Bund Deutscher Mädel (BDM) überführt worden war. »Ich dachte national«, sagt sie, »das schon.« Aber der Begriff Nation war für sie untrennbar verbunden mit ihrer Kultur und einem Naturbegriff, der etwas ganz anderes meinte als die paramilitärischen Geländespiele der Nationalsozialisten. In einer schwärmerischen Laune hatte sie sich vorgestellt, in die Nähe der Masurischen Seen versetzt zu werden, sich nach »wunderschönen Wäldern« und »herrlichen Nehrungsspaziergängen« gesehnt. »Ich kann es nun mal nicht lassen, mich in eine Landschaft zu träumen.«

Der Ortsname Auschwitz sagte ihr gar nichts. Auch die Oberschulrätin musste kapitulieren. »Ja, liebes Kind, ich weiß überhaupt nicht, wohin ich Sie schicke«, waren deren Worte, als die Schutzbefohlene sie um Rat bat. So stieg die junge Lehrerin am 1. September 1943 am Schlesischen Bahnhof in den Zug, der sie ins Generalgouvernement bringen sollte. Der Krieg ging auf den Tag genau vier Jahre, und die Wannseekonferenz hatte bereits am 20. Januar 1942 die »Endlösung der Judenfrage« beschlossen. 1943, das war das Jahr, in dem Sophie und Hans Scholl und die anderen vom Widerstandskreis der Weißen Rose für ihre Flugblätter hingerichtet worden waren. Einer von Elfriede Kerns beiden Brüdern war gleich zu Beginn des Krieges vor Helgoland gefallen, der andere war noch irgendwo in diesem unüberschaubaren Kriegsgetümmel im Einsatz, zwei ihrer engsten Freunde kämpften an der Ostfront. Die Versetzung ins Unbekannte tat ihr gut, sie kam ihr vor wie ein Gestellungsbefehl. Elfriede Kern hatte das angenehme Gefühl, nun auch ein Opfer zu bringen, nicht ganz abseits zu stehen, ebenfalls zu einem Kampf aufzubrechen. Sie begriff die neue Aufgabe als ihren Beitrag zum Sieg.

»Du hältst aus«, sagte sie sich schon, bevor sie in Berlin aufbrach. Bis jetzt hatte sie nur als Rotkreuzschwester den weniger schwer getroffenen Opfern der Luftangriffe geholfen. Sie hatte Hoffmannstropfen zur Stärkung und Baldrian zur Beruhigung gebracht, vor allem aber hatte ihre Aufgabe darin bestanden, Ruhe auszustrahlen und nett zu den Leuten zu sein. Elfriede Kern war das zu wenig. So fand sie ihre Versetzung trotz aller Verunsicherung »eigentlich ganz abenteuerlich«. »Ich war nun mal eine preußische Beamtin«, schreibt sie in ihren Aufzeichnungen, die sie erst vor ein paar Jahren nur für sich gemacht hat. Sehr detailgenau hat die alte Dame darin versucht, das Geschehen in der Gemeinde Auschwitz nachzuzeichnen. Aber, wie sie selbst einräumt, »so ist es immer mit Erinnerungen, sie werden abgeschwächt mit den Jahren, sonst wären sie nicht zu ertragen«. Doch selbst das, was Elfriede Kern heute noch berichten kann, mutet an wie ein Brief aus Gefilden eines Albtraums der Verdammnis. Nur dass sich die Feuer dieser Hölle dem direkten Blick entziehen, ihr Feuerschein aber in jedes Detail des Alltags hineinleuchtet.

Dieser Widerschein der Hölle – oder die Hand vor den Augen, die diesem Schein wehren will – sorgt bis heute dafür, dass Elfriede Kern Auschwitz anders sieht als andere Menschen. In ihrer Welt, in ihrem kleinen Gemeindetheater Auschwitz, gibt es keine Täter. Nur Opfer, die zu ihren Taten gezwungen werden. Es treten etwa auf der KZ-Arzt Josef Mengele und der KZ-Kommandant Rudolf Höß. Mit ihnen hatte sie berufliche und private Kontakte. Höß etwa kam wie jeder andere Vater in die Elternsprechstunde und sprach um die Versetzung seines Sohnes und die Aufnahme seiner Tochter ins Gymnasium vor. Elfriede Kern beteuert, sie habe während ihrer Dienstzeit in Auschwitz »reizende SS-Leute« kennen gelernt, die sie noch heute gerne einmal wiedersehen würde. Da das Furchtbare für sie trotz seiner räumlichen Nähe immer das große Unbekannte blieb, hielt sie sich in der Erinnerung stets an die Menschen, die sie aus dem Lehrerzimmer oder von der nachmittäglichen Kaffeeeinladung im Verwaltungstrakt des Konzentrationslagers kannte – und nicht vom Appellplatz, wo sie die Gefangenen stundenlang als Folter stillstehen ließen. Ganz egal, ob die Sonne sengend herunterbrannte oder der Frost sich bis zum Knochenmark vorbiss.

In Elfriede Kerns Denken haben solche Szenen keinen Platz. Für sie ist es noch immer unvorstellbar, dass die Freunde von damals, die gebildeten, von der fernen Zentralregierung des

Reichs hierher versetzten Honoratioren eines kleinen oberschlesischen Provinzkaffs, grässliche Menschenschinder waren. In ihrem Weltbild sind diese Menschen feinfühlig und gut, durchdrungen von Kultur. Die Verbrechen in Auschwitz leugnet Elfriede Kern nicht. Sie hält nur an dem Glauben fest, sie seien gegen den Willen derer geschehen, die sie begangen haben. In ihrer Erinnerung sind diese Menschen mit Gewalt zu ihren Taten Getriebene. Nur so ist es für die Lehrerin von Auschwitz erträglich, die Vergangenheit zu begreifen. Nur wenn die anderen, die im KZ ein und aus gingen, die den Dienstplan der Mordmaschine erfüllten, die das Zyklon B zum Einsatz brachten, die Säuglinge gegen Barackenwände schleuderten, die grausige medizinische Experimente an Wehrlosen vornahmen, die vor den Gaskammern den Befehl zum Entkleiden gaben, nur wenn sie alle für ihr Handeln nicht verantwortlich waren, dann kann sich auch Elfriede Kern ganz sicher sein, vor der Geschichte, den Mitmenschen und allen waltenden höheren Mächten ohne Schuld davongekommen zu sein. Was bedeutet dann ihre bloße Anwesenheit und zivile Tätigkeit in einer Stadt namens Auschwitz?

Es ist dieses Halbwissen, dieser noch heute anhaltende Zweifel an dem Gesehenen und Erlebten, die fast unbekümmerte Art, mit der die alte Dame von ihren Begegnungen berichtet, die einen zusammenzucken lassen. Denn Elfriede Kern besaß eine feine Wahrnehmung, und in ihrem Wahrnehmungskreis befand sich mehr als die Fassade eines ganz normalen Provinzortes. Die Schülerschar etwa, von der sie berichtet, muss nach unserer heutigen Auffassung schwer traumatisiert gewesen sein. Elfriede Kern unterrichtete zum einen die Kinder der Lager-SS und der in Auschwitz und Umgebung angesiedelten Mitarbeiter des dortigen Buna-Werks der IG-Farben, zum anderen Kinder aus der weiteren Umgebung, die so genannten Volksdeutschen, die jeden Tag teils lange Anfahrtswege nach Auschwitz in Kauf nahmen. Was sie auf ihrem Schulweg regelmäßig erlebten, übersteigt das heutige

Vorstellungsvermögen. Die Kinder kamen allmorgendlich am selben Bahnhof an, durch den auch die Züge mit den Deportierten fuhren, und stiegen dort nach der Schule wieder in den Zug. Der Bahnsteig des Zivilbahnhofs von Auschwitz lag rund tausend Meter entfernt vom Tor des Lagerteils Birkenau, auch Auschwitz II genannt, durch das ein Nebengleis die Viehwaggons mit den Verschleppten und Todgeweihten zur Selektion an der berüchtigten Rampe brachte. Die Kinder wussten längst, dass diese Waggons kein Vieh enthielten. So konnte es sein, dass sie morgens zum Unterricht erschienen und ihrer Lehrerin berichteten: »Schon wieder ein Zug mit Gefangenen gekommen.« Elfriede Kern schwieg dazu oder sagte höchstens: »Tatsächlich.« Ihre Schüler wussten in solchen Momenten mehr, als sie selbst wissen wollte. Aber Elfriede Kern merkte sich das Erzählte, um allmählich Teile der Wahrheit zusammenzutragen.

Was die Schüler aus dem Umland sahen, war nichts gegen das, was die Kinder der Lagerbediensteten als tägliche Normalität erfuhren. Fast zärtlich spricht Elfriede Kern von Klaus Höß, dem Sohn des Lagerkommandanten. »Klaus war hoch

Täglich kamen Züge mit Deportierten in Auschwitz an

aufgeschossen, viel zu schnell gewachsen. Alles an ihm war zart. Zarte blaue Augen. Oft müde und blass, kämpfte er mit Konzentrationsschwierigkeiten.« Sowohl die Klasse als auch seine Lehrer mochten ihn und betrachteten ihn fast mitleidig. »Ich konnte nur ahnen, was für Vorgänge im Lager ihm oft die Nachtruhe raubten, wie viel Kraft ihn die geforderte Verschwiegenheit kostete und welche Sorgen um den Vater und die Familie ihn quälten.« Vollkommen wehrlos aber wollte der Sohn des KZ-Kommandanten seiner Umwelt nicht entgegentreten. Er kam gestiefelt und gespornt zum Unterricht. Als müsse er einen Schutzwall martialischer Männlichkeit zwischen sich und der Welt aufbauen, um Furchtbares von sich fern zu halten. Klaus Höß war ein schlechter Schüler.

Er war nicht das einzige Kind aus dem Verwaltungstrakt des Lagers, das an Lernstörungen litt. Elfriede Kern erinnert sich an einen weiteren Fall. »Dieses kleine hübsche Mädchen passte nicht auf, machte keine Schularbeiten.« Die ehemalige Lehrerin stellt heute eine harsche Diagnose: »Ein Zustand innerlicher Verwahrlosung.« Damals bestellte sie die Mutter zum Gespräch und erlebte eine Frau, die wenig mütterlich war. »Sie war KZ-Aufseherin und führte sich auch so auf«, erinnert sich Elfriede Kern. Die zumindest zur Äußerung von Mutterliebe unfähige Frau war sichtlich überfordert von der Situation. »Was kann ich denn dafür«, maulte sie, »wenn meine Tochter nichts kann.« Sie berichtete, dass sowohl sie als auch ihr Mann den ganzen Tag über Dienst taten. Die Verantwortung für die Tochter, so schrie sie erregt, liege bei der Erzieherin. Erst später erfuhr die Pädagogin, auf welch verzweifelte Art und Weise das Mädchen um die Zuneigung ihrer Eltern buhlte. Wenn sie alleine war, stand sie am Fenster und beobachtete die Häftlinge bei ihrer Arbeit. Stellte sie auch nur eine winzige Abweichung von der Ordnung fest, berichtete sie ihren Eltern am Abend davon. Sie petzte, um die Liebe von Mutter und Vater zu gewinnen – und merkte nicht, dass sie damit Menschen in den Tod schickte.

»Es lässt mir keine Ruhe. Wenn ich morgens aufwache, habe ich bestimmte Erinnerungen. Da kommen Bilder, die ich wohl die ganze Zeit verdrängt habe. Es vergeht kein Tag, an dem ich nicht daran denke.« Die alte Dame leidet. Aber sie verunsichert damit auch. Darf man ihr Leiden überhaupt erwähnen neben denen der Auschwitzopfer? Ist Elfriede Kerns Geschichte ein Beispiel dafür, wie Wahrheit abgewehrt wird? Oder eine, die zeigt, wie jemand trotz tröstlicher Erklärungen, in denen man sich einrichten kann, noch immer um die Wahrheit ringt, die ihre Person, ihr Selbstbild zerstören könnte?

Die Wahrheit von Auschwitz hat sich jedenfalls früh aufgedrängt: Am ersten Tag jener siebzehn Monate, die Elfriede Kern in Auschwitz bleiben sollte. Sie kam an jenem 1. September 1943 mit wenig mehr als dem Kleid, das sie am Leib trug. Bei dem Bombenangriff auf Berlin war all ihre Habe verbrannt. Doch trotz allem fühlte sie sich dadurch eher befreit denn bedrückt. Sie trat ihre erste Stelle als Studienassessorin an und kam sich vor »wie Hans im Glück«. Der Zug über Krakau verkehrte streng nach Fahrplan, die Reise verlief reibungslos und ohne Fliegerangriffe. »Ich kam pünktlich an – aber ich sah keine Stadt.« Auschwitz selbst lag etwa zwei Kilometer vom Bahnhof entfernt. Das große rote Haus, das auf halbem Weg zwischen Bahnhof und Stadt stand, war Elfriede Kerns Arbeitsstätte: das deutsche Gymnasium von Auschwitz. Polnische Schüler gab es dort schon seit 1939 keine mehr.

Es war ein heißer Septembernachmittag. Staub lag über dem sehr flachen Land. Kein Baum, kein Strauch, keine Wiese, kein Bach war zu sehen. »So stellte ich mir Südwestafrika vor. Wenn man scharf hinschaute, sah man die Karpaten.«

Als Elfriede Kern wie angeordnet beim Bürgermeister vorsprach, der zugleich ein gefürchteter NSDAP-Ortsgruppenleiter war, sagte der einen Satz, der ihr fortan nicht mehr aus dem Kopf ging. »Und nun kommt die Hauptsache.« Er setzte eine Kunstpause. »Dort drüben hinter den Wiesen ist ein Konzentrationslager. Es liegt auf dem Terrain von ausgesiedelten Polendörfern. Der Kern ist eine ehemalige österreichische Kaserne. Die Wachmannschaft besteht aus etwa 500 SS- und Waffen-SS-Männern. Die Insassen sind meist Polen und Juden aus ganz Europa. Die Zahl wechselt.« Dann äußerte er die entscheidenden Worte: »Jede Woche kommen mehr Häftlinge dazu, aber die Zahl der Häftlinge bleibt trotzdem immer dieselbe!«

Der Satz ist unmissverständlich. Die makabre Denkaufgabe, die er stellt, kennt nur eine Lösung: hier sterben die Häftlinge in großer Zahl. Nicht eine Sekunde kam der neuen Lehrerin der Gedanke, die konstante Zahl könne dadurch zustande kommen, dass die Häftlinge in andere Lager weitertransportiert würden oder dass ihnen in Scharen die Flucht gelänge. Und doch vermied sie es, das grausige Rätsel zu Ende zu denken. Solange die Lösung nicht Teil ihres Denkens geworden war, bestand Hoffnung, dass sie sich täuschte. Es konnte nicht wahr sein, was nicht wahr sein durfte. Trotzdem fand sie in dieser Nacht schlecht in den Schlaf. Neben der verstörenden Mitteilung des Bürgermeisters beschäftigte sie eine ganz andere Frage: Warum machte ihr ein nahezu Unbekannter diese Mitteilung? Welches Ziel verfolgte er mit dieser Offenheit? Hatte sie überhaupt richtig gehört?

»Aber ich konnte mir nicht viel Schlaflosigkeit leisten. Am nächsten Tag musste ich ja meinen Dienst antreten«, sagt sie. Sie wird dieses Argument noch öfters anführen. »Als Studienassessorin hat man ja immer fürchterlich viel zu tun. Ich hatte so viel zu tun, dass ich kaum Zeit hatte zum Nachdenken.« Das stete Beschäftigtbleiben sollte ihr zur lebenslangen Gewohnheit werden. Immer stürzte sie sich in Aufgaben, die ihre ganze Kraft brauchten. So blieb auch keine Energie, in der Vergangenheit zu versinken.

Der Alltag am Gymnasium war hart und fordernd für einen

Neuling ohne viel Berufserfahrung. Dreißig Unterrichtsstunden pro Woche umfasste ihr Lehrauftrag, fünf bis sechs Stunden pro Tag. Morgens stand Elfriede Kern vor ihren Schülern, nachmittags bereitete sie den Unterricht des nächsten Tages vor. Die Neue aus Berlin war die einzige Lehrkraft im Kollegium, die die volle Stundenzahl unterrichtete. »Bei mir dauerte die Vorbereitung eben lange. Ich war auch ziemlich gewissenhaft.«

Der Naturliebhaberin in Elfriede Kern sehnte sich nach frischer Luft. So verfiel sie auf die Idee, wenigstens ihre Unterrichtsvorbereitung und ihre Hausaufgabenkorrekturen ins Freie zu verlegen, lesend spazieren zu gehen. Aber auch dabei klang ihr eine Warnung des Bürgermeisters im Ohr. Er hatte von Fleckfieber und anderen schrecklichen Krankheiten gesprochen. »Sehen Sie sich vor«, hatte er gemahnt. »Und trinken Sie nur abgekochtes Wasser.« Solchermaßen alarmiert, nahm sich die Lehrerin vor, nur dort spazieren zu gehen, wo

In Sichtweite der Wachtürme von Auschwitz ging Elfriede Kern spazieren

die Luft am klarsten und reinsten war, weil sie dort zirkulierte. »Und das war eben am Fluss.« Am Fluss aber verlief der Deich, und daran grenzte das Konzentrationslager. In dieser trostlosen Umgebung machte sie ihre Spaziergänge und schnappte nach frischer Luft. »Es ging dabei weniger darum, zu entspannen. Ich musste mein Pensum schaffen.« Eine junge Frau geht spazieren und überlegt, wie sie Goethe vermitteln soll, und ein paar hundert Meter entfernt sterben achttausend Menschen täglich in den Gaskammern. Das war die perverse Normalität von Auschwitz.

Tag für Tag sah Elfriede Kern die Wachtürme – und verbot sich den Gedanken an das Dahinter, das vier Meter hohe, elektrisch geladene Stacheldrahtzähne verbargen. Doch das Wissen um das Geschehen dort lag wie eine Glocke über der Stadt. »Es gab wohl keinen Menschen, der nicht wusste, dass da ein Konzentrationslager ist. Was wir allerdings nicht wussten und wissen konnten, war, was in dem KZ hinter den Mauern vor sich ging. Das konnten wir nur durch Gerüchte ermessen. Wenn überhaupt«, sagt die ehemalige Spaziergängerin an der Lagergrenze. Sie weiß, dass ihr die wenigsten Zuhörer dieses Unwissen glauben wollen. Denn Elfriede Kern leitet daraus noch eine weitaus provozierendere Feststellung ab. »Wenn wir schon nichts gewusst haben, wie soll dann die übrige Bevölkerung Deutschlands davon gewusst haben?«

Viel von dem, was sie erzählt, ist geprägt vom Beharren auf dem Nichtwissenkönnen. Nicht einmal im Nachhinein findet sie in ihrer Erzählung Worte für das, was sich hinter Stacheldraht und Mauer abspielte. Sie sagt: »Ich wusste, dass es Konzentrationslager gab. Die meisten waren in Polen. Ich weiß aber immer noch nicht, wo sie genau waren.« Jenes in ihrer Nachbarschaft sandte eindeutige Botschaften. Eines Tages, als der Wind besonders heftig blies, war die Zimmerwirtin der jungen Lehrerin gerade beim Saubermachen. Elfriede Kerns Möbel hatten einen schwarzen Lacküberzug. Eine weißgraue Schicht aus sonderbaren Ascheflocken lag auf dem schwarzen

Holz ihres Schreibtischs. Sie schaute aus dem Fenster. Der Wind wehte nicht aus der Richtung der IG-Farben-Werke. »Der Wind weht heute vom KZ her«, stellte die Wirtin fest, während sie das Staubtuch zum Einsatz brachte. »Sie verbrennen dort wieder welche im Krematorium. Das ist Menschenasche. Wir haben das schon manchmal gehabt.« Elfriede Kern nahm zur Kenntnis, dass sie Menschenasche im Zimmer hatte. Dass in Auschwitz große Öfen menschliche Körper verheizten. An Massenmord wollte sie nicht denken. Sie klammerte sich an die Logik, in einem großen Lager müsse es eben – wie in einer großen Stadt – auch viele Tote geben.

Elfriede Kern kreiste damals nur um sich. Fast krampfhaft konzentrierte sie sich auf ihren nachmittäglichen Spaziergängen auf einen kleinen Ausschnitt der Wirklichkeit und dachte nicht an Menschenasche. Hin und wieder grüßte ein Wachposten der SS von ferne: »Na, Fräulein, wie ist es denn da unten? Wo kommen Sie her?« Die Männer vom Wachdienst hätten irrsinniges Heimweh gehabt, erklärt die ehemalige Lehrerin heute diese Zurufe, als Ausdruck von Menschlichkeit also, nicht als sprachlos machendes Zeichen der Verhärtung gegenüber allem auf der anderen Seite der Lagerbegrenzung. Manchmal hörte sie bei ihren Spaziergängen sogar Musik. Das waren Klänge, die in den bepolsterten Konzertsaal gehörten, nicht hinter Stacheldrähte, sagt sie. »Ein komplettes Orchester saß dort im Lager.« Elfriede Kern konstatiert das nüchtern. Es habe sie traurig gestimmt, dass so viele Intellektuelle nach Auschwitz verschleppt worden seien. Handelnde Subjekte gibt es in ihrer Sprache so gut wie nie. Menschen wurden verschleppt, doch wer verschleppte sie? Elfriede Kerns Darstellung ist die einer Welt, in der es passierte, eine Welt des Passivs. Wie ein Vulkanausbruch oder ein Erdbeben ist das Böse über die Welt gekommen. So werden Auschwitz und die anderen Todesfabriken zu Naturkatastrophen und auch die Täter zu Opfern. In ihre eigene Verteidigungsrede bezieht diese Frau alle ein, die zu ihrer Zeit in Auschwitz beschäftigt waren. Alle seien mit derselben Zufälligkeit dort gelandet wie sie. Geschichte wird zu etwas Unabwendbarem, einem Spiel mit vielen hilflosen Schachfiguren und nur wenigen Spielern, Heinrich Himmler und Adolf Hitler.

Elfriede Kern, die sowieso schon schweigsam war, wurde damals noch stiller. Es gab auch niemand, dem ihr Schweigen sonderlich aufgefallen wäre. Der Schuldirektor selbst kam aus dem Banat. Er hatte eigene Probleme. Er sprach ein anderes, verquer veraltetes Deutsch und wurde von den Schülern nur äußerst widerwillig als Autorität akzeptiert. Selbst seine Korrekturen wurden in Frage gestellt. Er wohnte außerhalb des Ortes, und es gab nur einen Bus täglich, der ihn nach Hause brachte. Für den üblichen Kollegenplausch hatte er nie Zeit. Zudem war er kein Gesprächspartner, dem gegenüber Elfriede Kern ihre Vermutungen und Beobachtungen hätte offen legen können. »Ich durfte nicht verunsichert sein. Er war ja der, der sich nicht zurechtfand.« Wieder einer der Sätze, die apodiktisch im Raum stehen. An Wahrheiten wie diesen hält sich Elfriede Kern fest. Es gab keine Erlaubnis und keinen Grund, schwach zu werden. Sie war schließlich eine preußische Beamtin. Und sie war überlastet. Sie musste gleich fünf Fächer unterrichten: Englisch, Geschichte, Erdkunde, Biologie und Deutsch. Das war viel. Zu viel.

Ein Lehrerehepaar, das im Konzentrationslager bei der SS-Wachmannschaft arbeitete, wurde vom Rektor als Unterrichtsaushilfe angeworben. Der junge Mathematiklehrer und die junge Musiklehrerin kamen aus Siebenbürgen. Sie hatten sich dort für die SS und einen Einsatz in Auschwitz verpflichtet. »Ein sehr nettes Ehepaar«, wie Elfriede Kern nicht müde wird zu betonen. »Hätten wir doch genauer Bescheid gewusst«, haben die beiden immer wieder ihre Versetzung nach Auschwitz beklagt. Näher sprachen sie selten aus, was sie bedrückte. Aber Sätze wie diese trugen nicht zu Elfriede Kerns Selbstbeschwichtigungen bei. Bekenntnisse wie »Wir haben Kinder so gerne. Aber nun ist unser Leben verpfuscht, und wir werden auf sie verzichten; sie sollen das hier nicht miterleben« noch weniger. Die beiden, erkannte Elfriede Kern schon damals, »wussten genau, dass sie eine grässliche Arbeit machten und dass sie in großer Gefahr waren, dafür bestraft zu werden«.

Sie drang aber nie in den Mathematiklehrer, woraus genau seine Arbeit bestehe. In schizophrener Treue zu und Distanzierung von den Verbrechern verweist sie auf den Spruch, der auf dem Koppelschloss dieses Mannes stand: »Meine Ehre heißt Treue.« Auch die junge Lehrerin Kern war gefangen in einem Denken, das Gehorsam zur höchsten Tugend erklärt hatte. Untreu sollten diese »reizenden Leute« durch ihr Nachbohren nicht werden müssen. Sie schwieg und dachte sich im Stillen: »Du kommst auch alleine dahinter, was da passiert. Irgendwann wird einer von ihnen reden.« Denn das glaubte sie sicher zu wissen: »Diese SS-Leute waren natürlich seelisch tief niedergedrückt.«

Sie erfuhr nichts Näheres von den direkten Augenzeugen. Keiner erzählte, was er im Lager Auschwitz tat. Nicht die netten Kollegen aus dem Gymnasium und auch nicht der forsche junge SS-Mann, der dort als Straßenbaumeister tätig war und alles daransetzte, der Freund der jungen Frau zu werden, die am Lagerzaun regelmäßig ihre Nachmittagsspaziergänge absolvierte. Ihm war es streng verboten, die Stadt Auschwitz zu betreten. Das bringt die Einundneunzigjährige zu der kruden Einschätzung: »Diese Männer hatten fast genauso wenig Freiheit wie die Häftlinge.« Dass dieser Satz in den Ohren der Opfer wie bitterster Hohn klingen muss, ist ihr bis heute nicht bewusst.

Vermutlich war sie damals froh, nicht noch letzte Sicherheit über die Geschehnisse im Lager zu bekommen. »Eine hohe Meinung vom eigenen Volk zu behalten war für das Überleben wichtig«, kommentiert sie das im langen Abstand und formuliert damit das Überlebensmotto vieler Angehöriger ihrer Generation. Ein Blick in ihre niedergeschriebenen Erinnerungen macht einen mit einem Denken bekannt, das den Opfern wenig Bedeutung bemisst. Es geht um die Entschuldung der Täter.

Der Impuls, das Auschwitzer Verbrechen in Briefen an Eltern und Freunde weiterzuerzählen, das bedrängte Gewissen von der Last zu befreien, war übermächtig in mir. Doch schien es mir gleichzeitig immer als eine unangezweifelte Selbstverständlichkeit, den Mitteilungsdrang zu beherrschen und zu schweigen, da ich nichts, aber auch gar nichts daran ändern konnte. Irgendeinmal musste die Wahrheit ja herauskommen, irgendwann die Missetaten gesühnt werden. Nur jetzt, während des Krieges – jetzt –, wo alles auf dem Spiel stand, wo alles davon abhing, dass die Front und die Heimat durchhielten, durfte das Bild der Führung nicht beschmutzt, nicht der Kampfgeist geschwächt werden. Es ging ja um Deutschland! Nur jetzt nichts sagen. Nichts davon würde ich meinem Bruder, nichts den Freunden schreiben, die die schwersten Kämpfe zu bestehen hatten. Und ich habe es auch erst viele Jahre später nach dem Krieg erzählt, als dies alles längst ein offenes Geheimnis war. Ein Weitererzählen hätte damals nur noch mehr Menschen unglücklich gemacht, sie in größte Gefahr gebracht. Und hier konnte leider niemand helfen. Sehr peinlich, dass schon das Ausland davon zu wissen schien. Die Ungewissheit, die Heimlichkeiten des politischen Geschehens zu ertragen, gehörten zu den schlimmsten Belastungen dieses Krieges. Immer wieder gingen mir diese und ähnliche Überlegungen durch den Kopf. Wenn nur jemand für mich da gewesen wäre, Gewissenskonflikte gemeinsam zu erörtern.

Aber Elfriede Kern war auch fähig, sich gegen Gewissenskonflikte zu isolieren. Sie empfand es als beruhigend, von dem jungen Hilfslehrerpaar auf Kaffee und Kuchen ins Lager eingeladen zu werden. Das verhieß Normalität. »Es war wunderschön, alles pieksauber.« Worte, so möchte man meinen, die auf vieles passen, aber nicht auf die Wege in einem Konzentrationslager. Oder doch: sie sagen etwas über den Willen zu einer bestimmten Wahrnehmung.

Bei einer dieser Einladungen zum Nachmittagsplausch lernte Elfriede Kern einen Mann kennen, den sie noch nie zuvor gesehen hatte. Sie schreibt dazu in ihren Erinnerungen:

> *Die Wohnung war gemütlich, der Teetisch klein. Neben mir saß einer der Lagerärzte mit liebenswürdigem Charme und betont kavaliersmäßigen Manieren. Er sah gut aus, doch seine Augen schillerten seltsam. Er unterhielt die kleine Tafelrunde. Seinen Dienst hatte er unterbrochen, um diese kurze Kaffeestunde »mit den Damen« zu genießen. Bald dankte er für die »entzückende Unterbrechung«, schlug seine Hacken zusammen, »Küss die Hand, gnädige Frau, der Dienst ruft« und verschwand verbindlich lächelnd und säbelrasselnd. »Das ist einer der Schlimmsten!«, flüsterte meine Gastgeberin mir zu, als sie wieder hereinkam. »Er kam vorhin gerade vom Bahnhof, wo er die Selektionen geleitet hatte, und wird nun fortfahren.«*

Die Lehrerin war, wie sie heute sicher zu wissen meint, dem Lagerarzt Josef Mengele begegnet. Selektion – diese Beschreibung eines Teils seiner Arbeit war wieder einmal mehr als nur eine Andeutung. Es war wieder ein Stück der Wahrheit, mit der Elfriede Kern umgehen musste.

Bei einem winterlichen Kabarettabend für die SS-Mannschaft im Konzentrationslager hoffte die Lehrerin, mehr zu sehen. Vielleicht auch: zu sehen, dass es da nichts Erschreckendes zu sehen gab. »Da ging ich natürlich hin, wollte ich doch noch einigen Dingen auf die Spur kommen. Die Veranstaltung sollte zur Erbauung, Stärkung und Erheiterung dienen.« Auf der KZ-Bühne tanzten leicht bekleidete Mädchen, Schlagersänger und Komiker traten auf, Artisten führten ihre Künste vor. Während sich die Gesellschaft amüsierte, kämpften ein paar hundert Meter weiter Menschen gegen Hunger und Kälte, hofften, den nächsten Tag zu erleben. Elfriede Kern gelangte nicht bis zu den Häftlingsbaracken.

Auch ihre Besuche in der KZ-Bibliothek, wo der Ehemann ihrer schwangeren Vorgängerin am Gymnasium als Bibliothekar arbeitete, brachten sie bei ihrer Suche nach der Wahrheit nicht weiter. Vielmehr versöhnten sie die Einladungen im Lager. Nach einem Zusammentreffen notierte sie: *Auffälliges habe ich nicht gesehen, nicht einmal arbeitende Häftlinge traf ich. Es war Feierabend. Immer noch fühlte ich mich innerlich wohl. Die freundliche Wärme meiner Gastgeber, das alte Geschirr, die schönen Blumen und die selbst gebackenen Kekse stimmten mich feierlich.*

Aus der Welt des Konzentrationslagers kam eines Tages auch Rudolf Höß zu ihr in das Auschwitzer Gymnasium. Sie hatte ihn in die Elternsprechstunde einbestellt, um über die schlechten Noten seines Sohnes mit ihm zu sprechen. Rudolf Höß entsprach in nichts den Vorstellungen, die sich die Frau aus der Reichshauptstadt von einem KZ-Kommandanten gemacht hatte. Kein Schlägertyp kam da auf seinem Motorrad angefahren. »Er war mittelgroß, hochblond und von zarter Gesichtshaut«, erinnert sich Elfriede Kern. Zackig trat der Kommandant auf. Fast ein bisschen zu energisch. »Aber als Frau«, so gesteht sie, »fühlte ich mich davon fast ein bisschen geschmeichelt.« Der KZ-Kommandant und die Lehrerin sprachen zwanzig Minuten miteinander. »Er war sehr traurig, als er hörte, wie schlecht sein Sohn in der Schule war und dass es an seiner Unachtsamkeit lag.« Sie glaubt, eine große Last bemerkt zu haben, die auf dem Kommandanten liege. Noch immer ist sie voll Mitleid für den Mann, der für den Tod von mehr als einer Million Menschen in Auschwitz verantwortlich ist. Für den Mann, der später sein Tun wie folgt beschrieben hat: »Als ich das Vernichtungsgebäude in Auschwitz errichtete, gebrauchte ich also Zyklon B, eine kristallisierte Blausäure, die wir in die Todeskammer durch eine Öffnung einwarfen. Es dauerte drei bis fünfzehn Minuten, je nach den klimatischen Verhältnissen, um die Menschen in der Todeskammer zu töten. Wir wussten, wann die Menschen tot waren, weil ihr Kreischen aufhörte. ... Eine weitere Verbesserung gegenüber Treblinka war, dass wir Gaskammern bauten, die 2000 Menschen auf einmal fassen konnten.«

Der Feingeist, als den Elfriede Kern Rudolf Höß noch heute sehen will, hatte auch eine andere, zerstörerische, den Massenmord nüchtern planende Seite. Kern will sie nicht zur Kenntnis nehmen. Sie fand es nur vernünftig, eine glückliche Fügung, dass dieser Mann nach Bergen-Belsen versetzt wurde, als die Rote Armee sich dem Lager unaufhaltsam näherte. So hatte der Massenmörder die Chance, von dort aus für einige Zeit unter falschem Namen auf einem Bauernhof in Schleswig-Holstein unterzutauchen. Nach seiner Verhaftung wurde er zum Tode verurteilt und 1947 in Polen hingerichtet. Elfriede Kern beschäftigt bis heute, was er in der Zeit zwischen Verhaftung und Hinrichtung »erleiden musste«. Denn ihr gegenüber legte der Kommandant Manieren an den Tag. Er verabschiedete sich von ihr, bevor er Auschwitz verließ. Das gefiel der preußischen Lehrerin.

Sie selbst ging, wie sie gekommen war, ohne viel Habe, nur mit Pelzmütze, Schaftstiefeln und Wintermantel. Auch in Auschwitz hatten die Bombardierungen der Alliierten mittlerweile viele Häuser zerstört, wenn auch nicht die Gasöfen und Krematorien des Lagers, auf die nie Angriffe geflogen worden waren. Was Elfriede Kern außer der Kleidung am Leib noch hatte, passte in die Manteltasche. Wieder spürte sie dieses »Hans im Glück«-Gefühl der Schwerelosigkeit. »Du bist leichter und fängst ein neues Leben an«, dachte sie. Materielle Verluste waren unwichtig geworden. Sie hatten kein Recht, auf die Seele zu drücken. Fahrkarte, Taschenkamm und ein bisschen Geld reichten aus für den Neuanfang. Sie war der festen Überzeugung, Auschwitz hinter sich gelassen zu haben. Im neubrandenburgischen Templin traf Elfriede Kern ihre Eltern wieder. Die Rumpffamilie, deren Söhne aus dem Krieg nie wiederkehren würden, zog weiter. Ihr wichtigster Vorsatz war, »nicht den Russen in die Hände zu fallen«. Sie schafften es bis zu einem kleinen Ort bei Halle. Dort erlebten sie die Kapitulation. Die Kerns wussten: Was jetzt auf sie zukam, würde »ein ganz neuer Lebensabschnitt sein«, nicht zu vergleichen mit dem, den sie hinter sich gebracht hatten.

Dass die jüngste Vergangenheit aber nicht einfach versunken war, war auch Elfriede Kern klar. In ihr wuchs mit jedem Tag die Überzeugung: »Unter russischer Besatzung werde ich nicht Lehrerin. Schon gar nicht mit meiner Vorgeschichte.« Die ersten Wochen ging sie nur aus dem Haus, wenn sie den grauen Augenbrauenstift zur Hand hatte, mit dem sie sich unansehnlich schminken konnte. Dann malte sie sich Falten und hoffte, die marodierenden Soldaten würden sie in Ruhe lassen. Doch darüber hinaus hielt sie sich nicht damit auf zu grübeln, warum gerade ihr von jenen Russen, die sie vor allem als Teil des ehemaligen Staatsgetriebes sahen, große Gefahr drohte. Sie richtete ihre Gedanken wie fast alle in diesen Tagen nach vorn, auf ein neues Ziel. Ihres hieß Kiel. Vorerst lag es in weiter Ferne. Elfriede Kern verdingte sich in der sowjetischen Besatzungszone als Arbeiterin in der Landwirtschaft. Trotzdem kam nicht genügend Brot ins Haus. Ihr Vater starb in dieser Zeit auf Grund der schlechten Versorgung. Schuld war nicht einmal der Mangel an Medikamenten. »Wenn ich ihm ein Schnitzel oder Eier vorsetzen könnte«, diagnostizierte der Arzt zu allem Kummer, »dann könnte ich ihn retten.« Aber es gab kein Schnitzel, kein Ei, keine Hühnerbrühe. Elfriede Kerns Vater starb an einer Lungenentzündung.

Der Tod des Vaters war der Impuls, der Elfriede Kern die Flucht über die grüne Grenze endlich wagen ließ. Einige

Monate später gelang es ihr, ihre Mutter nachzuholen. Ihre Zukunftspläne konnte sie Schritt um Schritt verwirklichen. Sie bewarb sich bei der britischen Verwaltung und bekam Arbeit als Übersetzerin. Sie brachte Liebesbriefe der Soldaten an die Froileins ins Deutsche, übersetzte aber auch die Fragebögen für die Entnazifizierungsbehörde, vor allem die ausführlichen Lebensläufe, in denen die Befragten erklärten, welche Funktionen sie im nationalsozialistischen Staat ausgeübt hatten. Nur die Übersetzerin selbst fragte erstaunlicherweise niemand, was sie in Auschwitz getan hatte. In banger Erwartung von Konsequenzen, aber auch zu ängstlich, um zu lügen, hatte Elfriede Kern ihre letzte Arbeitsstelle im Dritten Reich wahrheitsgemäß in ihrem eigenen Fragebogen angegeben. Aber nichts geschah. War es wirklich so, wie sie heute glaubt, dass Auschwitz als der Ort des Grauens »noch nicht überall durchgedrungen war«? Elfriede Kern gelang ein relativ geschmeidiger Übergang ins Zivilleben. Die Stimmung um sie her war trotz der vielen Arbeit vergleichsweise entspannt – in der Schule von Auschwitz hatte eine ganz andere Bedrückung geherrscht. Das Leben lief nicht mehr auf den Abgrund zu. Elfriede Kern spürte eine neue Heiterkeit – obwohl es »keinen Tag gab, an dem ich nicht dran gedacht habe«. Dran gedacht – damit waren eigene Ahnungen über die Wirklichkeit des Lagers und die nach dem Krieg bekannt werdende Dimension des Schreckens gemeint.

Ihre erste Nachkriegsstelle als Lehrerin bekam sie in Husum. Einige Jahre später wechselte sie die Schule, und schließlich trat sie eine Stelle in einem Landschulheim an, das internatsartig geführt wurde. Hier wartete am meisten Arbeit, hier war mehr vom Tag belegt als an einer normalen Schule, hier blieb weniger freie Zeit, in der unerwünschte Erinnerungen aufsteigen konnten. Dass ihr Arbeitsplatz einst Auschwitz gewesen war, interessierte die, die mit ihr zu tun hatten, nur am Rande. Und Elfriede Kern unternahm keine Anstrengungen, sie auf diese Station ihres Lebens zu stoßen.

Die Masurischen Seen, nach denen sie sich einst sehnte, hat Elfriede Kern noch immer nicht gesehen. Aber der Umgang mit ihrer Betreuerin, »der kleinen Polin«, und das habe sie nicht erwartet, tue ihr gut, sagt sie.

Verpflichtung

»Es darf nicht umsonst gewesen sein.«

Die Schwester von Hans und Sophie Scholl
und das Leben mit dem Erbe der »Weißen Rose«

Für Hitler und seine Anhänger gibt es auf dieser Welt keine Strafe, die ihren Taten gerecht wäre. Aber aus Liebe zu kommenden Generationen muss nach Beendigung des Krieges ein Exempel statuiert werden, dass niemand auch nur die geringste Lust verspüren sollte, Ähnliches aufs Neue zu versuchen. Vergesst auch nicht die kleinen Schurken dieses Systems, merkt Euch die Namen, auf dass keiner entkomme! Es soll ihnen nicht gelingen, in letzter Minute noch nach all diesen Scheußlichkeiten die Fahne zu wechseln und so zu tun, als ob nichts gewesen wäre!

Viertes Flugblatt der Weißen Rose
nach einem Entwurf von Hans Scholl
und Alexander Schmorell, Juli 1942

Fast jeder glaubt, diese junge Frau irgendwie zu kennen. Denn jeder hat schon oft das ikonenhaft gewordene Bild von ihr gesehen, auf dem die junge Frau an einen Zaun gelehnt steht. Spielerisch versucht sie, das Gleichgewicht zu halten, denn sie steht erhöht über den anderen auf dem Mauerstock. Mittendrin, aber doch abseits. Als wolle sie eine Trennung vorwegnehmen. Der Bruder und die Freunde tragen Uniform. Die ganze Gruppe, die nur für das Foto stillsteht, befindet sich im Aufbruch. Gleich werden sie in den Zug steigen, der sie nach Russland bringen soll. Nur die junge Frau wird zurückbleiben. Deutschland führt seit Juni 1941 einen Zweifrontenkrieg. Gegen eine jüdisch-bolschewistische Weltverschwörung, wie einige glauben oder zu glauben vorgeben. Nun sollen auch diese vier jungen Männer ihren Dienst am Vaterland in Form einer Frontfamulatur verrichten. Sie werden tatsäch-

Ein Bild des Abschieds: Sophie Scholl und ihre Studentenfreunde

lich ihr Sommersemester als Sanitäter an der Front verbringen. Aber sie werden von diesem Einsatz in ihrer Überzeugung gestärkt zurückkommen, dass »wir das Böse dort angreifen müssen, wo es am mächtigsten ist, und es ist am mächtigsten in der Macht Hitlers«. Es ist der 23. Juli 1942. Die junge Frau auf dem Foto ist Sophie Scholl. Die Gruppe der Studenten um sie herum besteht aus ihrem Bruder Hans und den Kommilitonen Naumann, Hubert Furtwängler und Alexander Schmorell.

Dies ist nur eines von vielen Bildern, die im öffentlichen Bewusstsein und kollektiven Gedächtnis als Zeugnisse der Geschichte der Weißen Rose abgelegt sind. Das Abschiedsfoto hängt in der Berliner Gedenkstätte »Deutscher Widerstand«. Hinter der Vertrautheit des Bildes drohen die Menschen, die es zeigt, zu verschwinden, zu Piktogrammen einer Idee zu werden. Also für jene, die sie nie persönlich kannten, ihre Lebendigkeit zu verlieren.

Aber dieses Foto der Scholls und andere konnten keine privaten Bilder bleiben, die bei jedem Betrachten durch persönliche Erinnerungen der Besitzer zum Leben erweckt werden. Denn Sophie und Hans Scholl sind tot, ermordet, weil sie das für viele Unvorstellbare wagten: ihre Mitmenschen von der verbrecherischen Natur des Naziregimes zu überzeugen. Die Mitglieder der Weißen Rose haben zum passiven Widerstand aufgerufen. Mehrmals. Mit Flugblättern, die sie in Briefen an zufällig aus dem Telefonbuch herausgesuchte Empfänger verschickten, die sie an öffentlichen Plätzen auslegten und am Ende im Lichthof der Münchner Universität über die Balustrade warfen.

Wenn Elisabeth Hartnagel diese Fotos aus einem Ordner mit vielen Texten und mit Briefen, die der Lesbarkeit wegen mit Schreibmaschine abgetippt wurden, holt, dann öffnet auch sie kein privates Familienarchiv mehr. Obwohl diese Fotos ihre Familie zeigen. Das Fallbeil des Nazihenkers hat ihr Bruder und Schwester entrissen. Doch die Mörder und jene, die gegen die Nazis zur Erinnerung mahnen, haben Elisabeth Hartnagel auch jene familiäre Intimität genommen, die sich sonst an Zeugnisse der Entschwundenen heftet. Mit jedem Brief der Toten, der veröffentlicht, mit jedem Bild, das zum Zeitdokument erhoben wurde, rückten die ein Jahr jüngere Schwester und der drei Jahre ältere Bruder ein Stück weiter fort, hinauf in den Kreis der Helden. Elisabeth Hartnagel muss aufpassen, dass die Öffentlichkeit sich nicht ganz und gar zwischen sie, Sophie und Hans schiebt. »Manchmal«, sagt die alte Dame mit Blick auf immer neue Spielfilmprojekte und Gedenkausstellungen, »habe ich das Gefühl, dass ich mit ihnen gar nichts zu tun habe.«

Sie ist vorsichtig, wenn sie fortfährt, weil niemand mit Sicherheit sagen kann, was ihre Schwester heute denken und sagen würde. »Dazu habe ich nicht das Recht«, räumt sie bescheiden ein und versucht doch eine Annäherung. Wenn sie lange genug überlegt, dann glaubt sie zu wissen, dass Sophia Magdalena Scholl sich über den Heldenkult um ihre Person »furchtbar geärgert und sich wahrscheinlich vehement gegen die Walhalla gewehrt hätte. Sophie war so nüchtern.« Elisabeth Hartnagel sagt das mit ihrer sehr leisen Stimme. Zurückhaltend und äußerst höflich, als wolle sie keinem zu nahe treten, der sich um Erinnerung bemüht.

Doch die Angst um ihre eigenen Erinnerungen, die Sorge, dass die Aufzeichnungen im Kopf der vor fast einem Menschenleben geführten Gespräche einmal vom öffentlichen Wissen und Behaupten über die Weiße Rose gelöscht und überspielt werden könnten, scheint unbegründet. »Es ist erstaunlich, wie nah mir das nach all den Jahren immer wieder geht«, bekennt sie, nachdem sie von den Schicksalstagen im Februar 1943 erzählt hat. Sie muss sich schon oft an diese Zeit erinnert haben, war es doch die letzte, die sie mit Bruder und Schwester gemeinsam verbracht hat. Dennoch gerät sie beim Erzählen ins Stocken. Nicht jeden Satz bringt sie zu Ende, wenn die Bilder vor ihr aufsteigen.

Noch im Januar 1943 war sie zu Besuch in München gewesen, um die Schwester und den Bruder, die dort beide Medizin studierten, wieder einmal länger zu sehen. Nach dem Tod der beiden und aus dem späteren Wissen um die Ereignisse heraus haben viele Erinnerungsmomente einen neuen Sinn bekommen. Elisabeth Hartnagel, die alle Liesel nannten, erinnert sich genau an den nächtlichen Spaziergang, der sie zusammen mit Sophie durch den Englischen Garten führte. Willi Graf, Alexander Schmorell und der Bruder waren währenddessen in ihr unbekannter Mission unterwegs.

»Jetzt müsste man Maueranschriften machen«, entfuhr es der jüngeren Schwester. Mehr verriet sie nicht. Kein Wort von den Gesprächen und Diskussionen, die das Denken und Empfinden der Münchner Freunde längst bestimmten. Ganz offensichtlich wollte Sophie ihre ältere Schwester nicht dem Risiko und der Last der Mitwisserschaft aussetzen.

Elisabeth Hartnagel weiß noch, was sie damals entgegnet hat, mehr hilflos denn hilfreich, mehr naiv als kämpferisch: »Ich habe einen Bleistift in der Tasche.«

Sophie wehrte ab, als wisse sie aus Erfahrung, wovon sie sprach: »Das genügt nicht. Da braucht man Teerfarbe.«

Auf Elisabeths Entgegnung, das sei doch gefährlich, gab sie eine Antwort, die noch heute in der Schwester nachhallt. »Da hat Sophie gesagt: Die Nacht ist des Freien Freund.« Am 4. Februar 1943 malten Alexander Schmorell und Hans Scholl dann die ersten Aufrufe an Wände des Münchner Universitätsviertels, »Freiheit« und »Nieder mit Hitler«. Es war der Tag nach Bekanntwerden der Niederlage von Stalingrad.

Es sind Erinnerungen an Gespräche wie jenes im Englischen Garten, die Elisabeth Hartnagel ihre Geschwister wieder ganz nahe bringen. Nicht allein durch den Inhalt des Gesprochenen. Über die Erinnerung an die Worte gelingt es ihr, sich die Stimmen wachzurufen. Die Öffentlichkeit kennt ihre Stimmen nicht. Nur ihre Schwester weiß, wie sie gesprochen haben, wie stark der schwäbische Einschlag in ihrer Sprache zu hören war, wie sie die Worte betonten, ob sie mit fester oder mit eher zögerlicher Stimme sprachen, wie es klang, wenn beide wütend waren, oder wie sich Freude aus ihrem Mund anhörte. Das ist ihr ganz privates Vermächtnis. Aus ihm speist sich wohl auch die Energie, die Elisabeth Hartnagel aufbringt, wenn sie wieder einmal Fragen nach Sophie und Hans beantworten muss. Ernsthaft gräbt sie dann nach beiden in ihrem Denken.

Die Stimme von Sophie, so habe Elisabeths Mann immer gesagt, sei ihrer und der ihrer Mutter ganz ähnlich. Manche Menschen sagen, Elisabeth Hartnagel sehe der Schwester auch ähnlich. Ihr Haarschnitt, das kinnlange, seitlich gescheitelte, im Nacken kurz geschnittene Haar begünstigt diesen Eindruck. Aber die, die da sitzt, ist eine Person für sich, Elisabeth Hartnagel, geborene Scholl. 1946 hat sie geheiratet. Fritz Hartnagel, den Jugendfreund ihrer Schwester. Seit seinem Tod ist die heute Vierundachtzigjährige die letzte Überlebende der Familie. Ihr Bruder Werner, den die Nazis nach der Hinrichtung der Geschwister an die Ostfront schickten, kam nicht von seinem Einsatz zurück. Er gilt seit 1943 als vermisst. Elisabeth und ihre Schwester Inge überlebten als Einzige der fünf Scholl-Kinder den Krieg. Die enge und vertraute Gemeinschaft der Geschwister, die vom jüngsten Bruder bis zur ältesten Schwester nur fünfeinhalb Jahre auseinander waren, hatte ein jähes Ende gefunden.

Aber auch Inge, die das Gedenken an die Geschwister über Jahrzehnte zu ihrer Lebensaufgabe gemacht hatte, ist nun tot, so wie ihr Mann, Otl Aicher. Ein halbes Jahrhundert lang hatten sie die Verpflichtung übernommen, an den Mut der Widerständler und ihre Akte der Zivilcourage zu erinnern. »Das darf nicht umsonst gewesen sein. Man darf Hans und Sophie nicht vergessen«, war beider Lebensmotto gewesen. Mit Mahnung, Bildung und Aufklärung wollten sie dagegenhalten.

Nun ist es an Elisabeth Hartnagel, die Erinnerung wach zu halten. Lange hat sie kein öffentliches Aufheben um ihre Person gemacht. »Mein Mann hat immer gesagt, wir waren nicht im Widerstand, wir halten uns da raus«, erklärt sie. Geradezu erleichtert war Elisabeth Hartnagel, dass sie mit ihrem angeheirateten Nachnamen auch in Ulm unerkannt leben konnte. Dass nicht einmal die Lehrer ihrer Kinder wussten, wessen Verwandtschaft sie da unterrichteten. Ihr war das Nichterkanntwerden lieb. Ihr eigenes Gedenken war immer ein stilles. Immer wieder zögert sie und betont, sie wolle sich nicht anmaßen, sich für die Schwester oder den Bruder zu politischen Fragen zu äußern. Sie will die beiden nicht zu Politik-Orakeln machen. Doch sie schätzt sie als stilles Korrektiv ihres eigenen Handelns. So wie die Bücher aus dem Besitz von Hans und Sophie im Regal zwischen all den anderen stehen, so waren die Erinnerungen für Elisabeth Hartnagel und ihren Mann immer selbstverständlicher Teil des Alltags, Teil des Denkens und Handelns in politischen Fragen. Aber sie mussten aufpassen, dass die offiziellen Gedenktage nicht plötzlich Distanz schufen und Zweifel wachsen ließen, ob sie wirklich die kannten, die alle anderen zu kennen schienen.

Heute spürt die überlebende Schwester die Verantwortung für ein lebendiges Andenken und hat in letzter Zeit die Brücke in die Vergangenheit wieder öfter überschritten. Die Briefe ihrer Mutter, die bruchlos von der Philosophie auf das Marmeladekochen kommen, helfen ihr, sich in der anderen Zeit zurechtzufinden.

Den Gedanken, wie anders alles verlaufen wäre, hätten sich die Geschwister nicht oder sehr viel vorsichtiger im Widerstand engagiert, welche gemeiname Nachkriegszeit sie wohl erlebt hätten, mag sie gar nicht erst aufkommen lassen. »Das ist ein anderes Leben«, sagt sie und meint die Zeit nach 1945. »Das ist eine abgeschlossene Zeit, wie wenn man zwei Leben leben würde.« Im ersten Leben war sie die Tochter des liberal gesinnten früheren Leiters der Stuttgarter Handelskammer, Robert Scholl, der 1932 als Wirtschaftsprüfer nach Ulm ging und schon 1933 prophezeite, »Hitler bedeutet Krieg«. Sie hingegen war wie ihre Geschwister der Hitlerbegeisterung erlegen. Damals, sagt sie voll Unverständnis für ihre damalige Wahrnehmung, hätten sich die Hitlerreden für sie nicht so angehört, als schreie sich einer die Kehle aus dem Hals. Damals attestierten sie ihm allesamt »eine ganz bestimmte Ausstrahlungskraft«. Alle drei Schwestern und auch der Bruder Hans, nur Werner sei damals noch zu jung gewesen. Aber die Schwestern wurden Jungmädelführerinnen. Zu schön war es in der Gemeinschaft der Gleichaltrigen. In Ulm erinnert man sich, dass sowohl Hans als auch Sophie in ihren Forderungen an ihre Untergebenen oft bis an die Grenze des Zumutbaren gingen. Extreme Herausforderungen lockten beide.

An eine Begegnung erinnert sich Elisabeth Hartnagel noch ganz genau. Sie fand auf der großen Böhmerwaldfahrt 1935 statt. An die zwanzig Jungmädelführerinnen radelten vier Wochen lang durchs Gelände. Bei Erbsensuppe, die sie sich selbst auf offenem Feuer kochten, führten sie ein nachgemachtes Pionierfrauenleben – was uns Heutigen sofort als Vorbereitung auf die Kriegsjahre erscheint. Den Idealen der völkischen Jugend folgend, schliefen sie nachts im Zelt. Vom Allgäu waren sie schon bis in den Bayerischen Wald vorangekommen, da lief das Gerücht um, der Führer weile ganz hier in der Nähe. Sie machten sich sofort auf den Weg, fanden den Tross Hitlers, ließen sich von den Begleitmannschaften nicht abwimmeln und erregten die Aufmerksamkeit ihres Idols. Adolf Hitler persönlich befahl seinen Begleitern, die jungen Mädchen zu ihm vorzulassen. »Ach lasst sie doch«, soll er gesagt haben. Dann schüttelte er jeder von ihnen die Hand und gab sich jovial: er zahlte eine Spende in die Fahrtenkasse. Auch Elisabeth Hartnagel bekam einen Händedruck vom späteren Mörder ihrer Schwester.

Damals war sie stolz auf diese Begegnung, von der sie heute mit diskretem Kopfschütteln berichtet und der sie eine grausame Ironie nicht absprechen kann. »Ein paar von uns haben sich danach ein paar Tage lang ihre Hand nicht mehr gewaschen«, beschreibt sie die Begeisterung der Mädchen für den schnauzbärtigen Hetzer. Eine Begeisterung, die Vater Scholl mit großem Kummer wahrnahm. Seine Kinder schoben, wie viele andere jung Geköderte der »neuen Ordnung«, die zu Hause Widerstand spürten, die väterliche Uneinsichtigkeit auf die Unbeweglichkeit des Alters. Auch hier ging der Plan des Reichsjugendführers Baldur von Schirach auf, mittels der Hitlerjugend einen Keil zwischen Eltern und Kinder zu treiben. Doch im Fall der Scholls war die Entfremdung nicht von Dauer. Dafür sorgten die Nazis schon selbst.

Die Jungmädelgruppe, deren Führerin die fünfzehnjährige Elisabeth war, hatte sich für einen Großaufmarsch auf dem Ulmer Münsterplatz übermütig eigene Wimpel genäht. Darauf waren nicht die vorgeschriebenen Hakenkreuze zu sehen, sondern Drachen und andere Fantasiegebilde. Dieser Ausbruch kindlicher Fantasie mitten in einer Zeremonie geistiger Gleichschaltung erschien der Gauführerin von Württemberg als Anmaßung und Gefahr. Eigenständiges Handeln war nicht Ziel ihrer Jugenderziehung, und jeder Individualismus stellte eine Bedrohung für die Autoritäten dar. Elisabeth und ihre Schar wurden »strafbeurlaubt«. Die zuvor begeisterte Scholl-Tochter durfte keine Uniform mehr tragen und nicht mehr Führerin sein. Diese ihr gänzlich ungerecht erscheinende Strafe beantwortete Elisabeth Hartnagel nun ihrerseits mit Verachtung für die Zwangsgemeinschaft. 1937 trat sie aus dem Bund deutscher Mädchen (BDM) aus. Ihr Bruder Hans war da bereits zum ersten Mal verhaftet worden, weil man ihm vorwarf, mit seiner geheimnisvoll »xxx1.11.« genannten Jugendgruppe die aufgelöste Bündische Jugend weiterzuführen.

Viele Ereignisse bestätigten Elisabeth in der Folge in ihrer Abwendung. Der Vermieter der Scholls war Jude oder das, was die Nationalsozialisten mit ihren Abstammungstafeln als Juden definierten. Im Zuge der Arisierung musste er sein Haus verkaufen und in eine kleine Wohnung umziehen, die ihm zugewiesen wurde. Solche Vorgänge raubten den Scholls die letzte Illusion, die »neue Ordnung« ziele auf eine gerechte Gesellschaft.

Als der Nazistaat mit Macht nach den Scholls griff, da wussten sie längst, was sie zu fürchten hatten. Den Schock machte das nicht kleiner. Den 18. Februar 1943 nennt Elisabeth Hartnagel den Tiefpunkt dessen, was sie als erstes Leben vom zweiten abteilt. Es war ein Donnerstag. Die Gestapo drang an diesem Tag in die elterliche Wohnung und fragte nach Briefen der Geschwister. Schon mehrfach hatten die Scholls, nachdem der Vater von einer Freundin des Hauses denunziert worden war, die Anwesenheit der Uniformierten ertragen müssen. Das bestätigte sie nur in dem Gefühl, auf der richtigen Seite zu stehen. »Wir haben uns nicht als die Unterlegenen gefühlt, als die Unterdrückten. Ganz im Gegenteil.« Und so hielt Elisabeth den Besuch der Gestapo auch für eine Routineschikane. In diesem Glauben wartete sie deren Abzug nicht ab und reiste zurück zu dem Bauernhof bei Ingolstadt, auf dem sie nach ihrer Ausbildung zur Kinderkrankenschwester arbeitete, um die dringend benötigten Lebensmittelkarten zu bekommen.

Doch der Besuch an diesem Februartag war alles andere als Routine. Er war vom Wunsch der Nazis nach Rache bestimmt, er war Teil des Plans, ein Widerstandsnest auszumerzen. Es ging nicht mehr um die Untermauerung des Verdachts, den eine junge Büroangestellte, die wie eine Tochter in die Familie Scholl aufgenommen worden war, aktenkundig gemacht hatte. Mit ihrer Denunziation, der Hausherr habe gesagt, Hitler sei eine Gottesgeißel, man werde bald sehen, in ein paar Jahren stünden die Russen in Berlin. Ein Sondergericht hatte den Wirtschafts- und Steuerprüfer dafür längst zu einem halben Jahr Gefängnis verurteilt. Als er zwei Drittel der Strafe abgesessen hatte, wurde er begnadigt. Zu Weihnachten 1942 allerdings folgten das Berufsverbot und der Ausschluss aus dem Berufsverband.

Bei diesem erneuten Besuch der Gestapo ging es nicht mehr um kritische Worte und als Einschüchterung gedachte Haftstrafen. Der braune Staat fühlte sich im Kern bedroht. In München waren Hans und Sophie Scholl verhaftet worden. Aber Elisabeth Hartnagel reiste ab, ohne das noch zu erfahren. So erfuhr sie auch völlig unvorbereitet vom Tod ihrer Geschwister – fünf Tage nachdem sie ihr Elternhaus in Ulm verlassen hatte. Es war Dienstag, der 23. Februar 1943. Im Café, wo sie die Wartezeit auf den Postbus überbrückte, fiel ihr Blick zufällig auf eine Zeitung. Die Schlagzeile verkündete mitleidlos das Ende des alten Lebens. »Wegen Hoch- und Landesverrat zum Tode verurteilt«, stand da. Als Verurteilte wurden ihre Geschwister genannt. Hans und Sophie, von denen sie sich noch vor zwei Wochen nichts ahnend verabschiedet hatte. »Ich habe mir damals einfach gewünscht, ich sei verrückt, ich würde mir all das nur einbilden, und hatte ein großes Bedürfnis, irgendjemanden zu fragen, ob das überhaupt möglich ist. Aber ich war bis abends ganz allein.«

Als Elisabeth bei der Mutter zu Hause in Ulm anrief, hatte die keine Kraft für viele Worte. »Morgen Vormittag ist die Beerdigung«, sagte sie. »Komm direkt dorthin!« Die Tochter tat, wie ihr geheißen. Im Zug nach München fand die schaurige Demonstration staatlichen Rachedurstes ihre Fortsetzung. Ein Mitreisender streckte Elisabeth Hartnagel beim Zeitunglesen ganz unabsichtlich ein Fahndungsfoto entgegen. Es zeigte Alexander Schmorell, der als einer der Mitverschwörer gegen Hitler gesucht wurde. Elisabeth hätte am liebsten geschrien. In München angekommen, erinnert sie sich, habe sie überall an roten Plakaten vorbeilaufen müssen, die »Wegen Hoch- und Landesverrat zum Tode verurteilt« verkündeten. Die Worte schmerzen ihr im Hals, wenn sie von diesen Bildern erzählt.

Unter den Augen der Gestapo trugen die Eltern und die Geschwister Inge, Elisabeth und Werner die Asche der Hingerichteten zu Grabe. Einziges Nichtfamilienmitglied bei der Urnenbeisetzung war die dreiundzwanzigjährige Traute Lafrenz, die ehemalige Freundin Hans Scholls. Für die Medizinstudentin aus Hamburg »war das selbstverständlich«. Sie hatte Ende 1942 Flugblätter der »Weißen Rose« nach Hamburg gebracht und dort verteilt. Traute Lafrenz stand bei der Beerdigung noch nicht unter Verdacht, tauchte noch nicht auf den Listen der Häscher auf. Sie hätte also gute Gründe gehabt, sich nicht ins Visier der Geheimen Staatspolizei zu bringen. Aber sie tat es, und auf noch viel dramatischere Weise. Zusammen mit Werner Scholl bemühte sie sich um die Begnadigung des ebenfalls verhafteten und im Schnellverfahren zum Tode verurteilten Christoph Probst. Ein Begnadigungsgesuch konnte allerdings nur dessen Ehefrau persönlich unterschreiben. Die lag nach der Geburt des dritten Kindes in der Klinik und wurde zu ihrem eigenen Schutz abgeschirmt gegen Besuch und bedrückende Nachrichten. Die Freunde aber brauchten ihre Unterschrift auf dem Antragsformular. Sie überzeugten die Krankenschwestern von der Dringlichkeit ihres Anliegens. Herta Probst konnte das Gnadengesuch unterschreiben. Bewirkt hat es nichts mehr. Das Todesurteil war bereits vollstreckt, als das Gnadengesuch bei den zuständigen Stellen eintraf. »Aber Werner und Traute haben wenigstens erreicht, dass die Leichen freigegeben wurden und beerdigt werden konnten«, sagt Elisabeth Hartnagel. Auch das war ein kleiner Sieg über das Vergessen. Denn es ist schwer, keinen Ort für die Rituale der Trauer zu haben.

Traute Lafrenz ist eine der Überlebenden der Weißen Rose. Sie kam davon, weil der Nazistaat besiegt war, bevor er ihr zum zweiten Mal den Prozess machen konnte. Denn auch sie war in Hamburg verhaftet worden. Man verurteilte sie zu einer Gefängnisstrafe, ließ sie wieder frei, verhaftete sie erneut. Dann wurde sie in Schutzhaft genommen, wie es vielen im weiteren Umfeld der Weißen Rose erging. In Bayreuth wurde sie von der dritten amerikanischen Armee befreit. Das sagt sie noch heute mit Nachdruck. Auch Traute Lafrenz' Foto hängt in der Berliner Gedenkstätte »Deutscher Widerstand«. Es zeigt eine ernst dreinschauende junge Frau, die am Auge der Kamera vorbeiblickt.

Auch heute noch übt sie im Gespräch über das Weiterleben nach dem Verlust der Freunde Zurückhaltung. Aber bei allem beharrlichen Bemühen, ihre Rolle kleinzureden, hält sie fest an den alten Bindungen. Ihr Weg führt die Fünfundachtzigjährige von Kalifornien, wo sie heute lebt, immer wieder in Elisabeth Hartnagels Haus nach Stuttgart. Eine Bindung, die Terror, Morddrohung, Todesgefahr überstand, löst sich im Frieden nicht. Im letzten Jahr hat Traute Lafrenz ihre Freundin gleich zweimal besucht. Bei ihrem jetzigen Zusammensein sind sie sich einig: »Es gab überhaupt keine normalen Biographien damals. Die Jungs gingen weg und kamen aus dem Krieg zurück und hatten nichts mehr. Es gab keine normalen Zustände.« Und dann betont Lafrenz wieder, dass an ihr nichts Besonderes war. »Es gab überall Mutige«, sagt sie, schlägt die Beine übereinander und nestelt an dem Halstuch, das sie zum dunkelblauen Hosenanzug trägt.

Für eine Freundin, die kein Deutsch kann, geht sie seit drei Jahren in Archive, um dort Euthanasieakten zu sichten und zu übersetzen. In diesen Dokumenten, die das Mordprogramm an Behinderten erfassen, ist sie »auf junge Menschen aus München oder Hamburg gestoßen, die auch Flugblätter gegen die Nazis verbreitet haben. Und die einfach sang- und klanglos, ohne dass jemand etwas gesagt hätte, umgekommen sind.« Warum, fragt Traute Lafrenz, reden die Menschen von der Weißen Rose und nicht von diesen Menschen, deren Schicksal und Mut zwischen Aktendeckeln dem Vergessen anheim fällt? War es denn mutiger, was sie und die anderen getan haben? »Es hat auch Mut gebraucht weiterzumachen, wenn dir bei einem Fliegerangriff zwei Köpfe entgegengekommen sind. Man kann nicht sagen, die einen hatten Mut und die anderen nicht. Das ist zu theoretisch.«

Es ist ein klares und akzentuiertes Hamburgerisch, das sie auch 58 Jahre nach ihrer Übersiedelung in die USA noch spricht. Es hat die analytische Nüchternheit, die sich nicht auf die Zwischentöne des Gefühls einlassen möchte. Nachdem Traute Lafrenz in München ihr Medizinexamen gemacht hatte, begleitete sie eine jüdische Freundin, die in die USA emigrierte, und blieb selbst mit in der Fremde. »Früher habe ich mal darüber nachgedacht, ob mir das den Verlust der Freunde leichter gemacht hat«, sagt sie. Aber heute grüble sie darüber »gar nicht mehr« nach. Sophie, Hans und vor allem Werner, mit dem sie viel Zeit nach der Hinrichtung seiner Geschwister verbrachte, hat sie sehr vermisst.

Was Traute Lafrenz aber auch zum Gehen veranlasste, war das Wohlwollen, »das Opportunistische«, wie sie es nennt, das ihr überall entgegenschlug. In Bayreuth bot man ihr die Mitarbeit im Stadtrat an. Doch die Begünstigungen, die die Alliierten ihr des Status als Verfolgte wegen zusprachen, waren ihr »zuwider«. Mit 26 Jahren im Stadtrat politische Verantwortung zu übernehmen mag Traute Lafrenz wie Hochstapelei vorgekommen sein. Sie wählte Amerika als Perspektive. »Ich wollte mal was anderes machen, nehm ich an«, sucht sie nach ihren Beweggründen von damals, »überhaupt erst ausprobieren, wie ein gerechtes Leben aussehen kann.«

Elisabeth Hartnagel mischt sich bei diesem Stichwort ein. »Man hat 1945 nicht nach hinten geschaut. Man wollte einfach, dass etwas Neues kommt. Dass es anders wird«, sagt sie. Für Traute Lafrenz wurde es gründlich anders. Kein Mensch aus ihrem nahen Umfeld entstammte mehr dem alten Leben. Sie wählte den deutlichen Schnitt und wurde Leiterin einer Heimschule für Kinder mit Lernschwierigkeiten. »Damit konnte ich den Menschen dienen. Mehr als ich es mit der Weißen Rose getan habe. Nehme ich an.«

Doch wenn sie in Stuttgart weilt, dann ist sie eine der wenigen Gesprächspartnerinnen, mit denen Elisabeth Hartnagel nach dem Tod aller Verwandten aus ihrer Generation Erinnerungs- und Wissenslücken auffüllen kann. Manchmal ist Erinnerung auch die genaue Rekonstruktion nicht Wirklichkeit gewordener Möglichkeiten. Die Abschiedsbriefe Hans und Sophie Scholls etwa »wurden ja nicht ausgehändigt«, sagt Elisabeth Hartnagel. Nur aus den Berichten der Bewacher und des Gefängnispfarrers wissen die, an die sie adressiert waren, dass die beiden Verurteilten noch an die Eltern und an Fritz Hartnagel, den Freund und Vertrauten, geschrieben haben.

Zur Ruhe kommen konnten die Scholls nach jenem Mittwoch, an dem sie die Geschwister und Kinder beerdigt hatten, nicht mehr. Elisabeth Hartnagel erinnert sich, dass ihr Vater in den Tagen nach der Beisetzung immer wieder aus seinem Büro, das sich auf dem gleichen Stockwerk wie die Wohnung der Familie befand, herübergelaufen kam. Alle paar Minuten musste sich das Familienoberhaupt vergewissern, dass das Unheil nicht noch weiter gegangen war. »Ich muss bloß schauen, ob ihr noch alle da seid«, sagte er dann. Ahnte er, was ihn, seine Frau und die beiden Töchter vier Tage später aus ihrem Schmerz reißen sollte? »Es war an meinem Geburtstag«, erinnert sich Elisabeth Hartnagel. Am 27. Februar, morgens um acht, kam erneut Gestapo ins Haus am Münsterplatz. Diesmal kamen die Beamten, um die gesamte Familie – mit Ausnahme des Bruders Werner – zu verhaften. Die Scholls packten in Eile zusammen, was man ihnen erlaubte mitzunehmen. Waschzeug, Zahnbürste, Nachthemd. »Wir haben uns gar nicht vorstellen können, dass man ins Gefängnis kommt, auch wenn man gar nichts getan hat. Das war Sippenhaft«, kommentiert Elisabeth Hartnagel die Willkürmaßnahme, die offiziell Schutzhaft hieß. Weshalb sie kostenpflichtig war. Sechs Mark mussten die Scholls pro Tag für die Inhaftierung im Ulmer Polizeigefängnis bezahlen. Zu Fuß wurden sie von der Gestapo dort hingeführt. »Für den Verräter haftet die Sippe«, so lautete tatsächlich eine Maxime der Nazijustiz.

Im Gefängnis war es Ende Februar bitterkalt. Um Heizmaterial zu sparen, beziehungsweise, um das Geld für Heizmaterial in die eigene Tasche zu lenken, ließ der zuständige Wachtmeister schon um drei Uhr nachmittags den Ofen ausgehen. In der Folge erkrankte Elisabeth Hartnagel gleich in den ersten Tagen an einer Blasen- und Nierenentzündung. Ihr Gesicht quoll auf, weil ihr Körper wegen der geschädigten Nieren Wasser einlagerte. Ein Gestapobeamter fand das komisch. Er scherzte: »Offensichtlich bekommt ihr das Essen.« In einem nicht selbstverständlichen Akt von Fürsorge gewährte man der Inhaftierten dann jedoch salzlose Kost. Sie schmeckte noch scheußlicher als das normale Gefängnisessen und brachte die Drohung der Verlegung in eine andere Zelle. »Damit wir zusammenbleiben können, haben auch meine Mutter und meine

Schwester Inge das salzfreie Essen gegessen«, erinnert sich Elisabeth Hartnagel. Dass sie trotz der Rücksichtnahme auf die Erkrankung, die dem Kalkül späterer Vernehmbarkeit entsprungen sein mag, nicht mehr als vollwertige Menschen galten, ließ das System sie an allen Ecken und Enden spüren. Bei Fliegeralarm durften die Gefangenen nicht in den Schutzkeller. Nur für die Arbeit erhielt der Vater ein kleines Privileg. Er durfte im Gefängnis einige ausstehende Bilanzen für seine Kunden zu Ende bringen. In Begleitung eines Gestapobeamten erhielt Elisabeth so die Chance zu einem Gang nach draußen. Sie musste fehlende Akten im väterlichen Büro zusammensuchen. Bei dieser Gelegenheit zeigte ihr Wächter tatsächlich Menschlichkeit – oder raffiniertes Interesse an der Netzwerkbeobachtung. Er ließ zu, dass die Hausmeisterfrau für Elisabeth Fritz Hartnagel, den Freund der Familie, Vertrauten Sophies und späteren Ehemann der nun Gefangenen, anrief und einbestellte. So konnten die beiden – allerdings in Anwesenheit der Staatsmacht – Tee trinken und miteinander sprechen. Elisabeth Hartnagel ist von der Menschlichkeit des Beamten überzeugt. »Er war ein ehemaliger Kriminalbeamter, der zur Gestapo abgestellt worden war. Ihm ging das wohl alles auch auf die Nerven.« Was sie diesem Mann zu verdanken hatte, merkte sie, wenn er nicht im Dienst war. Sein Vertreter zeigte besondere Härte. In seiner Gegenwart gab es Menschlichkeit im Haftalltag nicht.

Der Gesundheitszustand der Dreiundzwanzigjährigen besserte sich allerdings trotz salzlosen Essens nicht. Hadern mit dem eigenen Schicksal, Wehleidigkeit, wie sie sagt, verbat sie sich. Der Gedanke, dass sie jetzt nicht hier wären, hätten die Geschwister anders gehandelt, habe trotz Krankheit und Ausgeliefertsein nie ihr Hirn gemartert. Das Denken aller sei über den Tod von Hans und Sophie hinaus von einem großen Einverständnis mit deren Tun bestimmt gewesen. So waren und sind sie denen nah, denen sie nie mehr begegnen können. »Ich weiß noch, wie meine Schwester, als wir in der Zelle waren, gesagt hat: Das ist jetzt unser Beitrag zur Weißen Rose!« Nichts, was nach dem Tag ihrer Verhaftung geschah, war je von Zweifeln begleitet. »Wir hatten einfach das Gefühl, wir tragen jetzt auch einen Teil«, sagt Elisabeth Hartnagel bescheiden. Sie weist jede Widerstandsglorie von sich: sie habe nicht das getan, zu dem die Geschwister bereit gewesen seien. Aber zugleich will sie mit unauffälliger Beharrlichkeit den Rest Pflicht, den sie zu erkennen meint, annehmen und ausfüllen, die Pflicht ehrlicher Erinnerung.

Nach zwei Monaten kam Elisabeth Hartnagel auf Grund ihres bedenklich schlechten Gesundheitszustands frei. Wieder rief die Hausmeisterfrau Fritz Hartnagel an, der sofort zur Wohnung der Scholls kam. Er war nicht an der Front, weil er mit Erfrierungen aus dem Kessel von Stalingrad zur Ausheilung in ein Heimatlazarett verlegt worden war. Schon während der Inhaftierung der Scholls hatte er sich für sie eingesetzt. Er hatte seine Uniform, an der das Eiserne Kreuz I. Klasse deutlich zu sehen war, angezogen und die Kündigung der Scholl'schen Wohnung vorerst verhindert. Denn prompt hatte die bis heute prominente Firma, der das Haus gehörte, die Scholls aus der Wohnung haben wollen, mit der Begründung, man könne nicht »an Angehörige von Volksverrätern vermieten«. Gegen solch regimetreue Gesinnung half auch ein Eisernes Kreuz nur vorübergehend: 1944 kam die Kündigung doch noch. Fritz Hartnagel aber hatte deutlich Position bezogen und seine Sympathien offen gezeigt. Im Spätsommer 1944 lehnte er gar die Versetzung als Luftwaffennachrichtenoffizier ins Führerhauptquartier mit Verweis auf seine wegen Landes- und Hochverrats zum Tode verurteilte und hingerichtete Freundin ab.

An jenem Abend im April 1943 aber konnten Elisabeth und er endlich ohne Aufsicht reden. Elisabeth erzählte, was sie in München bei der Beerdigung erlebt hatte und wie es ihr und der Familie in der Haft ergangen war. Stundenlang gingen die beiden an der Donau spazieren. Sie tauschten Erinnerungen an

Sophie aus, die beide so sehr vermissten. Doch wer ziellos herumlief, erregte schnell Misstrauen. Der Polizeibeamte, der plötzlich vor ihnen stand, wollte die Ausweise der abendlichen Spaziergänger sehen. Fritz Hartnagel als Wehrmachtsangehöriger trug seinen stets bei sich, Elisabeth Hartnagel jedoch konnte nur ihren Entlassungsschein vorweisen. Der genügte dem Beamten nicht. Er wollte die junge Frau aufs Revier mitnehmen. In ihrer Wut und Verzweiflung, in ihrem unbändigen Unwillen, einer weiteren Schikane ausgesetzt zu werden, redete Elisabeth Hartnagel so lange auf den Polizisten ein, bis er nachgab. »Es war so lächerlich«, sagt sie heute und zieht dabei das o sehr in die Länge. Sie meint Pflichtbewusstsein und Kadavergehorsam, aber auch das Eingeständnis des Staates, die eigenen Bürger fürchten zu müssen.

Doch auch die Bürger fürchteten den Staat. Bekannte wandten sich von Elisabeth und ihrer Familie ab. Als sie sich etwa nach ihrer Freilassung daranmachte, Andenken ihrer Geschwister zu sichern, erinnerte sie sich auch an das Fotogeschäft einer ehemaligen Klassenkameradin von Sophie. Dort mussten noch etliche Bilder liegen, kam ihr in den Sinn. Also rief sie dort an, fragte nach und vereinbarte sogar einen Termin, um die für sie so kostbaren Erinnerungsstücke abzuholen. Wenig später rief jedoch die Mutter von Sophies Klassenkameradin zurück und sagte den Termin ab. Elisabeth möge bitte nicht kommen. »Es ist nichts Persönliches. Es ist wegen des Geschäfts«, waren ihre Worte.

Das blieb kein Einzelfall. Doch viele der Menschen, die zwischen Frühjahr 1943 und Mai 1945 den Kontakt mit den Scholls mieden, waren »nach 1945 wieder wie vor 1943«, als sie durch die Tat Hans' und Sophies für viele zu Aussätzigen geworden waren. Diese Opportunisten hatten ganz offenbar vergessen, zu welcher aus der Vorsicht geborenen Kälte, Härte und auch grausamer Boshaftigkeit sie in der Lage gewesen waren. Einmal, erinnert sich Elisabeth Hartnagel, sei eine Frau vor ihrer Tür gestanden, die den Grund ihres Klingelns schamlos nannte: »Ich wollt nur mal sehen, wie jemand aussieht, dem zwei Geschwister geköpft worden sind.«

Nach der Haft musste Elisabeth Hartnagel schnell wieder arbeiten – nur so waren Lebensmittelmarken zu erhalten. Freunde unterstützten sie mit zusätzlichen Lebensmitteln, die ins Gefängnis zu den Eltern geschmuggelt wurden. Den zuständigen Beamten bestach Elisabeth Hartnagel mit Zigaretten, die sie von Fritz Hartnagel bekam. Der hatte als Nichtraucher die Tabakwährung, das inoffizielle Zahlungsmittel der Kriegsjahre, von der Front nach Hause gebracht. Da die damals dreiundzwanzigjährige Elisabeth gelernte Kinderkrankenschwester war, konnte er auch dafür sorgen, dass sie im Haushalt seiner Schwester Arbeit fand. Als Mutter von drei Kindern, als vorbildliche Volksmehrerin also, durfte die auch in schweren Zeiten ganz offiziell eine Haushaltshilfe anfordern. Bei der zukünftigen Schwägerin in Ulm entging Elisabeth der verhassten Arbeit in einem Rüstungsbetrieb und konnte obendrein von ihrer Heimatstadt aus den Verkauf der väterlichen Steuerbüros organisieren und für Robert Scholl einen Rechtsanwalt suchen.

Denn den Vater hielten die Nazis am längsten in Haft: erst Ende 1944 kehrte er, nachdem er eine weitere Gefängnisstrafe wegen des Hörens von Feindsendern hatte absitzen müssen, zu seinen zuvor entlassenen Töchtern und seiner Frau zurück. Das Ende des Krieges und des »Tausendjährigen Reichs« erlebten alle auf dem Land, wenn auch nicht gemeinsam. Das Ehepaar Scholl war mit Tochter Inge auf einem entlegenen Bauernhof im Schwarzwald untergekommen. Elisabeth war mit Fritz Hartnagels Schwester und deren Kindern vor den Bombardements ins Hohenlohische in die Nähe von Crailsheim geflüchtet. Zwar zerstörte ein Jagdbomberangriff das einzige Transformatorenhäuschen im Umkreis und damit die gesamte Stromversorgung. Die Ereignisse der letzten Kriegsphase konnten sie also nicht mehr im Radio verfolgen. »Aber irgendwie haben wir dann doch erfahren, dass der Krieg aus ist.« Aus diesen Tagen stammt der Brief, den Magdalene Scholl ihrer Tochter geschrieben hat.

Bruderhof, 10. 5. 1945

Meine liebe Elisabeth

(...) Und nun ist die längst erwünschte Zeit da, der Krieg ist aus, das furchtbare Blutvergießen hat ein Ende. (...) Nun ist es ja so herrlich draußen in der Natur, was für euch alle auch so gut ist, da die Kinder viel ins Freie können. Auch wir erleben hier diesen wunderbaren Frühling. Besonders der heutige Himmelfahrtstag ist besonders schön. Vater kann gottlob jetzt einige Stunden ins Freie und sein noch nicht ganz gesundes Bein von der Sonne bescheinen lassen. Wir hoffen, dass in vielleicht 2–3 Wochen die letzte Wunde geheilt ist. Dafür sind wir sehr dankbar, denn für Vater ist jetzt die Zeit da, da er arbeiten kann für das neue Deutschland. Das ist so nötig, dass Menschen das tun können, denen es schon die vielen Jahre hindurch als Saat in ihrem Innern liegt und nur noch nicht so nach außen wachsen und streben konnte, weil das Licht fehlte. Das ist jetzt aufgegangen und unser Wunsch und Bitte ist, dass diese Saat nun auf guten Boden fällt bei den anderen und gute Früchte trägt bei Zeit und Ewigkeit. Es ist so viel aufgespeichert in Vater, das jetzt drängt und heraus will. Wohl wird ihm auch manche bittere Enttäuschung leider nicht erspart bleiben, das ist nun einmal so, auch wenn alles noch so gut und nützlich ist. (...) Durch das Gedenken an Hans und Sofie wird es ihm nie zu viel, dies Erbe weiter zu tragen als eine Verpflichtung. Wie leicht ist es uns nun, dass dieser Terror und diese Angst zu Ende ist, und mit was für einem Ende. (...)

Zur Zeit lesen wir miteinander Häckers »Was ist der Mensch?«, so etwas tut einem gut, auch wenn es einem sehr viel zu denken und zu prüfen gibt.

Die Erwartungen bei Elisabeth Hartnagel waren riesig. »Jetzt wird alles anders, denkt man. Und dann sieht man, dass alles doch genauso weitergeht. Dass sich eigentlich nichts ändert. Zunächst.« Doch am 7. Juni 1945 setzten die amerikanischen Besatzungstruppen Robert Scholl als Oberbürgermeister von Ulm ein. An sein Über- und Weiterlebensmotto erinnert sich die Tochter noch ganz genau: »Die Zeit ist vorbei, wo ein Mensch wegen dem, was er sagt oder denkt, ins Gefängnis kommt.« Damit machte der Vater deutlich, dass die neue Zeit ein neues Denken verdiente. Das Bedürfnis, sich für das zu rächen, was ihnen und den ihren Schreckliches in den Jahren der Diktatur widerfahren war, überkam keinen in der Familie. Sie wollten nicht einmal Vergeltung an jenem Hausmeister geübt sehen, der in der Münchner Universität die Türen verschlossen hatte, damit die Flugblattwerfer nicht entkommen konnten. »Er war einfach ein Teil des ganzen Systems«, wiegelt Elisabeth Hartnagel ab. An ihn und seine Tat will sie keinen Gedanken verschwenden. Genauso wenig an die langjährige Freundin, die den Vater gleich zweimal verraten hatte: für seine Äußerungen über Hitler und für das Hören der BBC. Robert Scholl denunzierte die Frau, die bis Kriegsende BDM-Führerin gewesen war, seinerseits nun nicht bei der Besatzungsmacht.

Was aus ihnen allen geworden sei, aus der Denunziantin beispielsweise und aus der Fotografentochter, die mit der Schwester einer Hochverräterin nichts zu tun haben sollte, auf diese Frage winkt Elisabeth Hartnagel nur ab. »Das hat uns nicht interessiert.« Sie hat diese Menschen aus ihrem Denken gestrichen. Wenn heute eine Mitschülerin Sophies nach über einem halben Jahrhundert bei ihr anruft und, obwohl es ganz anders war, ihre Nähe zu der Schwester beschwören will, legt Elisabeth Hartnagel den Hörer einfach wieder auf. Ihr Gedächtnis ist gut. Verlogenheit will sie nicht dulden und Verbindlichkeit dort, wo sie ihr nicht behagt, nicht offerieren. Sie verweigert sich still, aber beharrlich, wie es ihrer Art entspricht.

Den stillen Weg hatte auch ihr Vater gewählt, als er Ulm als Oberbürgermeister in die Demokratie führte. Er ließ sich nicht einmal von dreisten Angriffen zackiger Exnazis provozieren, die schon wieder das Sagen haben wollten und sich in der Ulmer Lokalpresse an Attacken der Sorte »Wie lange noch Scholl?« ergötzen konnten. Robert Scholl ließ etwa nicht zu, dass die Menschen, die noch das Haus bewohnten, das die Amerikaner ihm zuwiesen, einfach ausquartiert wurden. Angesichts der enormen Wohnungsnot brachte er das nicht übers Herz. Zusammenrücken jedoch sah er als zumutbar an. So bat er den Hausbesitzer des Gebäudes, in dem der Bürgermeister schon vor 1933 gewohnt hatte, einen Teil des Hauses freizumachen. War da die stille Hoffnung eines Demokraten am Werk, durch eine vorgelebte andere Art des Umgangs den Entlassenen einer Diktatur politische Kultur nahe zu bringen?

Wie schwer die Abkehr vom Nationalsozialismus vielen fiel, zeigt der Brief, den Fritz Hartnagel im Juli 1946 aus München schrieb, wo er Jura studierte.

Ich habe den ganzen Tag für den Aufbaudienst gearbeitet. Ich hoffe, dass ich mit dieser Woche 48 Stunden vollbringe. Es ist ja schon schade um diese wertvolle Zeit. Während des Arbeitsdienstes hatten wir heute eine heftige Diskussion. Das waren alles Studenten, und zwar vor allem Soldaten, die zurückgekommen sind und dann in vorgerücktem Alter gegenüber den Abiturienten anfingen zu studieren. Einer behauptete, die Amerikaner wollten uns aushungern, wogegen ich mich wandte. Schließlich kam es zu einem allgemeinen Losziehen über die Alliierten und die heutigen Zustände überhaupt, und alle Vorwürfe wurden mir zugeschleudert, weil ich in dem einen Punkt die Amerikaner verteidigt hatte. Dabei hätte es eher mir am Herzen gelegen, diese Ungerechtigkeiten aufzuzeigen. Nur, wenn diese Auflehnung nicht aus einem wirklichen Wahrheits- und Gerechtigkeitsempfin-

den kommt, sondern nur aus allgemeiner Negation und Opposition alles Heutigen, dann fällt es mir schon schwer, beizustimmen. Es ist eine niederdrückende Situation, in der wir uns heute befinden, fast noch schlimmer als im Dritten Reich, wo man wenigstens klare Fronten hatte. Aber wendet man sich heute gegen die Nazis, so werden einem die heutigen kaum besseren Zustände gegenüber gehalten, die man mit Überzeugung wirklich nicht verteidigen kann. Wendet man sich aber gegen das heutige Unrecht, so stößt man ganz ins Horn der Nazis und gibt deren Politik und Propaganda nur eine Rechtfertigung. Steigert den Hass und den Nationalismus. Welcher Weg bleibt uns da heute noch offen, die Menschen zu einer positiven Gegenwart und Zukunft zu führen? Freilich bleibt für eine Volkshochschule, ein Theater oder überhaupt allem kulturellem Schaffen eine wichtige Aufgabe, nämlich einen neuen Geist zu setzen, unabhängig von allen politischen Wirren. Aber die Frage steht trotzdem noch vor uns: welchen Standpunkt haben wir inmitten der politischen Auseinandersetzungen etwa in einer Diskussion, wie ich sie heute erlebte, einzunehmen?

Es ging, wie der Brief zeigt, nicht um das Innehalten und Nachdenken. Es ging ums nackte Überleben und rasche Vorankommen, um ein Dach über dem Kopf, um Lebensmittelmarken, Studienplatz und die Entnazifizierungsurkunde. Zwölf Jahre nationalsozialistischer Gewaltherrschaft schrumpften auf die ganz private Katastrophe zusammen. Was in Erinnerung blieb, waren die Toten in der eigenen Familie, die ausgebrannte Wohnung und die Trümmer vor der Haustür. Dass auch das Wertefundament der Gesellschaft ein Trümmerhaufen war, wollten nur wenige wahrhaben.

Auch Elisabeth Scholl und Fritz Hartnagel räumten zunächst die Trümmer aus ihrem Leben. Sie heirateten. Das gemeinsame Erinnern an Schwester und Freundin hatte sie einander näher gebracht als allen anderen Menschen. Vier Kinder gingen aus ihrer Ehe hervor, der erste Sohn kam 1947 zur Welt. Vielleicht haben beide Ehepartner ein politischeres Leben gelebt, als sie es ohne den gewaltsamen Tod Hans' und Sophies angestrebt hätten. Beide wurden Pazifisten und setzten sich früh gegen die Wiederbewaffnung der Bundesrepublik ein, aus tiefem Misstrauen gegen den Gesinnungswandel der alten Offiziere und Generäle. Fritz Hartnagel wurde Richter, um aktiv an einer neuen Justiz in Deutschland mitzuarbeiten. Das Schicksal der Hingerichteten wurde beiden zur Verpflichtung. Doch Elisabeth Hartnagel wehrt sich dagegen, dass ihre Geschwister und deren Mitverschworene als Helden gepriesen werden. Wer sie zu Helden mache, entrücke sie auf einen Sockel. »Das ist eine Entschuldigung für alle anderen. Dann kann jeder sagen, zum Helden bin ich nicht geboren.«

Dank all denen,
die dieses Buch möglich gemacht haben.

Bibliographie

Assmann, Aleida / Hiddemann, Frank / Schwarzenberger, Eckhard (Hrsg.): Firma Topf & Söhne – Hersteller der Öfen für Auschwitz. Ein Fabrikgelände als Erinnerungsort. Frankfurt/New York 2002

Bar-On, Dan: Die Last des Schweigens, Gespräche mit Kindern von NS-Tätern, Hamburg 2003 (erweiterte Neuauflage)

Bormann, Martin: Leben gegen Schatten, Paderborn 1996

Echternkamp, Jörg: Nach dem Krieg. Alltagsnot, Neuorientierung und die Last der Vergangenheit 1945 bis 1949, Zürich 2003

Flacke, Monika (Hrsg.): Mythen der Nationen, 1945 – Arena der Erinnerungen, Ausstellungskatalog Deutsches Historisches Museum, Berlin 2004

Giordano, Ralph: Die zweite Schuld oder Von der Last Deutscher zu sein, Köln 2000

Haase, Norbert: Das Reichskriegsgericht und der Widerstand gegen die nationalsozialistische Herrschaft, herausgegeben von der Gedenkstätte Deutscher Widerstand, Berlin 1993

Heer, Hannes: Vom Verschwinden der Täter. Der Vernichtungskrieg fand statt, aber keiner war dabei, Berlin 2004

Hesse, Klaus / Springer, Philipp: Vor aller Augen, Fotodokumente des nationalsozialistischen Terrors in der Provinz, Essen 2002

Jarausch, Konrad: Die Umkehr. Deutsche Wandlungen 1945 bis 1995, München 2004

Klee, Ernst: Was sie taten – was sie wurden. Ärzte, Juristen und andere Beteiligte am Kranken- oder Judenmord, Frankfurt/Main 1986

Klee, Ernst: Das Personenlexikon zum Dritten Reich. Wer war was vor und nach 1945, Frankfurt/Main 2003

Klüger, Ruth: weiter leben. Eine Jugend, Göttingen 1992

Kohlsche, Kurt: »So war es! Das haben Sie nicht gewusst«. Konzentrationslager Sachsenburg 1935/36 und Wehrmachtsgefängnis Torgau-Fort Zinna 1944/45 – ein Häftlingsschicksal. Eingeleitet und kommentiert von Yvonne Hahn und Wolfgang Oleschinski, Dresden 2001

Krokowski, Heike: Die Last der Vergangenheit. Auswirkungen nationalsozialistischer Verfolgung auf deutsche Sinti, Frankfurt/New York 2001

Leeb, Johannes: »Wir waren Hitlers Eliteschüler«. Ehemalige Zöglinge der NS-Ausleseschulen brechen ihr Schweigen, Hamburg 1998

Mallmann, Klaus-Michael / Paul, Gerhard: Karrieren der Gewalt, Nationalsozialistische Täterbiographien, Darmstadt 2004

Mitscherlich, Alexander und Margarete: Die Unfähigkeit zu trauern. Grundlagen kollektiven Verhaltens. 17. Auflage, München 2004

Miquel, Marc von: Ahnden oder amnestieren. Westdeutsche Justiz und Vergangenheitspolitik in den sechziger Jahren, Göttingen 2004

Müller-Hohagen, Jürgen: Geschichte in uns. Seelische Auswirkungen bei den Nachkommen von NS-Tätern und Mitläufern. Unveränderte 2. Auflage, Berlin 2002

Niethammer, Lutz: Die Mitläuferfabrik. Die Entnazifizierung am Beispiel Bayerns, Berlin / Bonn 1982 (Zuerst erschienen unter dem Titel »Entnazifizierung in Bayern, Säuberung und Rehabilitierung unter amerikanischer Besatzung, Frankfurt/Main 1972)

Pressac, Jean-Claude: Die Krematorien von Auschwitz. Die Technik des Massenmordes, München 1994

Rose, Romani (Hrsg.): »Den Rauch hatten wir täglich vor Augen«. Der nationalsozialistische Völkermord an den Sinti und Roma, Heidelberg 1999

Scholl, Hans / Scholl, Sophie: Briefe und Aufzeichnungen. 8. Auflage, Frankfurt/Main 2003

Scholl, Inge: Die Weiße Rose. 10. Auflage, Frankfurt/Main 2003
Schneider, Christian / Stillke, Cordelia / Leineweber, Bernd: Das Erbe der Napola. Versuch einer Generationengeschichte des Nationalsozialismus, Hamburg 1996
Stengel, Katharina: Tradierte Feindbilder. Die Entschädigung der Sinti und Roma in den fünfziger und sechziger Jahren, Fritz-Bauer-Institut, Materialienband 17, Frankfurt/Main 2004
Stern, James: Die unsichtbaren Trümmer. Eine Reise im besetzten Deutschland 1945, Frankfurt/Main 2004
Wehler, Hans-Ulrich: Entsorgung der deutschen Vergangenheit? Ein polemischer Essay zum »Historikerstreit«, München 1998
Welzer, Harald (Hrsg.): Das soziale Gedächtnis. Geschichte, Erinnerung, Tradierung, Hamburg 2001
Welzer, Harald u. a.: »Opa war kein Nazi«, Nationalsozialismus und Holocaust im Familiengedächtnis, Frankfurt/Main 2002

Abbildungsnachweis

Seite 27: privat
Seite 37: privat
Seite 42: © ullstein – dpa
Seite 59: privat
Seite 76: privat
Seite 93: © SV-Bilderdienst: Scherl
Seite 104: privat
Seite 107: © Manfred und Erdmute Bräunlich, Torgau
Seite 109: privat
Seite 128: © ullstein – UPI
Seite 141: privat
Seite 149: privat
Seite 183: © ullstein – ddp
Seite 186: privat
Seite 197: © Stiftung Brandenburgische Gedenkstätten
Seite 207: privat
Seite 232: © Dokumentations- und Kulturzentrum Deutscher Sinti und Roma e.V., Heidelberg
Seite 264: © ullstein – ullstein bild
Seite 268: © SV-Bilderdienst: eastway.de
Seite 282: © SV-Bilderdienst: Geschwister-Scholl-Archiv

Ebba D. Drolshagen

Wehrmachtskinder

Auf der Suche nach dem nie gekannten Vater

Deutsche Soldaten als Herzensbrecher? Die Besatzer als zärtlich Verliebte? – Nie hätte Elna Johnsen das für möglich gehalten. Nie hätte sie gedacht, dass ihr eigenes Leben irgendetwas damit zu tun haben könnte. Bis zu dem Tag, als der Anruf kam.

»Ich bin deine Mutter«, sagte die Stimme am Telefon. Elna Johnsens Leben fiel in sich zusammen, die ganzen 43 Jahre. Elna kannte diese Frau nicht.

Elna ist ein Wehrmachtskind. Ihr Vater war ein deutscher Soldat, ihre Mutter Norwegerin. Geboren war Elna in einem Lebensbornheim, später kam sie zu Adoptiveltern. Sie wuchs auf, ohne zu ahnen, wer ihre wahren Eltern sind.

Bis zu zwei Millionen Wehrmachtskinder gibt es in Europa – es sind die verdrängten und vertuschten Geschwister der deutschen Nachkriegsgeneration.

Droemer

Christian Hartmann
Johannes Hürter

Die letzten 100 Tage des Zweiten Weltkriegs

Was geschah zwischen dem 30. Januar 1945 und dem 8./9. Mai 1945? Diese unvergleichliche Chronik schildert Tag für Tag, wie die Menschen den Untergang des Dritten Reichs erlebten.

100 Tage, 100 Schicksale, 100 Momentaufnahmen: brennende Städte, Todesangst, Durchhalteparolen, Häuserkampf und Bomberstaffeln, aber auch kleine Augenblicke des Glücks im großen Krieg – ein Panorama von Krieg und Zerstörung, von Schuld und Vergeltung, von tiefer Verzweiflung und zaghaftem Hoffen.

Droemer